D1685148

This book is due for return not later than the last date stamped below, unless recalled sooner.

7 DAY LOAN

GESTIONE Y CONTROLE EL VALOR INTEGRAL DE SU EMPRESA

Víctor Raúl López Ruiz
Domingo Nevado Peña

GESTIONE Y CONTROLE
EL VALOR INTEGRAL
DE SU EMPRESA

Análisis Integral:
modelos, informes financieros y capital intelectual
para rediseñar la estrategia

(Desarrollo de un caso real)

DÍAZ DE SANTOS

© Víctor Raúl López Ruiz y Domingo Nevado Peña, 2006

E-mail: victor.lopez@uclm.es
        domingo.nevado@uclm.es
Internet: http//www.uclm.es/profesorado/capitalintelectual

Ediciones Díaz de Santos, S. A.

E-mail: ediciones@diazdesantos.es
Internet://http:www.diazdesantos.es/ediciones

ISBN: 84-7978-740-6
Depósito legal: M. 5.151-2006

Diseño de cubierta: Ángel Calvete
Fotocomposición e impresión: Fernández Ciudad
Encuadernación: Rústica-Hilo

Printed in Spain - Impreso en España

A Elena, Sonia y Juani, nuestras guías de valor futuro.
A nuestros padres.

Índice general

PARTE I

VISIÓN ECONÓMICO-FINANCIERA

Presentación

PLANTEAMIENTO DE LA OBRA

Es éste un libro que, cuando lo escribimos, pretendimos, sin quitar ni una sola coma que cuestionara su pragmatismo, se mostrase en todo momento como un recurso al que pudiera acudir el empresario de nuestros días, que tiene poco tiempo y no puede adentrarse en guarismos e ideas que le separen de su verdadera realidad, su empresa.

Así, reunimos desde nuestra experiencia un conjunto de ideas, modelos, indicadores e incluso algoritmos que han funcionado en esa realidad, permitiendo al interesado conocer respuestas a las demandas empresariales más habituales: *¿cómo crece mi empresa?; ¿lo hace por el camino adecuado?; ¿puedo cambiar ese crecimiento desde el conocimiento de su proceso generador?; ¿es idónea mi estrategia?* Esta metodología acuñada bajo el nombre de *Análisis Integral* ha sido el referente y germen de la obra que ahora presentamos, pero olvidaríamos su perspectiva si no mencionáramos el perfil didáctico que hemos incorporado a la misma.

El verdadero valor y lo que diferencia esta obra de otras sobre gestión se recoge por supuesto en el método implementado, pero, por encima de todo, en la lógica aplastante sobre su total aplicabilidad, recurriendo a multitud de explicaciones y métodos simples que enseñan al lector tanto los avatares y barreras de la realidad como la mejor forma de sortearlas.

Por ello, en este preámbulo, queremos contestar a una serie de cuestiones iniciales que ayudarán a entender dicha perspectiva y que han marcado la voluntad de sus autores, tanto por la necesidad de responder a la cuestión que forma el título de la misma y que sintetiza el desarrollo del método aquí explicado, *¿cómo gestionar el valor futuro de su empresa?*, como por la tarea de conseguir aquel fin propuesto por Ortega y Gasset para todo autor, que decía: "un buen libro es aquel que se abre con expectación y se cierra con provecho".

De esta forma, las cuestiones sobre las que debatiremos en esta obertura son: *¿cómo surge esta obra?, ¿a quién se dirige este libro?, ¿cómo está escrito?, ¿qué objetivos perseguimos?* y *cuáles son las líneas lógicas así como el método que inspira el mismo.*

Antes de responderlas, resta confirmar que, con todo, es ésta una obra soportada en la columna vertebral del método científico y en el desarrollo teórico práctico del mismo, intercalado, en todo momento, en el camino que trata de conducir al lector al entendimiento y replicación del mismo en y para su realidad (su organización).

¿CÓMO SURGE ESTA OBRA?

Quizá comenzar diciendo que es fruto de un largo y tedioso trabajo de investigación que iniciamos hace varios años pudiese parecer un tópico, pero, en este caso, es real y puede constatarse a través de las aportaciones que hemos realizado sobre el tema. Por ello, sin recurrir a falsa modestia recordamos aquí nuestros primeros pasos recopilados y ampliados con la publicación del libro *Capital Intelectual: valoración y medición*, donde exponíamos un modelo estándar para la cuantificación de intangibles para cada empresa. Posteriormente, diferentes organizaciones e instituciones se han interesado por las ideas propuestas en el mismo, lo que nos ha permitido poner en práctica el modelo teórico planteado y rebatir la principal crítica que se hacía a nuestro trabajo, la utilización de los datos ficticios.

Así, lo que ahora ofrecemos al lector es producto de nuestra experiencia en diferentes campos y de los contactos mantenidos con diferentes empresas y organizaciones, en especial con una de ellas, dedicada al sector de la arquitectura, la cual nos solicitó respuesta para una cuestión que hemos planteado como casi un *eslogan* o mejor una preocupación común del empresario de nuestro tiempo que, en síntesis, planteaba: "...si ellos estaban gestionando y haciendo las cosas adecuadas para crecer y generar valor en el futuro". Esto supuso la realización, por nuestra parte, de un trabajo al que denominamos *"Un Análisis Integral para ARQ, S.A."* [1], cuyos principales frutos están recogidos en gran parte en esta obra.

Por lo tanto, este libro cuenta con la ventaja de recoger en todo momento la teoría y la práctica real con lo que ello conlleva, ya que acumula las experiencias y dificultades con las que nos hemos encontrado y cómo podemos solucionarlas, que pueden servir y servirán, sin lugar a dudas, como referencia a otras entidades que se predispongan a llevar a cabo un Análisis Integral [2].

¿A QUIÉN SE DIRIGE ESTE LIBRO?

A todo empresario o gestor que tenga como objetivo conocer si su organización está bien orientada para crecer en el futuro y no disponga de la seguridad suficiente para saber si se va por el buen camino, ya que se puede ser una pequeña empresa innovadora y dinámica, pero no disponer de los referenciales adecuados que permitan determinar si los esfuerzos realizados son los necesarios para conseguir la supervivencia y competitividad de nuestra organización; esto es, ¿la estrategia era la idónea?

A los analistas de cuentas, auditores y contables, para que tomen conciencia de la capacidad de los intangibles y su control en el valor final de una organización y conozcan pormenorizadamente un método sencillo que permite la medición, gestión y presentación del mismo, así como, junto a otras herramientas financieras, permite la planificación estratégica a futuro con el fin de aumentar dicho valor, lo que posibilita lo que va a convertirse en un reto para los auditores, la denominada *'auditoría de la estrategia'*.

A todo estudioso, de grado o postgrado, que quiera profundizar en los temas de valor futuro de las organizaciones, estrategias, análisis financiero y capital intelectual, pero desde un enfoque eminentemente práctico.

¿CÓMO ESTÁ ESCRITO?

Este libro es diferente a otros de gestión empresarial, ya que se ha realizado con un enfoque totalmente didáctico y claro, *a modo de guía,* lo que permite hacer accesibles temas que pueden resultar a primera vista complejos. Para ello, hemos incorporado el texto necesario, pero una de las mayores ventajas de una buena explicación, es que pueda disponerse de un soporte visual, y si a eso le unimos una aplicación, conseguimos realizar una obra de fácil lectura que no requiera mucho tiempo, ya que éste por lo general no les sobra a los empresarios.

---

[1] Nombre con que hemos rebautizado a la empresa, tras la decisión conjunta de preservar el anonimato de la misma.

[2] Análisis Integral es el término con el que designamos la metodología que hemos generado con el objetivo esencial de gestionar el valor futuro de una empresa y que será, en consecuencia, el principal argumento de esta obra.

De esta manera, la monografía ha sido realizada incorporando al texto diagramas, tablas y gráficos ilustrativos, que aclaran los conceptos y permiten al lector identificar las ideas que los autores plasman en el método propuesto. Por otra parte, nos servimos de una simbología que posibilita al lector identificar y diferenciar, nítidamente, el método de la praxis, facilitando su entendimiento y a la vez la lectura de la obra. En concreto, hemos utilizado dos símbolos:

Este primer icono, recordando el dicho de "te explicas como un libro abierto", presenta esa forma, la de libro abierto, pretendiendo recoger a modo de guía lo que debe hacerse, esto es, los pasos que deberán seguirse para aplicar cada una de las fases de un Análisis Integral. No obstante, debe tener siempre presente que un libro de *management* no puede ser un recetario de cocina. En la sociedad del conocimiento, el capital intelectual, que es el responsable del gran valor futuro de las empresas es algo demasiado nuevo que no se puede encorsetar debido a su carácter intangible. Para nosotros, esta obra habrá logrado su cometido si sirve como referencia para ayudarles a conocer si su organización va por el buen camino.

El segundo símbolo, en forma de mano con el dedo índice señalando, tiene como misión informar de cómo se llevan a la práctica las notas teóricas indicadas anteriormente; conducir, en una palabra, el método teórico hacia el reflejo práctico y su aplicación sobre una empresa real.

Todo ello va a permitir que el lector, en todo momento, pueda conocer para cada fase de la guía, su aplicación; pero también tiene la posibilidad de poder escoger primeramente como lectura la teoría o bien la práctica. Así, se deja en sus manos y en función de su tiempo disponible, que sea usted mismo quien decida cómo desarrollar este Análisis Integral.

Además, a lo largo del texto se han ido poniendo en *cursiva* las palabras que pueden considerarse como más importantes y que constituyen en muchas ocasiones los inicios de las distintas fases del Análisis Integral.

¿QUÉ OBJETIVOS PERSEGUIMOS?

El presente libro *pretende ser una guía exhaustiva de los pasos a seguir para realizar un Análisis Integral de cualquier empresa que posibilite gestionar el valor futuro de la misma*. Para ello, planteamos una herramienta práctica de trabajo que proporcione las ideas y consejos necesarios que permitan responder a cuestiones como las siguientes:

- ¿Cuál es la *historia* de mi empresa a través de los factores de liquidez, solvencia, rentabilidad?; y ¿cómo influirán estos resultados en la evolución futura de las principales magnitudes contables?

- Respecto al *sector* en el que opera, ¿qué posición ocupa?, ¿qué cuota de mercado se alcanza en un producto o servicio?, ¿qué rentabilidad se obtiene en un determinado segmento?, y ¿cuáles son los canales de distribución más eficientes, las necesidades financieras a futuro, etc.?

- ¿Cuáles son mis *intangibles*? y ¿qué puedo hacer para mejorar su estructura?

- ¿Cuál es el *verdadero valor de mi empresa*?; y, en esta línea, ¿cómo se relaciona, dicho valor, con los intangibles de ésta?

- ¿Cómo debo *presentar y gestionar el capital intelectual* para incrementar el valor real de mi empresa?

- ¿Cuál es mi *cultura empresarial*?

- ¿La *estrategia empresarial que tenemos es la adecuada*?, esto es, ¿qué estrategias debo mantener y cuáles desarrollar en el medio y largo plazo para aumentar el valor de mi empresa de cara a todos sus usuarios?

LA ESTRUCTURA LÓGICA Y EL MÉTODO

En lo referente al esqueleto estructural de la obra obedece enteramente al *desarrollo de la metodología del Análisis Integral*. Así, partimos de la necesidad de una mayor información, que aporte conocimiento en la sociedad global en la que nos encontramos inmersos y que permita acercarnos al valor real de una entidad, pues es un hecho comprobado y compartido por los investigadores del tema que la contabilidad, en el sentido tradicional, no ofrece una respuesta adecuada, resultando imprescindible el estudio en profundidad de unos nuevos activos denominados intangibles que, y en esto también están de acuerdo los versados en el tema, existen en un mayor o menor grado en las organizaciones. *En el primer capítulo*, nos centraremos por ello en el *análisis de estos conceptos* y en la justificación de las afirmaciones realizadas sobre la superación de lo que hemos denominado contabilidad tradicional para de esta manera exponer la metodología que crea valor a futuro, es decir, lo que venimos denominando Análisis Integral.

El resto de la obra se sustenta en el pilar de la misma, el *Análisis Integral*, diferenciando, a partir de lo que hemos concebido como *una trilogía de la que emana el término*, hasta tres perspectivas o partes en las que queda distribuido el texto. Estas visiones del Análisis, con mayúsculas, son: en primer lugar, la *económico-financiera*, en la que el cálculo de ratios y la situación cuantitativa respecto al sector en el que situamos a la empresa adquieren su máxima expresión. Posteriormente, somos conducidos a la presentación de los intangibles que posee la organización, estudiándolos a través de la visión de *capital intelectual*, desde la obtención de información para la generación de indicadores sobre los activos ocultos hasta la cuantificación de esos componentes estructurales del capital intelectual que se basa en elementos como la propia cultura de la organización. En último lugar, y cerrando el sistema informativo cíclico, se procede a la obtención de nueva información sometida a la técnica de simulación: es ésta la visión de los *modelos de empresa*, que obtiene tanto el valor de magnitudes contables fruto del análisis económico-financiero como la guía para encontrar las mejores políticas o estrategias que determinen la óptima evolución del valor futuro de la empresa, soportadas en el equilibrio estructural de las componentes de capital intelectual.

El argumento queda completado con un *capítulo de cierre* en el que se exponen los principales *resultados y estrategias* que deben configurar o al menos conducir, en consecuencia, el proceso decisor y gestor de la organización para lograr el máximo valor futuro.

AGRADECIMIENTOS

Queremos expresar nuestra gratitud y dejar constancia de nuestra deuda con los hombres de empresa y las personas que directa o indirectamente han posibilitado la realización de esta obra; en especial, destaca el dinamismo y las sugerencias de Eduardo Montero Fernández de Bobadilla, así como las aportaciones de los alumnos del Máster Executive de Gestión de Conocimiento EOI del curso académico 2003-2004.

1 La empresa del conocimiento: Análisis Integral

NUEVOS ACTIVOS EN LA ERA DEL CONOCIMIENTO: LOS INTANGIBLES

En el ámbito empresarial, se están produciendo importantes cambios motivados por diferentes factores, siendo la evolución de las tecnologías de información y comunicación (TIC) las responsables, en gran parte, de esta situación. A su vez, la competencia feroz en los mercados lleva consigo que los modernos equipamientos no garanticen una posición competitiva, puesto que es necesario contar, además, con procesos de innovación permanente, disponer de un personal con las competencias adecuadas, poseer una fidelidad de los clientes, credibilidad de los directivos, habilidad para retener y atraer los mejores profesionales, etc. En definitiva, la gestión de un conjunto de activos intangibles se está convirtiendo en uno de los principales pilares de las compañías al encontrarse inmersas en una economía soportada en el conocimiento. Esto es, la era industrial está siendo reemplazada por la sociedad de la información y del conocimiento.

La sociedad de la información se caracteriza porque existe una gran cantidad de datos que son fácilmente accesibles, siendo únicamente los de carácter reservado los que generan una ventaja competitiva. Esta información pasa a ser un factor básico para la toma de decisiones. Por su parte, la sociedad del conocimiento se soporta en considerar éste como el activo fundamental de la competitividad, por lo que hay que centrarse en generar y adquirir nuevos conocimientos.

Ambas sociedades son cosas distintas, aunque están íntimamente ligadas: así, la información es útil cuando es procesada por el conocimiento y éste actúa cuando dispone de la información requerida. Teniendo presente que cuanto mayor sea el conocimiento, mejores serán los resultados que se obtendrán.

De esta manera, los conocimientos y la información son ahora los nuevos instrumentos de poder. Las organizaciones y empresas deben tener una noción mucho más profunda de la evolución de su ambiente y elaborar útiles de gestión más eficaces. Las compañías deben saber cómo medir los conocimientos, cómo crearlos y cómo convertirlos en valor.

Los métodos tradicionales de gestión basados en información financiera dan una imagen del valor en el mercado de la empresa en un momento dado en el tiempo. Esta información es de carácter histórico. En la nueva sociedad, las empresas tienen que poder percibir la realidad del momento, adaptarse a los cambios rápidos de ambiente, actuar en el presente y configurar el futuro. Las compañías necesitan nuevos útiles de gestión, debiendo concentrar su atención en los activos intangibles más que en los tangibles.

¿Qué son los activos intangibles? Pueden definirse como todo aquel elemento que tiene una naturaleza inmaterial (normalmente sin sustancia o esencia física) y posee capacidad para generar beneficios económicos futuros que pueden ser controlados por la empresa. En esta concepción tienen cabida diferentes tipos de activos intangibles, debiendo presentar todos ellos como característica la capacidad de un determinado recurso para obtener beneficios económicos futuros, pudiendo ser utilizado para producir bienes o servicios, además de tener la condición de intangibilidad [1].

Dentro de esta acepción, hay que destacar en especial los denominados activos intangibles ocultos o capital intelectual, que son actualmente los verdaderos responsables del valor de las organizaciones, existiendo diferentes definiciones para los mismos. Así, por nuestra parte, los hemos definido como *"el conjunto de activos de una empresa que, aunque no estén reflejados en los estados contables tradicionales, generan o generarán valor para la misma en un futuro, como consecuencia de aspectos relacionados con el capital humano y con otros estructurales, como: la capacidad de innovación, las relaciones con los clientes, la calidad de los procesos, productos y servicios, el capital cultural y comunicacional, que permiten a una empresa aprovechar mejor que otras las oportunidades, dando lugar a la generación de beneficios futuros"*.

---

[1] Para profundizar puede consultarse el trabajo de los autores (Nevado y López) titulado *El capital intelectual: valoración y medición*. Prentice Hall, 2002.

En consecuencia, en los últimos tiempos gestionar y determinar el capital intelectual en una empresa se ha convertido en un elemento clave, tanto para conocer el valor de ésta como para obtener ventajas competitivas. Ahora bien, el poder llevar a cabo una valoración de éste resulta complicado, ya que no existe un único método de valoración e incluso, diferentes medidores pueden llegar a obtener valoraciones distintas.

Ante esta dificultad, y desde un punto de vista contable, es complejo conseguir una homogeneidad en los estados financieros, pero esto no es óbice para que las compañías tengan un conocimiento de estos activos a efectos de gestión, decisión, etc. Así mismo, los usuarios externos demandan una información sobre estos activos, porque se demuestra que muchas empresas cotizan por valores superiores a los contables debido a éstos. Por lo tanto, facilitar alguna información de este tipo supone disminuir el riesgo de inversión en la empresa para los diferentes inversores, acreedores, clientes, etc.

Lo anterior nos lleva a plantearnos la necesidad de valorar este capital intelectual y analizar por qué el sistema de información contable no da las respuestas adecuadas a la valoración real de las compañías, y conocer también si por lo menos facilita los instrumentos para una gestión del mismo, de cara a la toma de decisiones de los usuarios internos.

SISTEMA DE INFORMACIÓN CONTABLE: CARENCIAS Y VIRTUDES

La posibilidad de disponer de información en la empresa es fundamental para el sistema de gestión, al proporcionarle el conocimiento de los datos, resultados de las acciones y comparaciones que permiten y posibilitan las funciones de aprendizaje y comunicación. Es decir, la recogida de datos mediante un criterio selectivo y su comunicación para la toma de decisiones. Así pues, el sistema de gestión se vale del de información como apoyo para la toma de decisiones.

Dentro de este sistema informativo, la contabilidad va a recoger, a nivel de entrada, los datos relativos a subsistemas operativos (comercial, financiero, etc.), los va a tratar con mayor o menor profundidad en el análisis contable y, al final, nos ofrecerá a nivel de salida del sistema unos documentos de análisis (cuentas anuales y otros estados).

De esta manera, debemos remarcar el contable como un sistema de información, ya que recibe y emite información y no solamente del exterior sino que los datos son dirigidos al interior de la empresa. Por estas razones, la contabilidad puede ser contemplada, en una primera aproximación, como sistema de representación de la información económica destinada a mejorar la comunicación de los distintos sujetos económicos que intervienen.

Como se puede comprobar, la contabilidad como sistema de información que proporciona datos para la consecución de los objetivos planificados, y para la adopción de políticas y estrategias competitivas, lleva consigo que la misma incluya diversas materias o campos, interdependientes entre sí, porque la información que proporciona cada uno de ellos en particular puede ser utilizada en otro de los campos. Así, dentro de éstos, pueden establecerse distintas clasificaciones de la contabilidad, diferenciando entre interna o analítica y externa, en función del ámbito de la circulación económica, o también la dualidad entre directiva o de gestión y contabilidad financiera, según los tipos de usuarios de la información.

Por lo tanto, deducimos que la información contable es básica para el desarrollo empresarial, ya que proporciona los datos necesarios para la toma de decisiones y para la realización de las políticas y estrategias más adecuadas al control de gestión. Pero, además, tenemos que tener presente que hay otra serie de elementos o variables que influyen de una manera directa o indirecta en la información contable, como son la estructura de relaciones existentes en la empresa, o el estilo propio de dirección y las motivaciones de los individuos.

Entonces, *¿por qué existe actualmente una desconfianza hacia la información contable?*

Tenemos que precisar que cuando se habla de información contable, como acabamos de demostrar, se incluyen diversas materias; por lo tanto, es preciso que diferenciemos entre contabilidad financiera y contabilidad de gestión, siendo la primera la que está sufriendo mayores críticas. Por eso, vamos a continuación a comentar las principales virtudes y carencias de cada una.

La contabilidad financiera. Actualmente, cuando nos encontramos situados en el perfil o punto de vista externo tenemos la percepción de que las personas vinculadas directa o indirectamente con la contabilidad tienen una desconfianza sobre la actual utilidad de los informes contables [2]. Esta desconfianza ha tenido su punto álgido cuando se han detectado irregularidades manifiestas y significativas en algunas empresas que hasta ese momento eran líderes en sus respectivos sectores.

El momento en el que se encuentra la contabilidad puede ser calificado como crucial debido a una serie de factores que van a condicionar su desenvolvimiento en los próximos años [3]:

1. La existencia de irregularidades en los estados contables no detectadas por auditores, las cuales han derivado en procesos de crisis en empresas importantes. Este hecho puede a su vez ser producido por:

---

[2] Diversos estudios señalan que la mayoría de los ejecutivos no toman sus decisiones en función de las cifras contables, sino soportadas en otras fuentes de información.

[3] Para un estudio en profundidad de cada uno de estos factores, puede consultarse la comunicación realizada por Nevado conjuntamente con Alonso y Santos (2004): «Reflexiones sobre la confianza actual en la información contable", en el X Encuentro de Profesores Universitarios de Contabilidad. ASEPUC. Granada.

a) La situación de las empresas de la nueva economía. Surgen con una fuerza inusual, sus cotizaciones se sitúan muy por encima de los datos que se desprenden de los informes contables. Cuando las expectativas se incumplen, algunos directivos caen en prácticas contables irregulares para intentar mantener las expectativas de los inversores.

b) Las acciones inadecuadas de los consejos de administración de algunas sociedades cotizadas que o bien no han tenido la independencia que requiere su cargo o bien no han supervisado a los directivos de manera apropiada.

c) La falta de actuaciones de los organismos públicos. Los reguladores deberían anticiparse a estas situaciones y poner los mecanismos para que las crisis no se produjeran.

d) Las conductas deshonestas, con falta de ética, de algunos directivos y gestores que en lugar de defender los intereses de los accionistas han buscado su enriquecimiento personal, mediante la utilización de información privilegiada, la transferencia de recursos a su favor o al de sociedades cuya titularidad era mayoritariamente suya, o de personas interpuestas. Todo ello unido a la connivencia con los mecanismos de control por parte del sistema financiero, como auditores, agencias de calificación, analistas financieros, etc., han permitido la realización de actuaciones de manipulación de la información.

2. La globalización de la economía y la polución informativa que acarrean la existencia de informes contables contrapuestos relativos a la misma empresa.

3. La contabilidad creativa, propiciada por la inclusión en las normas contables de opciones alternativas para registrar y valorar ciertas transacciones.

4. La existencia de un *gap* o desfase entre lo que algunos usuarios esperan y/o necesitan de los estados contables y la información que realmente facilitan dichos estados financieros (elaborados a partir de los principios contables, en especial el del precio de adquisición), que hacen referencia a información histórica, lo que implica la necesidad de aumentar (¿o sustituir?) los criterios de elaboración o de valoración de la información para garantizar la transparencia en los mercados.

Quizá sea este último punto el más controvertido y a la vez interesante, ya que afecta directamente a la forma en que se confecciona la información financiera. Lo anterior se encuentra íntimamente relacionado con los requisitos de esta información, ya que a la contabilidad se le puede exigir que informe del pasado (fiabilidad) y del presente (relevancia), pero es difícil que explique el futuro, ya que el mismo sería interpretable de manera muy distinta por los distintos agentes. No obstante, esto no es una traba para que se pueda presentar información que recoja posibles tendencias de posibilidades futuras de la organización.

Además, la fiabilidad junto con la relevancia garantizan la utilidad de la información financiera para los usuarios, lo cual nos debe conducir al establecimiento de un modelo informativo donde predomine la relevancia de la información, asegurando la fiabilidad, lo que implica diferentes interpretaciones para poder conseguir dicho objetivo:

- Implantación de un modelo donde la relevancia de la información sea uno de los objetivos principales, lo cual implicará nueva información que pueda generar problemas de valoración o que incorpore cierto grado de subjetividad (valoración de intangibles, valor de mercado, aspectos medioambientales, etc.); pero la misma se considera como esencial, ya que en gran medida el valor de la empresa depende de estos activos. Este modelo daría respuesta, en gran parte, a las necesidades de información de los diferentes usuarios de la información contable, ya que respondería al objetivo de conocimiento del presente de la empresa y las posibles tendencias futuras, no obstante, llevaría consigo ciertos problemas de fiabilidad de la información, comparabilidad, costes de elaboración, etc.

- El modelo debe imponer un menor margen de flexibilidad en las normas contables, la relevancia debe ser un objetivo principal. En un principio puede ser incongruente con la reforma contable de adaptación a las Normas Internacionales de Información Financiera (NIIF), ya que en éstas existe un amplio abanico de posibilidades para la contabilización de las diferentes partidas (incremento de la opcionabilidad dentro de la legalidad), unido también a la aplicación de criterios que pueden llevar a una falta de objetividad, como por ejemplo la utilización del valor razonable o la incorporación de determinados intangibles.

Ante esta situación, sería conveniente:

- Una adaptación para todos los países de una contabilidad financiera basada en los mismos criterios, pero que éstos fuesen más restrictivos de manera que se consiguiese una homogeneización y comparabilidad de la información.

- Esto llevaría a una preeminencia de la prudencia (fiabilidad) frente a la relevancia, y sin embargo, los cambios tan importantes que se están produciendo en la actividad económica, requieren de un mayor conocimiento de la situación de las empresas por parte de los diferentes usuarios, ya que si no se corre el riesgo de que la contabilidad pierda parte de su protagonismo en cuanto a los medios de información que utilizan los decisores, en beneficio de otros. En este sentido, habría que incorporar en la memoria otra información que fuese básica para estos usuarios (como la valoración de intangibles) y que diera relevancia a la información contable.

Cualquiera de las dos posturas anteriores tiene ventajas e inconvenientes. Un inconveniente común sería el coste de elaboración de información. ¿Cuál de las dos opciones sería más aconsejable? Responder a esta pregunta es difícil, porque dependería de cómo se articulase todo ello, si bien existen una serie de aspectos comunes para ambas que deberían tenerse en cuenta y que pasamos a enumerar:

a) No se debe exigir la misma cantidad de información a todas las empresas. Habría que diferenciar entre grandes y pequeñas, e incluso entre las que coticen o no en bolsa. En este sentido, las entidades que cotizaran en los mercados deberían presentar una información suficiente en cantidad y calidad sobre:

- Valoraciones a valor razonable.

- Medición y valoración de intangibles.

- Responsabilidad social corporativa en sus tres dimensiones: económica, social y medioambiental.

b) Hasta conseguir una normalización de esta información, abogamos porque las empresas al menos la presenten como estimen más conveniente, siendo los propios usuarios los que la juzguen.

c) Los auditores asumirían, de esta forma, nuevas responsabilidades, necesitando en no pocas ocasiones colaboraciones de otros expertos para poder emitir una opinión que garantice la calidad y la fiabilidad de la información elaborada, en especial de aquélla susceptible de un mayor grado de subjetividad.

d) El incremento del caudal de información que se proponga para incorporar debe cumplir con los mismos requisitos o cualidades (objetividad, fiabilidad, etc.) que el resto de la información que actualmente se facilita, provenir de los propios registros contable-administrativos o de los documentos sujetos a tratamiento contable y no debe ir en contra del requisito de confidencialidad para la gestión de la empresa que suponga poner en manos de potenciales competidores información de naturaleza reservada.

La contabilidad de gestión. Anteriormente, nos hemos referido a la contabilidad financiera que suministra una información normalizada, generalmente para usuarios externos, pero también para decisiones internas. Como hemos comprobado, ese carácter sistematizador recoge las propias carencias y a su vez las virtudes. Ahora bien, toda organización necesita información para poder tomar decisiones con el menor riesgo posible en los diferentes ámbitos en los que actúa. Por ello, la contabilidad, como sistema de información, ha intentado responder en sus diversas facetas a través de una información normalizada (financiera) junto a otra no regulada, más flexible y que concretamos en:

- La contabilidad de costes o analítica, que estudia el mecanismo de generación de resultados, esto es, el proceso de transformación de factores en productos elaborados y vendidos.

- La contabilidad de gestión, que surge por la propia evolución de la contabilidad de costes (siendo ésta un subconjunto de la contabilidad de gestión), e incluye, por tanto, el cálculo de costes, pero intentando una racionalización y control del mismo, generando a su vez información para adoptar decisiones a corto plazo (tácticas de optimización de recursos, operativas y de control de gestión).

- La contabilidad de dirección estratégica o directiva, la cual se nutre de la contabilidad financiera y de gestión, siendo su función garantizar la supervivencia de la empresa. Por ello, suele llevar asociado un diagnóstico, planificación, estrategia y control. El objetivo de la misma pasa por la incorporación de la problemática estratégica del entorno empresarial a los ámbitos de la contabilidad de gestión y financiera.

Ante esta situación, parece necesario el planteamiento de un sistema de información contable que proporcione datos del ámbito interno y externo. Así, dentro del ámbito de gestión, una posible respuesta ha sido lo que se conoce como *balanced scorecard* (cuadro de mando integral), término acuñado por Kaplan y Norton (1996) o también conocido, cada vez con más fuerza, como cuadro de mando estratégico, establecido por Nevado (1997).

Éste se puede definir como un instrumento o metodología de gestión que facilita la implantación de la estrategia de la empresa de una forma eficiente, ya que proporciona el marco, la estructura y el lenguaje adecuados para comunicar o traducir la misión y la estrategia en objetivos e indicadores organizados en cuatro perspectivas: finanzas, clientes, procesos internos y formación y crecimiento, los cuales permiten que se genere un proceso continuo, de forma que la visión se haga explícita, compartida y que todo el personal canalice sus energías hacia la consecución de la misma.

Nosotros proponemos, a continuación, un método de conocimiento que se complementa con el cuadro de mando integral, pero que es más amplio, ya que permite determinar si la estrategia seleccionada es la adecuada, ya que en el *balanced scorecard* se da por hecho, y no se plantea en ningún momento si no era la más idónea. Además, en nuestro método se proporciona una cuantificación del valor de los intangibles, de manera que permite una gestión de los factores que llevan consigo una generación de valor a futuro, planificando las estrategias y políticas que lo maximicen a largo plazo. Asimismo, tiene la virtud de integrar la información del ámbito financiero y de gestión que facilita la toma de decisiones.

EL CONCEPTO DE ANÁLISIS INTEGRAL

En nuestros días, la globalización y la competencia, exigen que las empresas, para poder sobrevivir, no se centren exclusivamente en producir beneficios a corto plazo, sino que deben desarrollar las capacidades necesarias para progresar en el futuro, aunque esto les suponga una merma de sus ingresos actuales (mayores gastos), siendo, no obstante, el camino adecuado, ya que invierten en factores que generarán valores futuros. Ésta es una de las razones fundamentales por la que las empresas deben desarrollar una herramienta que les permita aprender del pasado, cuestionarse el presente y asegurarse el futuro.

Tradicionalmente, el sistema de mediciones ha sido el financiero, fundamentalmente el desarrollado a partir del sistema contable (cuentas anuales, presupuestos, análisis económico-financieros...), ya que existía un excesivo énfasis en los resultados a corto plazo, lo que hacía que las empresas invirtieran demasiado poco en la creación de valor, esto es, en el largo plazo: activos intangibles e intelectuales que generan un crecimiento futuro, como por ejemplo mejora de procesos, desarrollo de los recursos humanos, tecnologías de la información, bases de datos y sistemas, así como las relaciones con los clientes y desarrollos del mercado. Por tanto, optar por una visión a largo plazo exige un sistema de información que nos facilite mediciones, lo que supone utilizar indicadores tanto monetarios como no monetarios. Por ende, ambas visiones se complementan y necesitan, constituyendo lo que hemos dado en llamar Análisis Integral.

De esta forma, la visión a corto y medio plazo se centra en cuatro aspectos fundamentales, que son: disponer de los activos suficientes que faciliten desarrollar un crecimiento adecuado, con el fin de obtener beneficios y a su vez generar flujos de tesorería. Ahora bien, con ello se pretende crear un diagnóstico y valoración de la empresa a corto plazo, ya que aunque las hipótesis de crecimiento empresarial y de proyección de estados de *cash-flow* diseñan el desarrollo de la empresa a medio plazo, que permiten establecer una valoración continua de la compañía, éste siempre se realiza desde un ámbito puramente financiero. No obstante, y desde una auténtica visión a largo plazo, hay que tener en cuenta que existen toda una serie de factores intangibles como la formación, el cultivo de las relaciones con los clientes, la mejora de nuestros procesos, etc., que constituyen las premisas que favorecen una mejor posición a futuro. Por lo tanto, resulta necesario que se produzca un equilibrio entre ambas visiones de manera que se obtenga el valor real de la empresa. Por este motivo, este libro se va a centrar en establecer un instrumento o método que nos analice si la organización sigue el camino adecuado para que se produzca una toma efectiva de decisiones tanto a corto como a largo plazo (véase Figura 1.1).

Ha llegado el momento de presentar el *concepto* de esta nueva metodología que permitirá alcanzar y gestionar el valor real de su empresa. El *Análisis Integral* se define como: "el método de conocimiento empresarial para el desarrollo del conocimiento empresarial, es decir, este procedimiento informativo y de gestión abarca desde la estimación de los indicadores y ratios internos y externos hasta la cuantificación de los otros medidores de capital intelectual para la determinación de un valor más real de su compañía, con el fin de llevar a cabo una gestión eficaz para alcanzar valor de futuro y planificar las estrategias que lo maximicen en el largo plazo, haciendo viable una posición más consolidada en el sector donde opera la compañía".

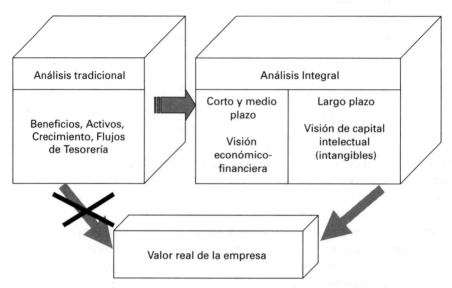

FIGURA 1.1. *Evolución del análisis tradicional al integral.*

Cuando alguien lea estas palabras la crítica es sencilla: la definición es algo académica y compleja. Cierto es que a los autores nos ha costado muchas horas la confección y aplicación de este método, por lo que nos resulta difícil obviar o mejor generalizar la exposición de sus múltiples beneficios y características, por lo que el concepto final se muestra un poco denso y sin embargo, como veremos más adelante, su aplicación se ha simplificado en extremo con el fin de huir de toda perspectiva filosófica que a menudo contienen algunas liturgias empresariales que se tornan en ejercicios mentales imposibles en su realización. Vamos, pues, a analizar esta definición por partes.

En primer lugar, hemos dicho que se trata de un *procedimiento informativo y de gestión*. Informativo porque proporciona información, y en este sentido propone medios para la obtención de los datos necesarios para la toma de decisiones y sistematiza métodos utilizados en el conocimiento económico financiero de la empresa y el sector donde opera; la información se concreta en indicadores asociados a perspectivas monetarias y no monetarias (porcentuales) que surgen a partir de fuentes normalizadas (estados contables), informales (contabilidad interna) y observacionales (encuesta). Por otra parte, es o se desarrolla para la gestión, esto es, no muestra un conjunto de valores agregados como simple exposición, sino que ofrece la perspectiva de control y decisión soportada en el análisis evolutivo de los indicadores y comparativo con los valores alcanzados en el sector en el que se opera, por lo que actúa como un verdadero cuadro de mandos desde el que operar y controlar la empresa, ya que incorpora una serie de visiones de gestión en intangibles que posibilita la mejora en perspectivas como los recursos humanos, los procesos internos, clientes o métodos de comunicación e innovación empresarial por los que se apuesta.

Se trata además de un procedimiento que *persigue la gestión eficaz*. Hemos visto anteriormente que el Análisis Integral es un procedimiento de gestión que se caracteriza por su eficacia; en este sentido, nos referimos al alcance de aquellos resultados que nos permiten la generación de valor a futuro. Por tanto, puede ocurrir que su consecución sea a costa de la inversión en factores con elevado coste, pero que en realidad son los auténticos generadores de valor de nuestra organización; sin embargo, esta asimilación de coste hacia inversión permite hablar de eficacia en el mismo sentido que de eficiencia.

Abarca, por último, la *planificación estratégica* hacia la búsqueda de la ventaja competitiva y del mejor posicionamiento sectorial, ya que va a permitir discernir si la estrategia establecida era la idónea, así como apuntalar las orientaciones a seguir en un futuro. Resulta elocuente recordar, en este apartado, la conversación mantenida en la junta directiva de una de las empresas en las que hemos aplicado este procedimiento, donde su director insistentemente se interesaba por el valor real de su empresa y las relaciones de éste con sus valores e intangibles. La respuesta que le ofrecimos no pudo resultarle más idónea al explicarle que, mediante herramientas modeladoras de simulación contenidas en esta metodología, podíamos indicarle no sólo esas correspondencias por las que nos interrogaba sino también el control de las mismas, en el sentido de aumentar u optimizar el valor de la empresa a través de estrategias o políticas que se soportarán en tales relaciones que habríamos cuantificado previamente. Seguro que el lector creerá que es ésta una tarea compleja y difícil en cuanto a su entendimiento; tenemos que decirle, como a aquel directivo, que si bien no deja de ser ardua, si se sigue el procedimiento cuidadosamente al final resultará mucho más sencillo que la gestión de su empresa, y que será una herramienta a su alcance, sin lugar a dudas.

Resumiendo, podemos plantear algunas de las cuestiones que serán solventadas a través de este método, como pueden ser las siguientes:

- ¿Cuál es la evolución de mi empresa (liquidez, solvencia, rentabilidad)?; y, en consecuencia, ¿cuál es la posición de ésta en relación al sector en el que opera?

- A la sombra de los resultados del análisis financiero previo, ¿cómo influyen estos valores en la perspectiva futura de las principales magnitudes contables?

- ¿Qué cuota de mercado se alcanza y se puede alcanzar en un producto o servicio?

- ¿Qué rentabilidad se obtiene en un determinado segmento?

- ¿Cuáles son los canales de distribución más eficientes, las necesidades financieras a futuro, etc.?

- ¿Cuáles son mis intangibles?, y ¿qué puedo hacer para mejorar su estructura?

- ¿Cuál es el verdadero valor de mi empresa?; y, en esta línea, ¿cómo se relaciona con los intangibles de ésta?

- ¿Cómo debo presentar y gestionar el capital intelectual para incrementar el valor real de mi empresa?

- ¿Cuál es mi cultura empresarial?

- ¿Es adecuada la planificación estratégica empresarial que tenemos?; dicho de otro modo, ¿qué estrategias debo mantener y cuáles desarrollar en el medio y largo plazo para aumentar el valor de mi empresa de cara a todos sus usuarios?

Por tanto, para concluir esta presentación del Análisis Integral diremos que se centra en un grupo de medidas seleccionadas deliberadamente y aplicadas de forma que permitan alcanzar y comunicar una visión compartida de la estrategia de la organización para el futuro previamente constatada, consiguiendo además un equilibrio integrador entre los distintos factores necesarios para lograr el objetivo estratégico.

Por último, en el siguiente gráfico (Figura 1.2) quedan recogidos los instrumentos para conseguir los objetivos planteados en la metodología de Análisis Integral que podrá seguirse detallada y empíricamente en el siguiente apartado y a lo largo del texto. No obstante, y recogiendo los rasgos fundamentales del método, podemos interesarnos en la trilogía que se sintetiza a través de la visión económico-financiera, el análisis estructural, de gestión y estratégico de los intangibles, y las herramientas modeladoras de simulación y cuantificación de las relaciones a escala interna de cada una de las visiones anteriores y entre ellas.

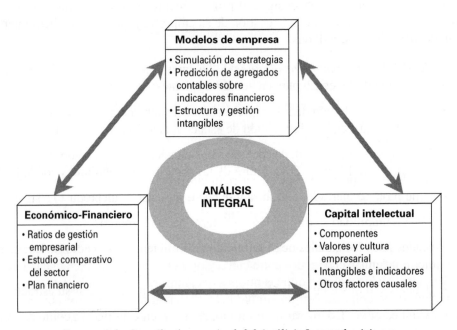

Figura 1.2. *La trilogía germinal del Análisis Integral: visiones*

UNA METODOLOGÍA PARA CREAR VALOR A FUTURO Y MEDIRLO

📖 Llegados a este punto, debemos enfrentarnos a la tarea de *explicar el método* aplicado sobre el Análisis Integral, de forma simple, pero a la vez detallada para tratar de evidenciar el potencial de esta herramienta. Para ello, vamos a partir de la Figura 1.2, remarcando el *enfoque cíclico de retroalimentación entre las tres visiones*, que hemos calificado como germinales sobre el método propuesto.

De esta manera, enfatizamos sobre los principales registros de información contable de la empresa en la actualidad, que se constriñen a los estados contables tradicionales y la contabilidad interna que complementa estos registros y sirve a la dirección para la mejor gestión, pero fundamentalmente en el corto plazo. Pues bien, nosotros hemos detectado que las organizaciones más sensibilizadas respecto a las carencias señaladas sobre estos registros, frecuentemente, optan por incrementar el conjunto de indicadores internos para con ello tratar de medir algunas de las capacidades que saben que tienen y que coinciden en señalar que constituyen una serie de potencialidades ocultas que los investigadores hemos acuñado como capital intelectual. Por otra parte, algunos de los resultados obtenidos han sido presentados en memoria, en el mejor de los casos, ya que en ocasiones han quedado como información interna para la gestión. Entre las sociedades más sensibles hacia estas mediciones destacamos la esfera propia de la Nueva Economía, es decir, fundamentalmente las instituciones financieras y las empresas de alta tecnología.

Si reconducimos el tema, advertimos que existe un problema de carencia de información: el usuario de la misma se encuentra obligado hacia recursos informativos que en el mejor de los casos pueden ser tachados de excesivamente estáticos y poco representativos del valor real de la organización. Es ésta una calificación que obliga al planteamiento de una herramienta que permita optimizar la información.

Escuetamente, sobre la herramienta de Análisis Integral, podríamos afirmar que nace con ese fin. Dada su vocación, debe por tanto examinar y retroalimentar tres perspectivas o visiones informativas de toda organización:

Económico-financiera: que recuerda más que ninguna a la metodología tradicional, pero que debe adaptarse a esta nueva realidad de necesidad de información. La adaptación pasa por varias vicisitudes entre las que podemos destacar el análisis de la evolución de un periodo estructural y no coyuntural en la organización. Es decir, habitualmente surge la comparación entre indicadores-ratios financieros pero entre dos periodos pues bien, tratemos de recoger más información útil para la empresa. Si incluimos en el análisis periodos entre cinco y diez años que posibiliten el análisis de tendencias y ciclos y eviten ópticas miopes que confundan la estructura económica financiera de la empresa con un simple hecho coyuntural, habremos dado el salto cualitativo necesario. En este mismo sentido, debe circunscribirse el estudio del sector en el que opera la empresa, el cual debe huir de toda generalidad y confundir casi los términos de competencia, entorno y sector, demarcando de forma más cercana según la propia actividad principal de la organización en ese sector; en ningún caso, creemos que debe superar el centenar de compañías el mismo. Además, las bases de datos existentes en la actualidad y un buen conocimiento de la empresa hacen viable esta condición que pudiera parecer compleja, a priori. Por último, el total dinamismo de este sistema o visión del Análisis Integral, se obtendrá de la simbiosis con las otras dos partes integrantes, el uso de modelos de simulación financiera y el casi perfecto conocimiento para la aplicación consecuente de herramientas de generación de nueva información en el análisis de intangibles o visión de capital intelectual.

Capital intelectual: nos hemos referido ya en no pocas ocasiones a estos activos intangibles ocultos como protagonistas del diferencial de valor entre el resultado contable propiciado por los estados tradicionales y el valor real que una organización puede tener para sus creadores, socios o accionistas, que ante una posible enajenación de la compañía no admitirían su venta, en la mayor parte de las situaciones, a un precio igual al marcado por dichos estados, sino que este valor, generalmente, será superior o incluso podría ser inferior al ofrecido desde los registros contables. De esta manera, no pocas veces las explicaciones se circunscriben a razonamientos del tipo de que inmersos en la compañía se encuentran valores no tangibles que, sin embargo, se enajenan conjuntamente con la compañía, como por ejemplo la cartera de clientes, los recursos humanos cualificados, los procesos de innovación implementados, etc., y que son contabilizados por la empresa adquirente dentro de su activo inmaterial en la cuenta fondo de comercio, pero desconociéndose qué parte de valor corresponde a cada uno de estos distintos activos intangibles adquiridos.

Es así como desde esta visión del Análisis Integral, apostamos por el establecimiento, en primer lugar, de un modelo que dé una respuesta clasificatoria de todos estos intangibles susceptibles de ser poseídos por las organizaciones, para después poder medirlos a través de un modelo matemático simple soportado en un esquema multiplicativo de indicadores de eficiencia o relativos, ubicados en el intervalo porcentual del 0 al 100%, que filtran otro tipo de indicador denominado absoluto, habitualmente monetario, y que se obtiene por lo general de los registros contables externos e internos. En definitiva, generamos nueva información que combina la obtenida directamente de fuentes contables con la conseguida desde la encuesta y la entrevista personal (generalmente, el soporte de los indicadores relativos o de eficiencia). Dichas encuestas se realizan sobre los diferentes implicados en la generación del intangible; así, por ejemplo, si planteamos la necesidad de un indicador de motivación en el trabajo de la plantilla, serán los trabajadores los encuestados para la obtención de dicha medida.

Una vez cuantificados o medidos los diferentes capitales que conforman el conjunto de intangibles de la organización debemos retomar la visión de modelos de empresa para poder evaluar la dimensión de los mismos.

Modelos de Empresa: esta perspectiva trata de ofrecer fundamentalmente información a posteriori, es decir, actúa como una verdadera nueva fuente de información que permite diseñar las estrategias de crecimiento en términos de valor real o cierto de la empresa y conocer el equilibrio o desequilibrio de los componentes del capital intelectual de mi organización. En este sentido, también nos informa sobre la evolución de las principales magnitudes contables en el corto plazo a partir de los datos económico-financieros obtenidos desde la primera visión; en pocas palabras, constituye el cierre o broche perfecto del sistema de información soportado en el Análisis Integral.

Asimismo, la nueva información generada deberá ser tenida en cuenta en el ejercicio siguiente como información a priori, junto al resto de registros contables, por lo que esta retroalimentación hará que el instrumento aumente sus ventajas con el paso del tiempo, al establecer nuevos registros de información con los que desarrollar el sistema.

En cuanto a cuáles son las técnicas empleadas, principalmente obedecen a modelos estadísticos y econométricos soportados en técnicas de regresión lineal, que, aunque puedan parecer complejos, hoy en día se encuentran también disponibles en multitud de programas informáticos de fácil aplicación.

¿ES UN MÉTODO DE VALORACIÓN DE EMPRESAS, DE GESTIÓN O DE PRESENTACIÓN DE INFORMACIÓN DE INTANGIBLES?

A pesar de haber definido el concepto de Análisis Integral y haber comentado las tres visiones sobre las que se sustenta, el lector todavía puede tener algunos interrogantes que conviene aclarar, como por ejemplo: ¿es un método válido para la valoración de empresas?, ¿es una herramienta de gestión?, o más bien, ¿es un sistema de comunicación de información para usuarios externos sobre distintos aspectos que generan valor para la organización?

Vamos a intentar responder a estas cuestiones para que usted pueda conocer en todo momento la potencialidad que tiene esta herramienta y cuáles son los objetivos perseguidos por la misma.

Respecto a la primera pregunta, esto es, si es un *método válido para la valoración de empresas*, hay que decir que su objetivo no es determinar cuál es el valor real de una compañía para la posterior venta de la misma (hecho discontinuo y que puede originar cambios en la actividad empresarial), sino más bien conocer el valor referente de la compañía en el desarrollo habitual de su actividad (hecho continuo) integrando todos los logros e informaciones disponibles por la organización que provocan una brecha con la cuantía patrimonial ofrecida desde la contabilidad. ¿Qué queremos decir con esto? Pues que normalmente existen diferentes métodos de valoración de empresas basados en el balance, cuenta de resultados, mixtos, descuento de flujos, etc., que tienen la misión de calcular un precio de venta para la empresa, aunque hoy en día se consideran como los más correctos y más utilizados los basados en el descuento de flujos de fondos, al tratar a la empresa como un ente generador de flujos de fondos y, por ello, valorable como un activo financiero.

Por lo tanto, somos partidarios de utilizar métodos basados en el descuento de flujos si lo que se quiere es determinar el valor a efectos de venta. No obstante, nosotros facilitamos un *método de valoración para los intangibles* que puede ser útil como información para una posterior venta de la compañía, ya que permite cuantificar el potencial de la empresa en estos activos, pero este instrumento se ha configurado más bien para una gestión de los mismos. Por lo que aunque se parte de la diferencia entre el valor de mercado y el contable para cuantificar el capital intelectual, esto no implica que la misma permita determinar necesariamente el valor de la compañía a efectos de venta, aunque sí puede ser válida a efectos de gestión de valor a futuro de la organización, que es el objetivo primordial de esta herramienta.

Con relación a la segunda cuestión, *instrumento de gestión*, como acabamos de comentar, es el fin principal de este Análisis Integral. Es decir, es la idea que ha estado presente en todo el desarrollo de este método en sus diferentes facetas de manera que respondiera al ideal de todo empresario de poder conocer si va por el buen camino. En este sentido, esta herramienta va a facilitar la gestión del conjunto de intangibles que tenga la empresa al establecer cuál es la estructura de los mismos, cómo se relacionan, cómo contribuyen a generar valor, qué equilibrio existe entre ellos y las principales magnitudes contables a corto plazo, lo que va a favorecer a su vez, mediante modelos de empresa, la generación de información a posteriori que permita al gestor poder anticiparse al futuro y de esta forma instaurar las políticas más adecuadas para seguir creciendo y fecundando valor de futuro.

Además, este instrumento aporta algo fundamental que es interrogarse sobre la estrategia establecida, es decir: ¿quién le informa a usted de si su estrategia es la adecuada? Al igual que existen auditorías de recursos humanos, informáticas, de calidad, etc., debería haber una *auditoría de la estrategia* que permitiera evaluar la idoneidad de la misma. Pues bien, en este sentido, esta herramienta puede contribuir a ello en gran medida, al proporcionar información sobre si la estrategia era la acertada o bien se debe modificar la misma, indicando a su vez cuál debería ser la estrategia a adoptar.

Por último, en lo referente a la *publicación externa de información sobre capital intelectual*, es algo que siempre quedará a la libertad de la propia empresa, pero en este trabajo se facilita el modo de cómo hacerlo, ya que se considera que los usuarios demandan cada vez más información sobre este tipo de activos que son los responsables en gran parte del éxito de la empresa; de esta forma, recogiendo los distintos capitales que lo conforman y algunos indicadores para poder medirlos, junto a diferentes periodos, de tal forma que se pueda comprobar cómo evolucionan los mismos, resulta más interesante que decir que no se pueden medir. La lectura de los mismos permite a los *stakeholders* de forma simple, concretar los puntos débiles que se deben superar y los fuertes que se deben mantener y desarrollar.

Para concluir, sólo nos resta insistir en las *características de esta nueva herramienta,* que podemos resumir en su *aplicabilidad,* esto es, olvidamos cualquier método teórico que se aleje de toda problemática real, llegando incluso a su imposibilidad de aplicación; *simplicidad,* en cuanto a que es el principio de parsimonia el que invade toda la metodología del análisis; *sistematicidad e integrabilidad,* ya que la herramienta se concibe como un conjunto de elementos o visiones totalmente interrelacionadas entre sí; y para terminar, la *dinamicidad interna,* ya que se comparan periodos estructurales y se utilizan unidades monetarias constantes, y *externa,* en el sentido de que el propio análisis gana en eficiencia con el desarrollo en diferentes periodos del mismo, dada su retroalimentación en un periodo con la información del anterior.

Esperamos no habernos mostrado demasiado técnicos, pero intentaremos con el desarrollo de la obra y la inclusión del caso de estudio real disipar todas las dudas que hayamos podido generar en estos primeros momentos.

PARTE

Visión económico-financiera

2

Conocer su empresa: datos históricos y generales

INTRODUCCIÓN

A pesar de haber señalado, en los apartados iniciales, la naturaleza práctica de esta obra, conviene que recordemos esta característica para no perder la visión realista de este texto. En este marco, hablaremos de *investigadores* como de aquellas personas que realizarán el Análisis Integral de la empresa sin entrar en su naturaleza, que puede ser un equipo de investigación contratado; los propios autores, en el ejemplo al que recurriremos constantemente; o un equipo de personas procedentes desde el nivel de gestión y control de su propia empresa. Por otra parte, tendremos a la *organización*, la empresa o compañía, como palabras que serán utilizadas usualmente para ubicar a la *"víctima" del estudio*[1], y será sobre la que actuarán los investigadores. En este escenario nos falta un protagonista más, que será el grupo de los *directivos*, demandantes de resultados de este Análisis Integral y solicitantes del estudio, siendo por tanto los conductores interesa-

---

[1] Utilizaremos como continua ilustración del método de Análisis Integral un estudio realizado por los autores sobre una empresa operativa en el sector de servicios técnicos de arquitectura e ingeniería. Si bien, con el fin de preservar el anonimato de la misma, dada la extensa información que se aporta, pensamos en rebautizarla y denominarla a partir de este momento ARQ S.A.

dos del mismo, si bien nuestra recomendación será la de seguir unos mínimos que muy bien podrían resumirse en los pasos recogidos en este texto a modo de manual operativo.

Una vez definidos los actores, nos centramos en la *escena* en la que planteamos el análisis. Lo primero que necesita es conocer su empresa; no dudamos que el concepto es algo ambiguo, ya que estamos seguros de que usted conoce su propia empresa, pero tal conocimiento puede estar distorsionado por su propia labor de gestión o por el sistema contable con el que es bombardeado continuamente por su departamento de contabilidad; así, usted necesita unos indicadores sintéticos que muestren la evolución del negocio. Los investigadores, por su parte, más aún si son ajenos a la compañía, precisarán concretar el negocio o sector en el que opera la empresa, su historia, composición de plantilla, labor de dirección, pautas de evolución y crecimiento que se han seguido en el pasado reciente, etc. No crea que esta información, por conocida, deja de interesar, ya que una vez normalizada y presentada mostrará más claramente a su junta, incluso a usted, ¿por qué no?, la empresa que se ha construido y los pilares y agujeros más representativos en su desarrollo.

Bueno, pues sin más dilación, manos a la obra: intentaremos aclararle sus dudas con un estudio real y, como se ha dicho, los símbolos diferenciarán el manual operativo del Análisis Integral de su propia aplicación.

¿QUÉ NECESITAMOS? Y ¿CÓMO NOS ORGANIZAMOS?

Esta primera fase se resume en el proceso de toma de contacto necesario entre la empresa y los investigadores, que abarca desde la recopilación de cuanta información resultase provechosa para el desarrollo de este fin, ¿qué necesitamos?, hasta la exposición del plan de actuación, ¿cómo nos organizamos?

Por nuestra propia experiencia, sabemos que en la empresa existe mucha información que, a veces por no conocida y otras por los métodos "artesanales" utilizados para su generación, es apartada en el rincón del olvido. Este hecho motiva su desconocimiento o su mal conocimiento por las áreas departamentales ajenas a su generación, por lo que queda en ese rincón y desmotiva su actualización o mantenimiento. Si planteamos de forma conjunta las necesidades informativas y los datos generados por la empresa, podemos constatar que éstos son más útiles si se integran con otras informaciones y sistemas. Por todo ello, lo primero que debemos hacer es saber con qué información se cuenta para poder eliminar aquella redundante y poco operativa, y conocer además nuestras carencias para tratar de superarlas.

En este sentido, esta primera fase del análisis económico-financiero consiste en *establecer qué información puede ser útil* y qué grado de la misma es necesario y suficiente para la consecución del fin buscado, teniendo presente que ésta puede ser interna o externa a la organización. Si la clasificamos según su carácter, distinguiremos entre información:

- Relativa a la empresa. Contable: cuentas anuales y otros estados complementarios; de verificación de datos: auditorías, informes comerciales, verificaciones registrales, peritaciones…; y otra información sobre calidad, recursos humanos, medio ambiente, etc.

- Del entorno en el que se desarrolle su actividad: mercado de trabajo, renta, infraestructura, etc.

- Del sector en el que opera la empresa: informes sectoriales.

- General sobre el ámbito nacional, comunitario o internacional: estadísticas, directorios de empresas, etc.

De esta manera, el objetivo que perseguimos es familiarizarnos con las fuentes de información, y una clasificación de éstas que nos permita obtener los datos útiles para poder evaluar posteriormente la rentabilidad, liquidez, solvencia y productividad de la empresa.

☛ La situación informativa con la que topamos en ARQ S.A., aparentemente idónea, presentaba, desde sus inicios, registros poco utilizados que, sin embargo, posteriormente dieron sus frutos en indicadores, y también se localizaron carencias o lagunas que debíamos superar.

En el verano de 2002 desbrozamos las estanterías y cajones de ARQ S.A. para poder afrontar su estudio, pero no adelantemos acontecimientos. A partir de los primeros contactos mantenidos, debido al interés despertado en la dirección de ARQ por las mediciones en capital intelectual, se concertó una primera reunión de los investigadores con la dirección, en la que se expusieron las necesidades empresariales de una parte y las posibilidades del mencionado estudio por otra, convergiendo en la realización de este trabajo, si bien, y como no podía ser de otra manera, se aportaron materiales que comenzamos a tratar para concretar las actuaciones.

En el periodo que medió hasta el segundo encuentro, no superior a dos meses, tuvimos ocasión de constatar la dinamicidad informativa de la que disfruta esta empresa, que incluso motiva a sus empleados haciéndoles partícipes en jornadas de calidad en las que nuestro Análisis Integral fue ya esbozado y presentado.

Así, una vez revisado el proceso de toma de contacto y planteado el *estado del arte* con la explicación metodológica, pasamos a enumerar algunas de las informaciones más importantes proporcionadas por ARQ; en determinados casos, los datos fueron conseguidos desde fuentes externas a la empresa y se pusieron ya de manifiesto las principales carencias:

Desde la empresa

- Cuentas anuales de ARQ.
- Balances de sumas y saldos (desde 1995, año de constitución).
- Programa y manual de calidad.
- Documentación sobre las últimas jornadas de calidad.
- Indicadores internos de calidad y personal, fundamentalmente.
- Datos sobre previsiones financieras y de planificación (crecimiento de gastos, política de dividendos, previsión de ventas…).
- Planificación global de cédulas o grupos de trabajo dedicados a partes de un proyecto.
- Informes de producción por cédula.
- Informes sobre contratos y subcontratos.
- Actas sobre control de incidencias…

Desde fuera de la empresa

- Cuentas anuales de empresas del sector, desde el Registro Mercantil.
- Indicadores generados (ratios, tasas…) con la información de este registro.
- Metodología y herramientas sobre modelos de simulación financiera.

Pendientes de realizar desde y fuera de la empresa

- Encuesta para el informe sobre intangibles a los empleados en ARQ.
- Herramientas sobre modelos de simulación tanto para la determinación de la estructura de intangibles como en el estudio de ratios contables[2].

Detectadas las necesidades informativas, tenemos que desarrollar el *plan de actuación u hoja de ruta del Análisis Integral*, que si bien obedece más detalladamente a la estructura de este texto, podemos condensar en la siguiente ilustración, que puede servir de prototipo metodológico al lector.

Iniciado el acercamiento a las estadísticas de la empresa, elaboramos el plan de trabajo (al que denominamos plan de actuación para ARQ), el cual fue presentado y definitivamente aprobado en aquella segunda reunión con la compañía, no sin el escepticismo de algunos de los directivos (Tabla 2.1). Además, en la misma fue recogida más información sobre lo concerniente a planes de financiación y contabilidad interna.

---

[2] La lista está, como veremos posteriormente, incompleta. Sin embargo, fueron éstos los primeros agujeros informativos encontrados.

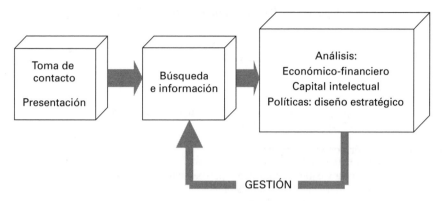

FIGURA 2.1. *Plan de actuación*

DESCRIBIR LA ACTIVIDAD DE SU EMPRESA

Para usted será obvio cuál es la *actividad que desarrolla su empresa,* por lo que este apartado puede parecerle innecesario, pero no viene mal recordar en pocas líneas, el régimen jurídico de la sociedad, cuáles son los principales campos de actuación, mercados donde compite, rasgos que le pueden diferenciar de la competencia, formas de actuar, ya que todo ello será básico para aproximarse a un conocimiento del sector y el posterior desarrollo de las políticas estratégicas que se vayan a diseñar en función de los análisis previos realizados.

☞ ARQ es una sociedad anónima que tiene como actividad la realización de trabajos de promoción, planificación, control y ejecución de obras y proyectos dentro del campo de la arquitectura y el urbanismo.

Las señas de identidad que distinguen su trabajo son:

- Rigor profesional.
- Adecuación a las necesidades del cliente.
- Respuesta dentro de los plazos y presupuestos exigidos.

Se encuentra especializada en tres tipos de proyecto:

- Edificios aeroportuarios.
- Viviendas.
- Edificios singulares.

TABLA 2.1. *Plan de actuación para ARQ S.A.*

ANÁLISIS INTEGRAL
Fase 1: Inicial • Toma de contacto • Desarrollo del plan de trabajo • Presentación de la propuesta cronológica y presupuestaria de actuación • Estado del arte: recopilación de información

Fase 2: Datos históricos y generales
• Planificación estadística de la empresa
• Análisis de estructura y evolución pasada y perspectivas futuras de la empresa
• Primeros resultados para la toma de decisiones
   — Fijación del método: modelos de planificación
   — Homogeneización de la información

Fase 3: Análisis económico-financiero
• Análisis patrimonial y financiero
• Análisis económico
• Modelo de simulación para la determinación de las necesidades financieras: plan financiero
   — Obtención de datos previsionales
   — Presentación de estados previsionales
   — Establecimiento de necesidades financieras
• Informe

Fase 4: Análisis del capital intelectual
• Análisis del plan actual de calidad de la empresa
• Plan y desarrollo de encuestas y entrevistas
• Estructura implementada del capital intelectual
• Medición del capital intelectual:
   — Análisis de indicadores existentes
   — Desarrollo de indicadores de eficiencia
• Modelo de simulación de capital intelectual para la toma de decisiones
• Informe sobre capital intelectual

Fase 5: Políticas empresariales
• Fijación de puntos fuertes y débiles de la empresa
• Actuación sobre el área de recursos humanos
   — Política de remuneraciones
   — Vías integradoras de calidad
• Actuaciones sobre el área de procesos
• Actuaciones sobre el área de clientes
• Actuaciones en la innovación y desarrollo tecnológico
   — Factores clave para el éxito
   — Diagnóstico de capacidades, necesidades y oportunidades
• Actuaciones en telecomunicaciones e informática
• Otras tácticas:
   — Competencia
   — Crecimiento y mercado

Fase 6: Informe final y mantenimiento a futuro del Análisis Integral • Recomendaciones • Programa de actuaciones a futuro • Conclusiones

Edificios aeroportuarios

ARQ S.A. dedica con entusiasmo gran parte de su trabajo a la investigación y construcción de modernos complejos aeroportuarios: torres de control, terminales de embarque, terminales de carga, edificios S.E.I., etc. son proyectados con el objetivo de responder escrupulosamente a todos los requisitos técnicos y funcionales que precisan.

En esta actividad su principal cliente lo constituye AENA, aunque también se han realizado trabajos para alguna constructora como ACS o Ferrovial. En lo referente a la localización de sus proyectos, se han desarrollado por los diversos aeropuertos de la geografía española.

Viviendas

ARQ cuenta con un extenso currículum de obra proyectada y construida dentro del campo de la vivienda; desarrolla las tipologías en contacto directo con el promotor (bloque abierto, manzana cerrada, bloque en H, vivienda unifamiliar, adosada, etc.), siempre bajo el riguroso conocimiento de la normativa existente y los condicionantes propios del lugar. Esta actividad se ha localizado prácticamente en la provincia de Madrid.

Edificios singulares

En este ámbito, acomete tanto obras de gran envergadura referidas a la ordenación urbanística de un territorio y su posterior desarrollo, como a los proyectos de carácter terciario vinculados a la administración pública (edificios docentes, militares) o a la empresa privada (oficinas, hospitales, centros comerciales). ARQ ofrece, de esta manera, respuestas eficaces y funcionales, siempre en diálogo directo con el cliente. En cuanto a la localización, Madrid, junto a las provincias de Cádiz y Vizcaya, constituyen los principales enclaves.

ANÁLISIS ESTRUCTURAL: EVOLUCIÓN PASADA Y PERSPECTIVAS FUTURAS PARA SU EMPRESA

Una vez que disponemos de la información necesaria es conveniente llevar a cabo una *depuración de la información* obtenida. Para ello, podemos realizarla de diversas maneras siguiendo a Jiménez *et al.* (2000):

• Rechazando los datos suministrados, porque las fuentes carezcan de fiabilidad.

- Ajustando datos puntuales considerados escasamente fiables o inválidos para satisfacer la necesidad informativa del agente.

- Reclasificando las partidas de los estados contables conforme a criterios adicionales o alternativos a los utilizados en su elaboración.

El objetivo a perseguir es la validez, fiabilidad y utilidad de la información contable, por lo que a veces nos podemos ver obligados a rechazar algún dato, o bien a la realización de ajustes provocados por la inflación, reconocimiento de plusvalías ocultas, etc., reclasificaciones que son modificaciones cualitativas de los estados contables, siendo muy adecuado llevar a cabo un clasificación funcional[3] previa del balance y de la cuenta de pérdidas y ganancias, consistente en desglosar o cualificar la información contenida en estos estados.

☞ La empresa ARQ se constituyó en 1995, razón por la que hubo que rechazar la información relativa a dicho ejercicio, ya que carecía de la validez y fiabilidad suficiente, e incluso la relativa a 1996 presentaba algunas anomalías, que no se consideraron muy importantes, por lo que se aceptaron.

Es preciso comentar que la información contable no estaba auditada en sus primeros años, pero se presume fiable. Además, se conocen las expectativas de la dirección respecto al futuro, información de menor fiabilidad que la anterior.

En este análisis financiero ningún dato sugería la necesidad de efectuar algún ajuste a los estados contables. Tampoco se realizaron respecto a la inflación, aunque luego veremos como en fases posteriores de este Análisis Integral algunas partidas fueron corregidas por un índice general de precios.

Además, no se consideró adecuado realizar una clasificación funcional del balance y de la cuenta de pérdidas y ganancias porque prácticamente la funcionalidad de los activos y la exigibilidad de los pasivos eran muy parecidas al balance y cuenta de resultados de los que disponíamos.

📖 La siguiente fase del proceso se condensa en la necesidad de conocer la variación de los balances y cuentas de pérdidas y ganancias de su empresa donde se pongan de manifiesto las principales cifras evolutivas. Esto es lo que se conoce como *análisis estructural*, que descompone el patrimonio, resultados y flujos financieros en sus elementos fundamentales, utilizando para ello lo que se denomina *porcentajes horizontales y verticales*.

Los porcentajes horizontales nos indican la proporción en que ha variado cada partida respecto al año anterior o al primer año de la serie. Se calculan tomando como base 100 los valores de un año y comparando varios ejercicios con dicho año base.

---

[3] Para ver un estudio más detallado puede consultarse la obra de Rivero, P.; Banegas, R.; Sánchez-Mayoral, F. y Nevado, D.: *Análisis por ratios de los estados contables financieros (análisis externo)*. Ed. Civitas, Madrid, 1998.

Es decir, recogemos como número índice 100 para todas las partidas del primer año, estableciéndose para las del ejercicio siguiente, qué porcentaje representan sobre las del anterior, por lo que estamos ponderando el ritmo de crecimiento de las magnitudes, o sea, reflejando la importancia que en la estructura tiene la evolución de cada una de las masas o de cada uno de los elementos patrimoniales.

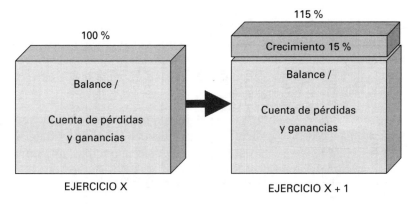

FIGURA 2.2. *Porcentajes horizontales: crecimiento (decrecimiento)*

Los porcentajes verticales nos reflejan la proporción que cada partida representa sobre la cifra total de activo o pasivo para el caso del balance y la proporción de cada ingreso o gasto sobre la cifra de negocios o venta para la cuenta de pérdidas y ganancias.

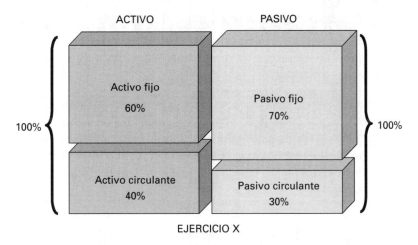

FIGURA 2.3. *Porcentajes verticales: pesos. Ejemplo balance*

☞ Para nuestra empresa de estudio recogemos los porcentajes horizontales, esto es, los crecimientos del balance de situación (Tabla 2.2) y de la cuenta de pérdidas y ga-

TABLA 2.2. *Porcentajes horizontales del balance*

BALANCES DE SITUACIÓN ACTIVO	12/31/2001	Crec./1998	12/31/2000	Crec./1998	12/31/1999	Crec./1998	12/31/1998
Inmovilizado	**151.889**	**162%**	**103.132,00**	**110%**	**89.903,00**	**96%**	**93.993,00**
Inmovilizado material	40.836	192%	37.860,00	178%	24.563,00	116%	21.234,00
Inmovilizado material	54.394	90%	38.761,00	64%	52.890,00	87%	60.618,00
Inmovilizado financiero	56.659	467%	26.511,00	218%	12.449,00	103%	12.139,00
Activo circulante	**804.342**	**166%**	**644.938,00**	**133%**	**552.582,00**	**114%**	**484.152,00**
Deudores	**682.757**	**355%**	**512.457,00**	**267%**	**364.291,00**	**189%**	**192.273,00**
Inversiones financieras temporales	36.060	14%	36.060,00	14%	36.060,00	14%	251.665,00
Tesorería	**85.525**	**213%**	**96.421,00**	**240%**	**96.127,00**	**239%**	**40.212,00**
Total activo	**956.231**	**165%**	**748.071,00**	**129%**	**642.486,00**	**111%**	**578.145,00**
PASIVO							
Fondos propios	**649.358**	**161%**	**505.734,00**	**126%**	**439.133,00**	**109%**	**402.251,00**
Capital suscrito	60.101	100%	60.101,00	100%	60.101,00	100%	60.101,00
Reservas y resultados ejerc. anterior	445.631	181%	379.032,00	154%	342.149,00	139%	246.323,00
Resultados (pérdidas y ganancias)	143.626	150%	66.601,00	70%	36.882,00	38%	95.826,00
Acreedores a C.P.	**306.873**	**174%**	**242.336,00**	**138%**	**203.352,00**	**116%**	**175.894,00**
Total pasivo y fondos propios	**956.231**	**165%**	**748.071,00**	**129%**	**642.486,00**	**111%**	**578.145,00**

FUENTE: Elaboración propia a partir de los estados contables de la empresa ARQ S.A.

TABLA 2.3. *Porcentajes horizontales de la cuenta de pérdidas y ganancias*

CUENTA DE PÉRDIDAS Y GANANCIAS	12/31/2001	Crec./1998	12/31/2000	Crec./1998	12/31/1999	Crec./1998	12/31/1998
Ingreso total	**1.819.368,00**	**105%**	**1.679.020,00**	**97%**	**1.316.238,00**	**76%**	**1.738.851,00**
Gastos explotación							
Consumos de explotación	**468.323,00**	**98%**	**517.819,00**	**108%**	**307.415,00**	**64%**	**479.355,00**
Gastos de personal	465.404,00	98%	519.650,00	109%	541.953,00	114%	475.528,00
Dotaciones para amortiz. de inmovil.	51.691,00	146%	38.077,00	107%	42.639,00	120%	35.477,00
Var. provis. tráfico y pérd. créditos incob.		0%		0%	-70.529,00	-105%	66.905,00
Otros gastos de explotación	609.066,00	119%	509.857,00	99%	448.443,00	87%	512.858,00
Ingresos explotación							
Importe neto de cifra de ventas	**1.788.230,00**	**103%**	**1.676.143,00**	**97%**	**1.299.731,00**	**75%**	**1.733.807,00**
Otros ingresos de explotación	30.050,00				3.906,00		
Resultados explotación	**223.795,00**	**137%**	**90.738,00**	**55%**	**33.715,00**	**21%**	**163.682,00**
Gastos financieros							
Gastos financieros y gastos asimilados	8.781,00	151%	4.590,00	79%	3.989,00	68%	5.824,00
Var. prov. de inversiones financieras	0,00	0%	0,00	0%	-12.312,00	-100%	12.312,00
Diferencia negativa de cambio							
Ingresos financieros							
Ingresos financieros	1.087,00	22%	2.877,00	57%	12.600,00	250%	5.043,00
Diferencia positiva de cambio							
Resultado financiero	-7.694,00	59%	-1.713,00	13%	20.923,00	-160,%	-13.093,00
Resultado actividades ordinarias	**216.101,00**	**144%**	**89.024,00**	**59%**	**54.639,00**	**36%**	**150.588,00**
Resultados antes de impuestos	**216.101,00**	**144%**	**89.024,00**	**59%**	**54.639,00**	**36%**	**150.588,00**
Impuestos sobre sociedades	**72.474,00**	**132%**	**22.423,00**	**41%**	**17.756,00**	**32%**	**54.761,00**
Resultados del ejercicio	**143.627,00**	**150%**	**66.601,00**	**70%**	**36.882,00**	**38%**	**95.826,00**

FUENTE: Elaboración propia a partir de los estados contables de la empresa ARQ S.A.

TABLA 2.4. *Porcentajes verticales del balance*

BALANCES DE SITUACIÓN ACTIVO	12/31/2001	Peso s/ Activo	12/31/2000	Peso s/ Activo	12/31/1999	Peso s/ Activo	12/31/1998	Peso s/ Activo	12/31/1997	Peso s/ Activo	12/31/1996	Peso s/ Activo
Inmovilizado	**151.889**	**15,88%**	**103.132,00**	**13,79%**	**89.903,00**	**13,99%**	**93.993,00**	**16,26%**	**95.037,00**	**10,81%**	**54.348,00**	**13,25%**
Gastos de establecimiento									420,00	0,05%	480,00	0,12%
Inmovilizado material	40.836	4,27%	37.860,00	5,06%	24.563,00	3,82%	21.234,00	3,67%	5.449,00	0,62%	38,00	0,01%
Inmovilizado material	54.394	5,69%	38.761,00	5,18%	52.890,00	8,23%	60.618,00	10,48%	77.171,00	8,78%	44.044,00	10,74%
Inmovilizado financiero	56.659	5,93%	26.511,00	3,54%	12.449,00	1,94%	12.139,00	2,10%	11.995,00	1,36%	9.784,00	2,39%
Activo circulante	**804.342**	**84,12%**	**644.938,00**	**86,21%**	**552.582,00**	**86,01%**	**484.152,00**	**83,74%**	**783.780,00**	**89,19%**	**355.865,00**	**86,75%**
Existencias					56.103,00	8,73%						
Deudores	682.757	71,40%	512.457,00	68,50%	364.291,00	56,70%	192.273,00	33,26%	456.686,00	51,97%	355.865,00	86,75%
Inversiones financieras temporales	36.060	3,77%	36.060,00	4,82%	36.060,00	5,61%	251.665,00	43,53%	252.425,00	28,72%	0,00	0,00%
Tesorería	85.525	8,94%	96.421,00	12,89%	96.127,00	14,96%	40.212,00	6,96%	74.667,00	8,50%		
Total activo	**956.231**	**100,00%**	**748.071,00**	**100,00**	**642.486,00**	**100,00%**	**578.145,00**	**100,00%**	**878.817,00**	**100,00%**	**410.213,00**	**100,00%**
PASIVO												
Fondos propios	**649.358**	**67,91%**	**505.734,00**	**67,61%**	**439.133,00**	**68,35%**	**402.251,00**	**69,58%**	**306.424,00**	**34,87%**	**55.015,00**	**13,41%**
Capital suscrito	60.101	6,29%	60.101,00	8,03%	60.101,00	9,35%	60.101,00	10,40%	60.101,00	6,84%	60.101,00	14,65%
Reservas y resultados ejerc. anterior	445.631	46,60%	379.032,00	50,67%	342.149,00	53,25%	246.323,00	42,61%	-5.085,00	-0,58%	-3.143,00	-0,77%
Resultados (pérdidas y ganancias)	143.626	15,02%	66.601,00	8,90%	36.882,00	5,74%	95.826,00	16,57%	251.408,00	28,61%	-1.941,00	-0,47%
Acreedores a C.P.	**306.873**	**32,09%**	**242.336,00**	**32,39%**	**203.352,00**	**31,65%**	**175.894,00**	**30,42%**	**572.392,00**	**65,13%**	**355.198,00**	**86,59%**
Total pasivo y fondos propios	**956.231**	**100%**	**748.071,00**	**100,00%**	**642.486,00**	**100,00%**	**578.145,00**	**100,00%**	**878.817,00**	**100,00%**	**410.213,00**	**100,00%**

FUENTE: Elaboración propia a partir de los estados contables de la empresa ARQ S.A.

TABLA 2.5. *Porcentajes verticales de la cuenta de pérdidas y ganancias*

CUENTA DE PÉRDIDAS Y GANANCIAS	12/31/2001	Peso s/ Ingr.	12/31/2000	Peso s/ Ingr.	12/31/1999	Peso s/ Ingr.	12/31/1998	Peso s/ Ingr.	12/31/1997	Peso s/ Ingr.	12/31/1996	Peso s/ Ingr.
Ingreso total	**1.819.368,00**	**100,00%**	**1.679.020,00**	**100,00%**	**1.316.238,00**	**100,00%**	**1.738.851,00**	**100,00%**	**2.726.880,00**	**100,00%**	**880.282,00**	**100,00%**
Gastos totales	1.675.742,00	92,11%	1.612.419,00	96,03%	1.279.356,00	97,20%	1.643.024,00	94,49%	2.354.010,00	86,33%	881.047,00	100,09%
Gastos explotación												
Consumos de explotación	468.323,00	25,74%	517.819,00	30,84%	307.415,00	23,36%	479.355,00	27,57%	1.080.931,00	39,64%	200.786,00	22,81%
Gastos de personal	465.404,00	25,58%	519.650,00	30,95%	541.953,00	41,17%	475.528,00	27,35%	647.346,00	23,74%	396.212,00	45,01%
Dotaciones para amortiz. de inmovil.	51.691,00	2,84%	38.077,00	2,27%	42.639,00	3,24%	35.477,00	2,04%	22.575,00	0,83%	19.124,00	2,17%
Var. provis. tráfico y pérd. créditos incob.					-70.529,00	-5,36%	66.905,00	3,85%	3.624,00	0,13%		
Otros gastos de explotación	609.066,00	33,48%	509.857,00	30,37%	448.443,00	34,07%	512.858,00	29,49%	599.532,00	21,99%	264.923,00	30,10%
Ingresos explotación												
Importe neto de cifra de ventas	1.788.230,00	98,29%	1.676.143,00	99,83%	1.299.731,00	98,75%	1.733.807,00	99,71%	2.719.040,00	99,71%	880.282,00	100,00%
Otros ingresos de explotación	30.050,00	1,65%		0,00%	3.906,00	0,30%		0,00%	7.840,00	0,29%		0,00%
Resultados explotación	**223.795,00**	**12,30%**	**90.738,00**	**5,40%**	**33.715,00**	**2,56%**	**163.682,00**	**9,41%**	**372.870,00**	**13,67%**	**-764,00**	**-0,09%**
Gastos financieros												
Gastos financieros y gastos asimilados	8.781,00	0,48%	4.590,00	0,27%	3.989,00	0,30%	5.824,00	0,33%	3.758,00	0,14%	3.261,00	0,37%
Var. prov. de inversiones financieras	0,00	0,00%	0,00	0,00%	-12.312,00	-0,94%	12.312,00	0,71%		0,00%		0,00%
Ingresos financieros												
Ingresos financieros	1.087,00	0,06%	2.877,00	0,17%	12.600,00	0,96%	5.043,00	0,29%	6.116,00	0,22%	1.038,00	0,12%
Resultado financiero	-7.694,00	-0,42%	-1.713,00	-0,10%	20.923,00	1,59%	-13.093,00	-0,75%	2.357,00	0,09%	-2.222,00	-0,25%
Resultado actividades ordinarias	**216.101,00**	**11,88%**	**89.024,00**	**5,30%**	**54.639,00**	**4,15%**	**150.588,00**	**8,66%**	**375.227,00**	**13,76%**	**-2.987,00**	**-0,34%**
Resultados antes de impuestos	**216.101,00**	**11,88%**	**89.024,00**	**5,30%**	**54.639,00**	**4,15%**	**150.588,00**	**8,66%**	**375.227,00**	**13,65%**	**-2.987,00**	**-0,34%**
Impuestos sobre sociedades	72.474,00	3,98%	22.423,00	1,34%	17.756,00	1,35%	54.761,00	3,15%	123.819,00	4,54%	-1.045,00	-0,12%
Resultados del ejercicio	**143.627,00**	**7,89%**	**66.601,00**	**3,97%**	**36.882,00**	**2,80%**	**95.826,00**	**5,51%**	**251.408,00**	**9,22%**	**-1.941,00**	**-0,22%**

FUENTE: Elaboración propia a partir de los estados contables de la empresa ARQ S.A.

nancias (Tabla 2.3), si bien desde 1998, ya que el período anterior es demasiado errático al coincidir con la constitución de la sociedad en 1995-1996. En cambio, los verticales (Tablas 2.4 y 2.5) comprenden desde su creación hasta 2001, que es el último año del que se disponía de información en el momento inicial de desarrollo de la fase de análisis económico-financiero.

📖　Una vez calculados estos porcentajes verticales y horizontales, estaremos capacitados para *explicar la estructura productiva y la tendencia o evolución*. Esto es, el análisis horizontal nos proporciona, para una serie de años, la visión de conjunto que indica la tendencia para cada uno de los elementos contables. El vertical, por su parte, muestra la importancia de cada elemento respecto al conjunto y los principales cambios estructurales producidos en las partidas. En esta primera fase de toma de contacto, puede ser suficiente con centrar nuestra atención en las siguientes cuentas:

- Las más importantes del balance (activo fijo, circulante, fondos propios, pasivo a largo y corto plazo) y la cuenta de pérdidas y ganancias (cifra de negocios, consumos, gastos de explotación y resultados)

- Las más significativas: con mayores porcentajes y/o modificaciones.

Desde una perspectiva temporal, este análisis debe presentar la información de un gran número de ejercicios para poder realizar las comparaciones; sin embargo, debe centrarse en el último año, cotejándolo y ubicándolo con el medio plazo, esto es, dos o tres años.

☛　La explicación de la estructura productiva y de la evolución de las magnitudes contables se resume para ARQ S.A. con las siguientes notas a partir de las tablas presentadas anteriormente.

Podemos destacar que a finales de 2001 el activo es de 956.233 € y su patrimonio neto de 649.360 €. En este ejercicio, los ingresos se situaron en la cifra de 1.818.280 € y el beneficio en 143.627 €. Los ingresos proceden casi en su totalidad de las ventas del negocio, y los gastos, de su propia actividad.

El activo (Figura 2.4)[4] es fundamentalmente circulante (783.780 €), formado en su mayoría por clientes (456.686 €). El activo fijo, por su parte, representa aproximadamente un 15% y está constituido básicamente por equipos para procesos de información y sus correspondientes aplicaciones informáticas.

En concreto, las inmovilizaciones materiales han permanecido prácticamente estables, por ejemplo, la reducción de su valor de 1998 a 2001 de 60.618 € a 54.394 € es debida a la amortización. En cambio, el inmovilizado inmaterial y el financiero son los que han sufrido un incremento mayor, por ejemplo, el inmaterial se ha do-

---

[4] Advertimos, como queda patente en estas páginas, sobre la gran utilidad de los gráficos en el análisis de informaciones estructurales; por ello, se recomienda su uso, sirviendo los que mostramos como patrones tipo mínimos a realizar.

blado de 1998 a 2001 y el financiero para ese periodo se ha cuadruplicado, aunque su peso respecto al total del activo sigue siendo muy bajo.

El activo circulante ha experimentado un fuerte ascenso del orden de un 85% por año, fundamentalmente en la partida de deudores, con aumentos del 70%; mientras que en la tesorería el incremento es inferior y varía a lo largo de los años.

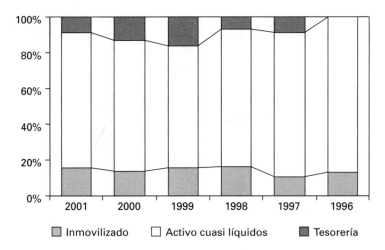

Figura 2.4. *Estructura del activo*

En el pasivo (Figura 2.5) predomina la financiación propia con un 67% del total, no existiendo la ajena a largo plazo. Si nos situamos en el reparto temporal, el pasivo a corto está constituido, en su mayor proporción, por pasivos líquidos, esto es, proveedores (109.523 €) y hacienda pública acreedora por conceptos fiscales (198.514 €).

Los fondos propios presentan una evolución positiva, con un incremento anual en torno a un 68% a través de los beneficios no distribuidos, esto es, reservas. El pasivo a corto plazo, por su parte, ha aumentado cada año a razón de un 32%, si bien en los inicios de su historia, coincidiendo con la fase de su constitución, fue mayor, ya que el nivel de endeudamiento era más elevado. También hay que destacar la no presencia de pasivo a largo plazo en el conjunto de sus años de existencia.

La cifra de ingresos total en los últimos años no ha dejado de crecer (1.316.238 €, 1.679.020 € y 1.819.368 € para los ejercicios de 1999 a 2001), siendo su origen principal las actividades típicas (ventas, con 1.299.731 €, 1.676.143 € y 1.788.230 €, respectivamente), que constituyen, como podemos observar, casi el 99% de los ingresos totales, quedando relegado a la mínima expresión cualquier otro tipo de ingreso extraordinario obtenido por la empresa.

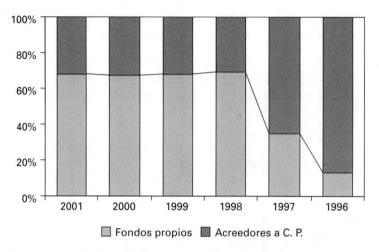

FIGURA 2.5. *Estructura del pasivo y fondos propios*

Los gastos para el periodo 1999-2001 han sido de 1.279.356 €, 1.612.419 € y 1.675.742 € (que importan el 92%, 96% y 97% de las ventas). Los costes más importantes para el ejercicio 2001 son los consumos de explotación (26% de los ingresos), personal (26%) y otros gastos de explotación (33%). Respecto a los primeros, consumos de explotación, se observa un comportamiento irregular tanto en las compras de materias primas como en los trabajos realizados por otras empresas. Por su parte, los gastos de personal, a pesar de mostrar también movimientos irregulares, su tendencia en los tres últimos años es decreciente o negativa (541.953 €, 519.650 € y 465.404 €). Por último, los otros gastos de explotación tienden a aumentar, siendo los arrendamientos, los servicios de profesionales independientes y otros servicios las partidas más significativas.

Los beneficios netos (véase la Figura 2.6) de ARQ han sido en estos tres últimos años 36.882 €, 66.601 € y 143.627 €. Se observa una tendencia positiva, siendo en el último ejercicio de más del doble en relación a los del año anterior y de un 50% más que los de 1998, recordando que este último resultó ser excepcionalmente bueno.

REFLEXIONEMOS: PRIMERAS APORTACIONES PARA LA GESTIÓN

El análisis hasta este punto nos ha debido permitir, fundamentalmente, planificar el trabajo a realizar, así como las cuestiones que tienen que ver con soportes generadores de información para la toma de decisiones. Por lo tanto, en este apartado describiremos las *principales aportaciones* que tendremos que considerar (tipo de

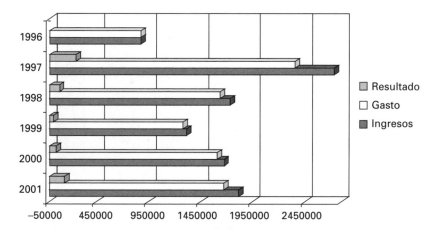

FIGURA 2.6. *estructura: pérdidas y ganancias*

empresa, características más relevantes, crecimientos y tendencias, etc.) *para la gestión.*

Así pues, en esta coyuntura el paso siguiente será ya plasmar de forma exhaustiva un análisis financiero de la empresa y compararlo posteriormente con el sector en el que opera, tanto el global nacional como el más cercano, provincial, para poder estudiar las posibles políticas de actuación de la empresa y la viabilidad de éstas dado el entorno en el que desarrolla su actividad.

☛ Las aportaciones más sobresalientes de ARQ hasta este punto las podemos resumir en las siguientes líneas:

- Se trata de una empresa joven, dinámica y emprendedora que comienza su andadura en 1995 mostrando un comportamiento excepcional durante el ejercicio de 1997, anómalamente bueno, a pesar de lo cual no desaprovecha su tamaño y escala para en el periodo posterior crecer desde el punto de inflexión alcanzado en 1998. Si bien, como garantía de su dinamicidad y eficiencia ha conseguido beneficios en todos los periodos, incluyendo un pasivo que, como veremos, plantea un excesivo saneamiento.

- El tamaño de la empresa, vía ingresos, en términos monetarios, a pesar de una evolución similar a la ya expuesta en resultados, se ha situado en torno a los dos millones de euros, con cerca de un 50% de crecimiento en los últimos tres años; por ello, el asunto de potencialidades sobre crecimiento toma un cariz muy importante para ARQ. Este hecho nos llevó, desde el principio, a considerar dichas potencialidades desde una correcta gestión financiera, para lo cual estableceremos un modelo de simulación con previsiones para el periodo 2002 y 2003 que tenga en cuenta dichas necesidades.

3 La importancia de un buen análisis económico-financiero

INTRODUCCIÓN

Antes de comenzar, debemos plantearnos qué entendemos por análisis económico-financiero. Para ello, definiremos primero el análisis financiero para detenernos después en el económico.

El análisis financiero es el encargado del estudio de la estructura financiera, esto es, de los recursos necesarios, y de cómo han sido obtenidos para hacer posible la inversión, concretándose, por tanto, como un análisis dirigido hacia las fuentes de financiación (pasivo y neto).

Por otra parte, *el análisis económico se preocupa del estudio de la evolución de los resultados de la empresa, a través de la contemplación de los ingresos y costes y de la rentabilidad de los capitales invertidos.* Es decir, se centra en los aspectos relativos al negocio, vender a un precio que nos permita obtener un diferencial suficiente para cubrir los costes.

Ambos análisis son fundamentales, ya que puede darse la circunstancia de que la empresa tenga una situación próspera en el ámbito económico (por ejemplo, se obtienen beneficios, ya que los ingresos cubren los costes) y, en cambio, se produzca al mismo tiempo una mala gestión financiera (verbigracia, condiciones de pago muy amplias a los clientes frente a unas más exigentes de los proveedores), conduciendo implacablemente a un proceso de suspensión de pagos.

De esta manera, un buen análisis económico-financiero debe tener en cuenta ambos perfiles, pero no sólo desde una perspectiva evolutiva de su propia empresa, sino que también hay que procurar poder compararlos con los valores alcanzados por la competencia, para así situar su posición respecto a la misma.

Ahora bien, con esto conseguiremos tener un diagnóstico y una valoración de su empresa a corto plazo. Pero debemos plantearnos también dentro de este enfoque de Análisis Integral la perspectiva a medio y largo plazo. El medio plazo, desde un punto de vista financiero, se encuadra dentro de lo que hemos llamado la visión económico-financiera a través de la realización de simulaciones, esto es, una planificación financiera donde se cuantifiquen los proyectos de la empresa, en términos de inversión, y las necesidades de financiación para los mismos. Se tratará de evaluar los movimientos y la situación financiera en un futuro inmediato.

REALIZANDO EL ANÁLISIS ECONÓMICO-FINANCIERO PARA SU EMPRESA

La realización del *análisis económico-financiero* requiere la *evaluación de cuatro áreas*: liquidez, solvencia, rentabilidad y actividad-productividad.

Liquidez y solvencia son propias del análisis financiero, y se refieren a la capacidad para hacer frente a los compromisos financieros futuros. La primera se centra en el corto plazo, mientras que la solvencia lo hace en el largo.

La *rentabilidad* relaciona los resultados logrados en un periodo con los elementos que directa o indirectamente han propiciado la obtención de los mismos, y la *actividad-productividad* afecta al crecimiento de la empresa y al rendimiento obtenido por la utilización de distintos factores productivos durante un ejercicio económico. En ambos casos nos situamos en la perspectiva del análisis económico.

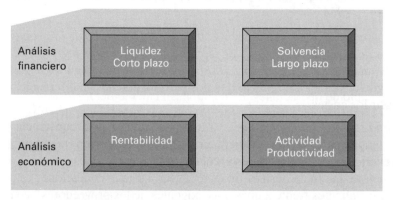

FIGURA 3.1. *Áreas del análisis económico-financiero.*

A continuación, vamos a desarrollar este análisis a través de las cuatro áreas comentadas[1].

a) Liquidez

La *liquidez* se refiere a la capacidad de la empresa para hacer frente a sus compromisos a corto plazo. Para realizar un adecuado análisis de la misma, debemos afrontarlo desde dos vertientes: en fondos (soportado en magnitudes incluidas en el balance de situación) y flujos (en magnitudes de la cuenta de resultados, cuadro de financiación y estado de tesorería).

En el *análisis de fondos* se considera que el activo circulante es un indicador de los recursos financieros a corto, con los que se cuenta para atender a las obligaciones financieras a corto plazo (pasivo circulante). De lo que se deduce que el *fondo de maniobra o fondo de rotación o capital circulante* (la diferencia entre ambos, es decir, activo y pasivo circulante) se convierte en una variable de cobertura indicadora de la relación entre compromisos y recursos financieros.

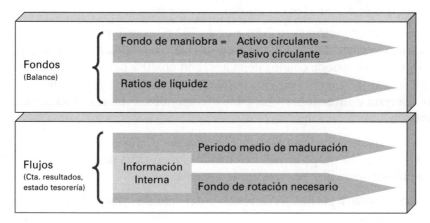

FIGURA 3.2. *Análisis de liquidez.*

En el *análisis de flujos*, más que el saldo de las partidas del circulante, tendríamos que analizar si realmente todas las inversiones del corto plazo son suficientes para sostener el ciclo de operaciones. Esto supone el cálculo del *fondo de rotación necesario,* así como las inversiones o desinversiones que afectarán al mismo, unido

---

[1] Para un estudio en mayor profundidad de las diversas ratios que se van a proponer en cada una de las cuatro áreas a analizar, se recomienda consultar:

- Rivero, P.; Banegas, R.; Sánchez-Mayoral, F. y Nevado, D.: *Análisis por ratios de los estados contables financieros (análisis externo).* Ed. Civitas, Madrid, 1998.
- Los ratios de la empresa Informa S.A. recogidos en la base de datos SABI.

todo ello a la verificación sobre la existencia de una sincronía entre los flujos de cobros y pagos.

Para poder efectuar este segundo análisis, es necesaria información de ámbito interno. Esto nos llevaría a calcular lo que se conoce como *periodo medio de maduración* (que es el tiempo que tarda una unidad monetaria en recorrer el ciclo productivo o de explotación de la empresa, esto es, recuperar un euro invertido), el cual nos servirá para analizar si el ciclo de operaciones sufre interrupciones; además, es un buen criterio para medir, desde la perspectiva temporal, los activos que se van a transformar en liquidez, así como su correspondencia con los pasivos transformables en exigibilidad.

En el Análisis Integral, por simplicidad, dadas las sinergias del propio sistema, se ha reducido el examen de la liquidez a un análisis de fondos, utilizando para ello los indicadores que se consideran más significativos. No obstante, se intenta con ciertas medidas recoger algunos aspectos del análisis de flujos. Este análisis de liquidez de fondos debe recoger las medidas contempladas en la siguiente Tabla 3.1.

☛ En ARQ, recogemos en una tabla el análisis de liquidez de fondos con el resultado de los ratios previstos, calculados. Posteriormente, introducimos los comentarios que se desprenden del mismo.

El activo circulante (cifrado en 2001 en 804.342 €) constituye el 84% del total del activo y ha ido aumentando a lo largo de su vida. Su partida más importante y significativa se corresponde con los deudores, con un 70% del total del activo, en especial clientes, que viene creciendo constantemente. Las otras partidas del circulante, como tesorería e inversiones financieras temporales, o bien se han mantenido o han retrocedido en sus cifras.

El pasivo circulante sigue una evolución ascendente. Constituye en 2001 un 32% del pasivo total, siendo sus principales elementos las partidas de proveedores y de hacienda pública acreedora por conceptos fiscales.

En lo concerniente a las ratios calculadas sobre liquidez (Tabla 3.2) podemos mencionar lo siguiente:

- El fondo de maniobra o capital circulante para 2001 es de 682.757 € y se viene incrementando todos los años pasando, por ejemplo, de 308.000 € en 1998 a 497.000 € en 2001.

- La ratio de liquidez general se encuentra en torno al 2,62, lo que supone que el activo transformado en liquidez es suficiente para atender el pago de las deudas que vencen a corto plazo.

- El indicador de liquidez inmediata o de tesorería se encuentra oscilando en un intervalo de 0,40 para 2001 y más elevado, alrededor de 0,6, en los otros años. En general, se observa una tendencia a disminuir porque era demasiado alto, lo que vendría a corroborar lo apuntado anteriormente.

TABLA 3.1. *Ratios de liquidez*

Ratios de liquidez	Descripción	Utilidad
Fondo de maniobra (mil)	Activo circulante - Pasivo circulante	Cantidad de activo circulante que, en promedio, permanece inmovilizado durante el ciclo de explotación para hacer posible el funcionamiento de la actividad ordinaria.
Ratio de liquidez general	Activo circulante / Pasivo circulante	Capacidad disponible por cada unidad monetaria comprometida en obligaciones a corto plazo.
Ratio de liquidez inmediata	Tesorería / pasivo circulante	Tesorería disponible en el momento actual por cada unidad monetaria comprometida en obligaciones a corto plazo.
Ratio de crédito de clientes (días)	(Deudores / Cifra de ventas) * 360	Número de días que la empresa tarda en recuperar la deuda de clientes.
Ratio de crédito a proveedores (días)	(Acreedores comerciales / Consumo de explotación) * 360	Número de días de aplazamiento del pago por parte de la empresa a sus proveedores.
Ratio de tesorería (días)	(Tesorería / Cifra de ventas) * 360	Número de días que tarda en recuperarse la tesorería de la empresa.
Fondo de maniobra (días)	(Fondo de maniobra / Cifra de ventas) * 360	Número de días que tarda en regenerarse el fondo de maniobra a través de la actividad.
Necesidad de fondo de maniobra (días)	(Necesidad del fondo de maniobra / Cifra de ventas) * 360	Cantidad de activo circulante que debe estar inmovilizado en la empresa para el ejercicio de la explotación y por tanto financiado por los capitales permanentes, en días.

- La ratio de crédito a clientes oscila entre 137 y 101 días, pero siempre se cobra antes del pago a los proveedores, ya que este índice varía entre 238 y 168 días.

- El número de días que tarda en regenerarse el fondo de maniobra a través de la actividad está, en el periodo final, alrededor de tres meses, no siendo muy elevado, lo cual indica una agilidad de la actividad o un proceso productivo corto. Además, la tesorería se recupera en un plazo inferior al mes.

TABLA 3.2. *Ratios de liquidez: ARQ*

Liquidez	2001	2000	1999	1998	1997	1996
Fondo de maniobra (mil)	497	403	349	308	211	1
Ratio de liquidez general	2,62	2,66	2,72	2,75	1,37	1
Ratio de liquidez inmediata	0,40	0,55	0,65	1,66	0,57	0
Ratio de crédito de clientes (días)	137	110	101	40	60	146
Ratio de crédito a proveedores (días)	235	168	238	132	n.d.	n.d.
Ratio de tesorería (días)	24	28	37	61	43	0
Fondo de maniobra (días)	100	86	97	64	28	0
Necesidad de fondo de maniobra (días)	76	58	60	3	-15	0

FUENTE: Cuentas anuales ARQ y elaboración propia.

b) Solvencia

La *solvencia* se refiere a la capacidad para hacer frente a los compromisos financieros en el largo plazo. ¿Cómo debe entonces realizarse un análisis de la solvencia?

La respuesta a esta pregunta ha ido evolucionando en los últimos años, ya que, como comentan Jiménez, García-Ayuso y Sierra (2000), *el análisis tradicional ha pivotado sobre la fincabilidad*, esto es, el valor de los bienes raíces propiedad de una persona jurídica. Según este análisis, una persona es solvente cuando su caudal inmueble excede en valor al pasivo reconocido. Se trata de un análisis extracontable y que actualmente se encuentra en retroceso, reduciéndose su uso para aquellos elementos que carecen de información contable fiable.

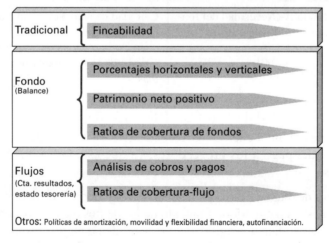

FIGURA 3.3. *Análisis de solvencia*

TABLA 3.3. *Ratios de solvencia*

Ratios de solvencia	Descripción	Utilidad
Patrimonio neto	Capital + Reservas + Resultados	Son los recursos propios: aportaciones de los socios, beneficios retenidos y no repartidos a los accionistas.
Endeudamiento (%)	Recursos ajenos / Total del pasivo	Peso de las deudas a corto y a largo plazo en el total del pasivo.
Recursos ajenos sobre propios	Recursos ajenos / Recursos propios	Grado de dependencia financiera de los acreedores en el desarrollo normal de la actividad.
Fondos propios sobre permanentes (%)	Fondos propios / (Fondos propios + Acreedores a l. p.)	Los resultados de esta ratio inferiores al 50% señalan un alto grado de endeudamiento.
Capacidad de devolución	Recursos ajenos / (Cifra de ventas + Dotaciones + Variación provisiones)	Cuanto más alta, peor capacidad de devolución de deudas, mayores recursos financieros ajenos y menores serán los recursos generados.
Beneficio neto	Beneficio después de intereses e impuestos	Diferencia entre todos los ingresos y gastos del ejercicio después de haber aplicado el tipo impositivo.
Reservas	Reservas	Beneficios no distribuidos por la empresa.
Recursos procedentes de las operaciones (_)	Beneficio neto + Dotación amortizaciones – Resultado extraordinario	Fondos generados por la propia empresa.
Tasa de envejecimiento del i. inmaterial	AAIIM[2] / Activo inmaterial bruto	Estado de depreciación del inmovilizado inmaterial.
Tasa de envejecimiento del i. material	AAIM / Activo material bruto	Informa sobre el estado de depreciación del inmovilizado material.
Fondo de amortización	Amortización acumulada del inmovilizado	Cuantía de fondos de amortización que tiene la empresa en cada ejercicio económico.

---

[2] AAIIM: Amortización Acumulada del Inmovilizado Inmaterial.

Otra forma de evaluar la solvencia es a través de un *análisis fondo,* que considera la fiabilidad de la información contable del balance de situación. Se empezará en primer lugar con el estudio de los saldos y porcentajes horizontales y verticales del balance. Luego se planteará si la empresa tiene un patrimonio neto positivo; si es así, se propondrá su consideración como solvente. Pero, además, a este patrimonio se le debe exigir que sea lo suficientemente amplio como para que impida que cualquier disminución del activo no permita el cumplimiento de las obligaciones. Ahora bien, igual que ocurría con el fondo de maniobra, esta magnitud absoluta presenta deficiencias que deben ser subsanadas con otras relativas, como son el cálculo de algunas ratios de cobertura de fondos. No obstante, algunas variables absolutas sí suelen ser útiles, como por ejemplo el tamaño (a mayor tamaño menor probabilidad de quiebra) y la edad (empresas con más de cinco años de existencia tienen menos posibilidades de suspensión de pagos).

También podemos evaluar la solvencia a partir de un *análisis con soporte en flujos*, que consiste en estudiar si la corriente de liquidez (flujo de cobros disponibles) es suficiente para satisfacer los compromisos financieros (flujos de pagos). Para realizar este examen es conveniente analizar la calidad del resultado, y luego calcular los fondos generados y las ratios de cobertura flujo.

Suele ser conveniente también *evaluar la movilidad y la flexibilidad financieras*, así como la política de amortización y la importancia de los fondos generados que son repartidos en forma de dividendos.

En el Análisis Integral, tras una previa simplificación y sistematización, presentamos las principales ratios de fondo y flujo que utilizaremos para analizar la solvencia de una compañía (Tabla 3.3).

☞ El análisis de solvencia lo iniciamos con el estudio de la evolución de las partidas del balance y de la cuenta de resultados, para ello, nos atendremos a lo desarrollado en el capítulo anterior de porcentajes horizontales y verticales.

TABLA 3.4. *Ratios de solvencia: ARQ*

Liquidez	2001	2000	1999	1998	1997	1996
Patrimonio neto	649.358	505.734	439.133	402.251	306.424	55.015
Endeudamiento (%)	32,09	32,39	31,65	30,42	65,13	86,59
Recursos ajenos sobre propios	0,47	0,48	0,46	0,44	1,87	6,46
Fondos propios sobre permanentes (%)	100	100	100	100	100	100
Capacidad de devolución	0,17	0,14	0,16	0,10	0,21	0,39
Beneficio neto (€)	143.627	66.601	36.882	95.826	251.408	-1.941
Reservas (€)	445.631	379.032	342.149	246.323	251.408	-1.941
Recursos procedentes de las oper. (€)	195.317	104.679	79.521	131.304	273.984	19.124
Tasa envejecimiento inmovilizado inmaterial	0,48	0,38	0,34	0,15	0,14	0,50
Tasa envejecimiento inmovilizado material	0,73	0,79	0,69	0,59	0,41	0,43
Fondo de amortización (€)	189.353	172.079	134.001	91.362	56.306	33.790

FUENTE: Cuentas anuales ARQ y elaboración propia.

ARQ (véase Tabla 3.4) tiene un patrimonio neto de 649.358 € con una evolución continua en aumento durante todos los ejercicios. La ratio de endeudamiento para 2001 es de 32,09, con valores constantes y una ratio de recursos ajenos sobre propios de 0,47, siendo también estable su evolución, exceptuando los ejercicios de constitución. Ambas ratios nos muestran lo poco endeudada que se encuentra; no existen, además, recursos ajenos a largo plazo, como indica el cociente de fondos propios sobre permanentes.

Además, la ratio que evidencia la capacidad de devolución es muy baja durante todos los años considerados (0,17), ya que no existe financiación a largo plazo, lo que prueba que ARQ dispone de una gran capacidad para la devolución de las deudas contraídas: durante los ejercicios analizados se han generado los recursos suficientes.

Con respecto a la movilidad y la flexibilidad financieras, dispone de una tesorería de 121.585 € (incluyendo las inversiones financieras en 2001), 682.757 € en deudores y genera recursos procedentes de las operaciones por valor de 195.317 €, lo que muestra capacidad suficiente para poder endeudarse, aunque es posible que a medio plazo deba renovar su inmovilizado como se detallará más adelante.

Nos debemos plantear: ¿para qué está utilizando los fondos de amortización? En un principio, parece que se han aplicado para reducir el endeudamiento y generar una abundante tesorería, destinada a hacer frente a los acreedores a corto plazo, si éstos son financiación negociada; o bien se ha producido un mantenimiento de los fondos de forma líquida, lo que supone restar rentabilidad de la empresa. Es esta última opción la que coincide con la estrategia llevada a cabo por la empresa.

En relación al inmovilizado material, se comprueba que parte del mismo va acercándose al final de su vida útil y habrá que proceder a una renovación (fijémonos en su tasa de envejecimiento, 73% para 2001), aunque todavía quedan pendientes unos años. Por otra parte, el inmaterial, con una tasa del 48%, muestra una fase intermedia en el ciclo de su vida útil con una escasa necesidad de reposición.

Es decir, la liquidez existente no se justifica desde el punto de vista de la realización de futuras compras de inmovilizado porque no ha variado en los últimos años. Tampoco se han producido adquisiciones de cuantías relevantes y tenemos que añadir que quedan algunos periodos para realizar las oportunas renovaciones de activos fijos. De esta manera, la empresa podría haber invertido estos fondos en acciones, valores de renta fija, etc., con lo cual se habría incrementando su rentabilidad.

También comprobamos que todos los beneficios obtenidos en los distintos años se han destinado a incrementar los fondos propios vía reservas, suponiendo una capitalización de la sociedad. Por ejemplo, el beneficio de 2000 fue de 66.601 €, que se destinó en su totalidad a reservas, no existiendo reparto de beneficios a través de dividendos.

c) Rentabilidad

Un análisis de la *rentabilidad* debe ir encaminado a evaluar la capacidad de generar beneficios por la unidad económica. Pero esto es demasiado complejo, sobre todo para pequeñas empresas, ya que estamos haciendo referencia a predicciones sobre la capacidad de generar resultados futuros. De ahí que, en nuestro sistema de Análisis Integral, el objetivo pretendido con el cálculo de la rentabilidad sea más bien como herramienta de apoyo de las opiniones de liquidez y solvencia. Esto es, si nuestra empresa no genera recursos, niveles aceptables de rentabilidad, llevará más tarde o más temprano a que tengamos problemas para hacer frente a los compromisos financieros (liquidez y solvencia).

Además, es preciso comentar que existen multitud de acepciones de este término, por ejemplo en función de la cifra de beneficios que se tome (antes o después de impuestos) y los recursos considerados (financieros o económicos), por lo que deben utilizarse términos más precisos. Así, tendremos que hablar, según su definición, de *rentabilidad económica, financiera o del accionista*.

Es conveniente que en el análisis de la rentabilidad encaminado a estudiar la capacidad predictiva de generación de beneficios, siempre sea evaluada la calidad del resultado[3], es decir, estudiar la fiabilidad de los ingresos y gastos y su relación con los flujos de cobros y pagos.

Además del cálculo en sí de las rentabilidades económica y financiera, hay que profundizar en la relación entre las mismas, estudiar el efecto que el coste de la financiación ajena tiene sobre la rentabilidad financiera. Para ello, hay que descomponer dichas rentabilidades y estudiar los apalancamientos operativos y financieros. De esta forma, tras un proceso de simplificación y sistematización, explicitamos los principales ratios de rentabilidad a utilizar (Tabla 3.5).

El análisis de rentabilidad para la empresa ARQ contempla la estimación de los indicadores que recogemos en la Tabla 3.6. La rentabilidad económica es del 15% en 2001 con tendencia positiva, esto es, en claro ascenso en su evolución de los últimos años. Por otro lado, la financiera para ese mismo periodo es del 22%; de la misma forma, muestra evolución positiva. Además, en líneas generales, esta rentabilidad viene siendo aproximadamente un 50% superior a la económica.

Esta empresa se encuentra poco apalancada financieramente, es decir, poco endeudada. Además, tiene un apalancamiento positivo que viene dado por la influencia del pasivo exigible sobre su rentabilidad financiera, esto es, que la rentabilidad económica es superior al coste medio del pasivo exigible, lo que nos demuestra que cuanto más se endeude ARQ mayor podría ser su rentabilidad financiera, aunque mayor

---

[3] Una descomposición de la cuenta de pérdidas y ganancias proporciona información sobre las fuentes del resultado.

TABLA 3.5. *Ratios de rentabilidad*

Ratios de rentabilidad	Descripción	Utilidad
Rentabilidad económica (%)	Resultado de la actividad ordinaria antes de intereses e impuestos / Activo	Beneficio capaz de generar la estructura económica neta como consecuencia de sus inversiones en activos, sin tener en cuenta su estructura financiera.
Rentabilidad financiera (%)	Resultado de la actividad ordinaria después de impuestos / Recursos propios	Beneficio que se genera en relación a los recursos aportados.
Gastos financieros (%)	(Gastos financieros + Variaciones provisiones financieras) / Cifra de ventas	Participación relativa de los gastos financieros en la cifra de ventas.
Coste del pasivo exigible (%)	Gastos financieros / Pasivo exigible	Informa del coste de la deuda.
Ratio de comercialización (%)	Resultado antes de impuestos / Importe neto de la cifra de ventas	Eficiencia comercial a través del resultado alcanzado por cada unidad monetaria de ventas netas.
Margen de beneficios (%)	Resultado antes de impuestos / Ingresos de explotación	Indica el margen de beneficio obtenido en proporción a los ingresos de explotación.
Rotaciones capitales permanentes (%)	Ingresos de explotación / (Fondos propios + Pasivo fijo)	Velocidad de rotación de los capitales permanentes en relación a los ingresos de explotación.
Ingresos financieros sobre inversiones financieras (%)	Ingresos financieros / Inversiones financieras	Rentabilidad de las inversiones financieras.

será también su riesgo financiero. Por el momento, se cumple que su rentabilidad económica es inferior a la financiera.

Así, comprobamos que la rentabilidad económica, todos los años, es bastante superior al coste del pasivo exigible, así como la ratio de gastos financieros se muestra en el periodo analizado con un nivel bastante bajo. De nuevo corroboramos que por el momento los gastos financieros no atentan sobre el futuro funcionamiento normal de

TABLA 3.6. *Ratios de rentabilidad: ARQ*

Liquidez	2001	2000	1999	1998	1997	1996
Rentabilidad económica (%)	15,02	8,90	5,74	16,57	28,61	-0,47
Rentabilidad financiera (%)	22,12	13,17	8,40	23,82	82,05	-3,53
Gastos financieros (%)	0,49	0,27	-0,64	1,05	0,14	0,37
Coste del pasivo exigible (%)	2,86	1,89	1,96	3,31	0,65	0,91
Ratio de comercialización (%)	12,08	5,31	4,20	8,69	13,80	-0,34
Margen de beneficios (%)	11,88	5,31	4,19	8,69	13,76	-0,34
Rotaciones capitales permanentes (%)	2,80	3,31	2,97	4,31	8,90	16
Ingresos financieros sobre inversiones financieras (%)	3	8	35	2	2	n.d.

FUENTE: Cuentas anuales ARQ y elaboración propia.

la empresa, sino más bien al contrario, permitiendo unas grandes posibilidades de expansión.

Todo lo anterior está poniendo de manifiesto la posibilidad que tiene la empresa para poder apalancarse (endeudarse) de manera que consiga un incremento de su rentabilidad financiera.

La evolución de los márgenes sobre ventas indica un incremento, en los últimos años, de los ingresos de explotación, aspecto éste muy positivo confirmado también con la ratio de comercialización.

Las rotaciones de los capitales permanentes ponen de relieve la eficiencia con que éstos se gestionan, en este caso, a través de la capacidad de generar ingresos de explotación. Así, dentro de los mismos tenemos, exclusivamente, recursos propios, no existiendo pasivo a largo plazo de manera que la ratio prueba cómo la empresa en la gestión de estos capitales no lo está haciendo de la mejor manera posible, ya que su valor tiende a disminuir. Es decir, que la capacidad de generar ingresos se está reduciendo en relación a los capitales permanentes, lo que ratifica que no se están gestionando adecuadamente (exceso de recursos propios sobre ajenos), lo que está lastrando la posibilidad de obtener mayores rentabilidades.

Para finalizar, sólo indicar que ARQ tiene muy pocas inversiones financieras; además, la rentabilidad de las mismas es muy reducida en 2001.

d) Actividad y productividad

El análisis económico financiero se cierra con una cuarta área de *actividad-productividad* que hace referencia al crecimiento de la empresa y al rendimiento obtenido por la utilización de distintos factores productivos durante un ejercicio eco-

Tabla 3.7. *Ratios de actividad-productividad*

Ratios de Actividad-Productividad	Descripción	Utilidad
Crecimiento cifra de ventas (%)	(Cifra de ventas $_t$ – Cifra de ventas $_{t-1}$) / Cifra de ventas $_{t-1}$	Indica la evolución del volumen de ventas.
Rotación activos	Cifra de ventas / Activo	Refleja las veces que se ha utilizado el total de activo en la obtención de las ventas.
Productividad	(Ingresos de explotación – Consumo de mercaderías y materias primas – Otros gastos de explotación) / Gastos de personal	Contribución de los empleados hacia la obtención del resultado final de la gestión, calculada como el valor añadido en relación con los gastos de personal.
Crecimiento valor añadido (%)	(Valor añadido[4] $_t$ – Valor añadido $_{t-1}$) / Valor añadido $_{t-1}$	Muestra la evolución del valor añadido.
Gastos de personal sobre ventas (%)	Gastos de personal / Ingresos de explotación	Importancia de los gastos de personal respecto a la cifra de ventas netas.
Coste medio del personal (mil)	Gastos de personal / Número de empleados	Informa sobre la retribución media de los empleados.

nómico. Los indicadores diseñados para desarrollar este objetivo, tras la labor de síntesis y sistematización pueden encontrarse en la Tabla 3.7.

☞ El análisis de la actividad-productividad para ARQ se caracteriza por el crecimiento de la compañía, situándose en un nivel medio alto en el sector.

Centrándonos en la actividad (Tabla 3.8), durante sus años de existencia comprobamos que ha sido irregular, aspecto que se manifiesta en la ratio de crecimiento de la cifra de ventas, unida al de crecimiento del valor añadido. Esto es debido, en gran

---

[4] Siendo valor añadido = (ingresos de explotación + otros ingresos) – (gastos de explotación – otros gastos de explotación).

TABLA 3.8. *Ratios de actividad-productividad: ARQ*

Actividad y productividad	2001	2000	1999	1998	1997	1996
Crecimiento cifra de ventas (%)	6,69	28,96	-25,04	-36,23	208,88	-5,03
Rotación activos	1,87	2,24	2,02	3	3,09	2,15
Productividad	1,59	1,25	1,01	1,56	1,62	1,05
Crecimiento valor añadido (%)	14,25	18,38	-26,13	-29,13	152,41	9,49
Gastos de personal sobre ventas (%)	25,60	31	41,57	27,43	23,74	45,01
Coste medio del personal (mil) (%)	29	32	34	27	27	n.d.

FUENTE: Cuentas anuales ARQ y elaboración propia.

medida, al buen comportamiento que obtuvo en el año 1997 con la consecución del concurso de un proyecto fenomenal por su cuantía, lo que hizo que a partir estas fechas disminuyera la actividad a las cotas "normales", para iniciarse desde 2000 una recuperación importante, incrementándose de forma ralentizada las ventas y el valor añadido.

La ratio de rotación de activos tiene un punto de inflexión producido en el año 2000, disminuyendo posteriormente debido a que no se está sacando provecho de todo el potencial de sus recursos, hecho que ha venido comentándose en páginas anteriores (exceso de liquidez y de recursos propios que lastran la rentabilidad).

La participación de los empleados en la producción la vamos a medir a través de diferentes indicadores:

- Productividad, definida como la contribución de los trabajadores a la obtención del resultado final de la gestión, observándose una tendencia positiva y siendo además aceptable en términos globales.

- Gastos de personal sobre ventas, que muestran un comportamiento positivo, ya que ante incrementos de las ventas no muy intensos, dichos gastos permanecen sensiblemente constantes e incluso tienden a disminuir, por lo que la gestión en este aspecto ha sido adecuada.

- Coste medio del personal, cuya evolución se reafirma en la misma dirección que los anteriores.

Ficha técnica del análisis económico-financiero

Una vez *realizado el análisis económico financiero*, es conveniente recoger en una *ficha técnica* las conclusiones parciales más relevantes sobre dicho análisis, pormenorizado en las cuatro fases descritas: liquidez, solvencia, rentabilidad y actividad-productividad.

Además, esta ficha resulta útil y muy interesante cara a sugerir algunas políticas a futuro, que permitan aprovechar mejor los recursos que existen, o bien evitar situaciones conflictivas que se puedan producir.

Asimismo, toda labor analítica no quedaría finalizada si no se completara con la síntesis de los puntos más relevantes extraídos de la misma, que por otra parte resultarían ser los que deben presentarse en un informe final para que la dirección maximice su tiempo y los investigadores determinen claramente sus conclusiones. Si bien esta ficha no debe restar valor al resto del trabajo, sino al contrario, por lo que no tendría sentido que fuese una mimética reproducción de aquél. Esto es, debe ser *clara, concisa y completa para que tenga valor.*

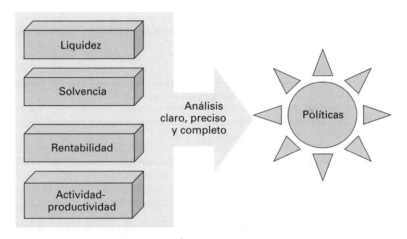

FIGURA 3.4. *Ficha técnica del análisis económico-financiero*

☞ La ficha técnica sobre el análisis económico-financiero para la empresa ARQ queda recogida en la siguiente Tabla 3.9. Han sido incluidos los cuatro aspectos del análisis, con su descripción y las políticas posibles a aplicar para maximizar las rentabilidades de la empresa y con ello su valor. Estas políticas volverán a ser tenidas en cuenta en las estrategias finales producidas por el sistema de Análisis Integral.

COMPARÁNDONOS CON LA COMPETENCIA

📖 Para completar un buen análisis económico-financiero es conveniente que pueda *comparar su empresa con la competencia.* Por tanto, esto implica disponer de información de la misma, al menos de sus cuentas anuales. Esta comparación podemos realizarla desde una óptica nacional, esto es, sobre todo el sector donde opera su empresa, o también aplicando un conveniente *zoom* aproximativo sobre al-

TABLA 3.9. *Ficha técnica del análisis económico-financiero de ARQ*

Liquidez	*No tiene problemas* de liquidez sino más bien un exceso que le puede estar llevando a una pérdida de rentabilidad. *Justificación:* tiene un fondo de maniobra de 682.757 €; su ratio de liquidez general de 2,62 y de liquidez inmediata de 0,4 demuestran una capacidad excesiva para hacer frente a sus deudas a corto plazo. Pero, además, consigue cobrar antes de sus clientes (137 días) que pagar a sus proveedores (235 días), unido todo ello a una recuperación de la tesorería en un plazo inferior al mes.
Solvencia	Muestra una solvencia *suficiente* para hacer frente a sus deudas, incluso podría considerarse excesiva. Esto se demuestra con unas ratios de endeudamiento bajas, unido a la no existencia de recursos ajenos a largo plazo. Respecto a las deudas a corto plazo, se generan los recursos suficientes para hacer frente a las mismas. Los *fondos de amortización* que tiene la empresa se han utilizado en parte para responder a las deudas a corto plazo, pero en general *no han sido bien aprovechados,* perdiendo parte de rentabilidad. Además, presenta una liquidez excesiva que no está siendo materializada ni en futuras inversiones de equipo ni en la compra de acciones, valores de renta fija, etc., en cuyo caso se hubiera incrementando la rentabilidad.
Rentabilidad	Las rentabilidades que está obteniendo son *bastante aceptables.* Así, para 2001 la financiera gira en torno al 22% y la económica al 15%, pero sus recursos nos muestran que tiene capacidad suficiente para aumentar las mismas. En este sentido, se encuentra *muy poco apalancada (endeudada),* siendo la rentabilidad económica superior al coste medio del pasivo exigible, lo que indica la posibilidad de poder endeudarse de manera que consiga un incremento de su rentabilidad financiera. La ratio de rotación de capitales permanentes muestra que no se están gestionando adecuadamente (exceso de recursos propios sobre ajenos), lo que está lastrando la posibilidad de obtener mayores rentabilidades, junto al poco aprovechamiento de las inversiones financieras existentes (mínimas y con poca rentabilidad).
Actividad-productividad	La evolución de la actividad ha sido *irregular* pero se observa que en los últimos años hay una tendencia al incremento de la misma. De nuevo, la ratio de rotación de activos muestra cómo el aprovechamiento de los recursos disponibles no ha sido malo pero podría mejorarse. En relación a la productividad desde el punto de vista de los empleados se observa un comportamiento favorable.
Posibles políticas a aplicar	• *Crecimiento.* Intentar expandirse en otros negocios, mercados, actividades, etc. Habrá que estudiar las diferentes posibilidades, teniendo en cuenta la información extraíble del análisis del sector que a continuación se realiza. • *Inversión.* Si la opción anterior no resulta demasiado viable, al menos invertir los fondos en acciones, valores de renta fija, construcción, etc., con lo cual se consiga incrementar la rentabilidad. • *Disminución de los recursos propios.* Por ejemplo, mediante el reparto de dividendos.

gunas de las compañías más cercanas geográficamente, o por mercado de alcance, o por tamaño, etc. Así, por ejemplo, puede interesar enfrentarse a las medidas sectoriales de las empresas de su comunidad autónoma o incluso de su localidad, las que se consideren competencia directa.

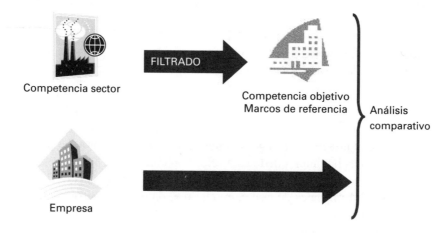

FIGURA 3.5. *Análisis de la competencia*

Para realizar este análisis, es necesario precisar, en primer lugar, qué sociedades son las más adecuadas. Esto quiere decir que habrá que establecer una serie de *filtrados* de manera que nos lleven a la configuración de una lista o *muestra de empresas representativas y viables del sector*, con las cuales la comparación sea lo más homogénea posible.

Para ello, nos podemos valer de herramientas como las cada vez más habituales bases de datos [5] que recogen balances y cuenta de pérdidas y ganancias de diferentes empresas, lo que nos facilitará dicha selección, fijando los criterios que más nos interesen para nuestros objetivos. De esta manera, podrá establecer los diferentes *marcos de referencia* (grupos de empresas) con los cuales efectuar las oportunas comparaciones.

☞ Realizado el análisis focal de la organización ARQ, podemos adentrarnos en la visión del sector en el que opera, es decir, la situación de la competencia. Así, partiremos de la información conocida de nuestra empresa objeto, cuya actividad se describe como *la promoción, planificación, control y ejecución de obras y proyectos,* con siete años de antigüedad y un tamaño intermedio en lo que a cifra de negocios y empleos se refiere.

---

[5] Existen en el mercado diferentes bases de datos proporcionadas por organismos públicos y empresas privadas, como por ejemplo: CD Bolsa, Central de Balances del Banco de España, Dun & Brandstreet, Informa S.A., grupo Asnef-Equifax, etc.

Para realizar el proceso de filtrado-selección del sector en el que opera, contamos con la información de un banco de datos[6] de alrededor de 200.000 empresas que presentan sus cuentas en el Registro Mercantil. Dicho proceso puede resumirse y sintetizarse en las siguientes etapas:

- *Primer filtro. Situación estructural.* Para aplicarlo planteamos la necesidad de que las empresas utilizadas se dedicaran a *similar actividad,* en ese caso se optó por incorporar el descriptor del Código CNAE 93 (7420): Servicios Técnicos de Arquitectura e Ingeniería y otras actividades relacionadas. Pero el número de compañías era aún elevado y heterogéneo, por lo que teníamos que fijar más la referencia.

- *Segundo filtro. Tamaño de la empresa.* Se perseguía en este caso hacer más homogénea la comparativa eliminando aquellas que o bien se encontrasen actualmente con una *cifra de negocio* inferior a 1,25 o superior a 5,5 millones de euros. Como es habitual, quedó esta selección combinada con el *tamaño de la plantilla,* interviniendo en aquellas firmas con una cifra de Gastos de Personal entre 0,4 y 2,4 millones de euros, evitando el dato de número de empleados, dado que no resulta fiable por las posibles ocultaciones ante las distintas administraciones. Por último, en lo referente a los intervalos fijados han sido aquellos en los que ARQ tiene anheladas sus perspectivas, situándose las cifras de esta empresa por debajo de la moda estadística, justificado en su deseo y expectativas de crecimiento.

- *Tercer filtro. Dinamicidad.* Llegados a este punto, interesaba eliminar aquellas empresas rémora que se encontrasen con estructuras obsoletas o aquellas que hubiesen quebrado; en otras palabras, inactivas. Para el primer caso se actuó sobre las compañías *constituidas desde 1990.*

- *Cuarto filtro. Descripción de actividad.* Una vez realizados los anteriores sucesos, el número de firmas era superior a las 120, que si bien no era muy elevado, acaparaba aún actividades muy diferentes dentro del sector, por lo que se pasó un *filtro manual,* una a una, constatando sus principales actividades y eliminando todas aquellas que no resultaran interesantes respecto a la empresa analizada, ARQ S.A. De esta forma, llegamos a la lista que presentamos en la Tabla 3.10, de 32 compañías, en la que se incluye el descriptor aproximado de la actividad.

- *Quinto filtro. Localización.* Finalmente, resultaba muy interesante, dado el ámbito geográfico de actuación en muchas de sus actividades, delimitar un segundo sector de referencia que hemos denominado provincial *versus* el anterior nacional de estas 32 empresas que tengan su actividad localizada en la provincia de Madrid, resultando 9 de las anteriores, por supuesto entre ellas la firma objeto de estudio.

---

[6] En este caso, utilizamos la base de datos SABI (Sistema de Análisis de Balances Ibéricos) del grupo Informa S.A.

TABLA 3.10. *Sector de referencia*

Nombre	Provincia	INCV (mil)
1. A-Z PROYECTOS, S.L. Realización de proyectos de instalaciones industriales, estudios de viabilidad…	Álava	1.323
2. AGUILERA INGENIEROS, S.A. Realización, consulta-auditoría, asesoría, dirección y ejecución de proyectos de ingeniería…	Madrid	1.964
3. ASESORAMIENTO TÉCNICO NAVAL Y PROYECTOS, S.A. Diseño y realización de proyectos de ingeniería para la industria y la administración pública	Vizcaya	1.794
4. ASURINSA OFICINA TÉCNICA, S.L. Asesoría técnica, tramitación,… de licencias, expropiaciones, planes de ordenación…	Valencia	2.866
5. AUKETT IMAGINA, S.L. Mediación y coordinación en prestación de servicios de arquitectura y urbanismo…	Madrid	1.641
6. B O D INGENIERÍA, S.A. Arquitectura, ingeniería, diseño industrial, calidad ambiental y estudios de costos…	Madrid	3.135
7. CENSA CATALANA D'ENGINYERIA, S.A. Anteproyectos y proyectos de ingeniería civil e ingeniería de cualquier clase…	Barcelona	2.176
8. *COPCAMBRA, S.A.* *Promoción, desarrollo de urbanización y construcciones, carreteras, puentes,…*	*Barcelona*	*3.820*
9. EDIFICACIÓN Y SERVICIOS TECNEI, S.A. Servicios técnicos de arquitectura y urbanismo	Vizcaya	3.816
10. EIC ESTUDIO DE INGENIERÍA CIVIL, S.L. Proyectos de ingeniería civil e industrial y arquitectura. Dirección y control de obras	León	1.436
11. ENXENEIROS E ARQUITECTOS CONSULTORES IDOM, S.A. Prestación de servicios de ingeniería y consultoría	La Coruña	2.297
12. EPTISA PROYECTOS INTERNACIONALES, S.A. Redacción de proyectos y estudios, ejecución, dirección, gestión de todo tipo de obras…	Madrid	2.909
13. RIVAL DIRECTO, S.L. Proyectos de arquitectura, dirección de obras y detalle para urbanismo, obra pública…	Madrid	4.703
14. EURO GEOTÉCNICA, S.A. Consultoría e ingeniería ligadas a obras de infraestructuración viaria por carretera, ferrocarriles…	Barcelona	1.955
15. GESCONTROL BALEAR, S.L. Gestión y control de obras, supervisión de proyectos técnicos y obras de construcción…	Baleares	2.495
16. GINPRO, S.A. Estudios y proyectos de urbanismo, ingeniería en todas sus variantes	Madrid	3.905

(Continúa)

TABLA 3.10. *Sector de referencia (continuación)*

Nombre	Provincia	INCV (mil)
17. ARQ OFICINA DE PROYECTOS, S.A. Promoción, planificación, control y ejecución de obras y proyectos	Madrid	1.676
18. GRECCAT, S.L. Promoción, planificación, control y ejecución de obras y proyectos	Barcelona	1.297
19. GRESIN GRUPO ESTUDIOS INDUSTRIALES, S.A.L. Ingeniería, estudios y proyectos técnicos, investigación y desarrollo industrial, etc.	Guipúzcoa	2.601
20. GRUPO 5 INGENIEROS ASOCIADOS, S.L. Redacción y ejecución de proyectos y obras, asesoramiento…	Murcia	1.903
21. INGENIERÍA ACÚSTICA y SERVICIOS, S.L. Elaboración de proyectos, estudios, direcciones de obras propias de la ingeniería industrial	Sevilla	2.709
22. INGENIEROS EMETRES, S.L. Prestación de servicios de ingeniería industrial, obras, urbanización…	Barcelona	4.992
23. LANTEC ESTUDIOS Y PROYECTOS, S.L. Servicios técnicos de ingeniería industrial, obras, urbanización…	Vizcaya	2.795
24. *MSX ENGINEERING IBERICA, S.A.* *Servicios técnicos de arquitectura e ingeniería, consulta y asesoramiento técnico*	*Vizcaya*	*1.374*
25. PÉREZ GUERRAS E INGENIEROS Y ARQUITECTOS ASOCIADOS, S.L. Arquitectura: edificación, urbanismo, deslindes, replanteos, mediciones…	Madrid	1.442
26. RED CONTROL, S.L. Servicios técnicos de ingeniería	Valencia	2.165
27. REDEX SERVICIO GENERAL DE INSTALACIONES, S.L. Realización de estudios y proyectos, legalización de instalaciones…	Barcelona	1.851
28. S G I SOCIEDAD GENERAL DE INGENIERÍA, S.A. Redacción de proyectos de ingeniería, obra civil y pública, instalaciones, asistencia técnica…	Madrid	1.356
29. SERING SERVEIS D'ENGINYERIA I ARQUITECTURA, S.L. Servicios de ingeniería y arquitectura, realización de obra civil e instalaciones…	Barcelona	1.567
30. TEC ENGINEERING, S.A. Estudios y proyectos de ingeniería civil, planeamiento urbanístico, obras públicas o privadas…	Barcelona	1.433
31. TECNI-SABADELL, S.L. Servicios técnicos (ingeniería, arquitectura y urbanismo, etc.)	Barcelona	2.303
32. TEGRAF INGENIERÍA, S.L. Ejecución y realización de obras y construcciones, planes y proyectos	Vizcaya	4.563

NOTA AL CUADRO: INCV es el Importe Neto de la Cifra de Negocios en miles de euros en el ejercicio 2000, *o en los casos en cursiva (8 y 24)*, del último ejercicio con dicha información disponible.
FUENTE: Registro Mercantil y elaboración propia.

En definitiva, tras estos filtrados hemos utilizado, a efectos de comparación, dos grupos de competencia que hemos denominado *sector nacional* y *sector provincial,* compuestos por las empresas expuestas anteriormente, y con la estructura que explicaremos a continuación. Por lo tanto, y para nuestro caso, se decidió que ARQ se enfrentase con tres marcos de referencia diferentes después del filtrado:

- *Competencia directa* (aportada por la propia empresa, ARQ). En concreto, Rival Directo S.L. [7], cuya descripción de actividad se resume en proyectos de arquitectura, dirección de obras y detalle para urbanismo, obra pública, etc., ubicada en Madrid.

- *Sector de referencia localizado en la provincia de Madrid,* con un total de 9 empresas; incluye ARQ y Rival Directo.

- *Sector de referencia nacional,* con un total de 32 empresas, listado anteriormente.

Una vez que hemos realizado los filtrados oportunos, tendremos definidas las bases de empresas con las cuales vamos a efectuar las comparaciones.

¿Cómo acometemos entonces, el estudio comparativo? El mismo se llevará a cabo enfrentando y analizando los principales agregados contables y los valores de ratios más significativos de liquidez, solvencia, rentabilidad y actividad-productividad de nuestra empresa frente a los marcos referenciales establecidos previamente en los filtrados. Todo ello debe afianzarse con tablas descriptivas y gráficas que faciliten la interpretación de los mismos.

La comparación, cuando se realiza contra un conjunto de empresas, como por ejemplo un sector nacional, se practica sobre la media aritmética de los valores empleados.

Principales agregados contables

La *comparación con agregados contables* tiene como objetivo conocer en qué medida la empresa se encuentra por encima, por debajo o en la media de las empresas objeto de referencia, en lo relativo a las principales magnitudes contables. En concreto, pueden considerarse las siguientes: ingresos de explotación, resultados ordinarios antes de impuestos, activo, fondos propios y número de empleados.

Ingresos de explotación: Recoge los ingresos que proceden de la actividad típica de la empresa. En especial, la cifra neta de negocios, subvenciones de explotación e ingresos accesorios. Es muy interesante para ubicar el tamaño de la empresa cara al sector.

---

[7] A pesar, en este caso, de proceder la información de un registro público y no de forma interna desde la empresa, hemos preferido actuar de la misma manera que con ARQ, ocultando la razón social de la empresa competidora.

Resultados ordinarios antes de impuestos: Son los resultados tanto positivos como negativos obtenidos por la empresa como consecuencia de los ordinarios y financieros. Suelen considerarse como uno de los principales agregados que juzga la eficacia de la empresa.

Total Activo: Representa todos los bienes y derechos que tiene la empresa.

Fondos propios: Recoge las aportaciones de los socios y los beneficios no distribuidos, es decir, las reservas. Muestra una medida de la solvencia, así como una estimación del valor contable de la organización.

Número de empleados: Esta magnitud suele configurarse como factor que a veces se utiliza para determinar el tamaño de las empresas. Ahora bien, este dato, a menudo, carece de fiabilidad, ya que en principio se recogen todos aquellos que cotizan en la Seguridad Social y se han podido observar algunas anomalías en diferentes empresas, unido también a que la información suministrada por éstas tampoco se corresponde con la realidad. Por tanto, generalmente, es más representativa la partida de gastos de personal.

☛ En ARQ los principales agregados contables nos ofrecen una tendencia en los ingresos de explotación positiva, con irregularidades en los años 1998 y 99, motivadas por el comportamiento anómalo del ejercicio 1997.

En relación a Rival Directo S.L. (R.D., en adelante) se puede comprobar cómo presentando, en origen, ambas empresas unos ingresos similares en el 96, la evolución ha sido distinta. Así, R.D. ha llegado en 5 años a quintuplicar sus ingresos frente a la duplicación de ARQ. Por su parte, en el sector tanto provincial como nacional su comportamiento difiere aunque puede comprobarse cómo a partir de 2000 se empiezan a vislumbrar mejoras respecto al sector.

En cuanto a resultados ordinarios antes de impuestos, muestran de igual forma una tendencia creciente o positiva, aunque en el sector el año 97 fue de caída y a partir de

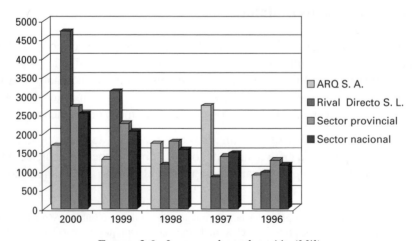

Figura 3.6. *Ingresos de explotación (Mil)*

ese año se produce una recuperación. En ARQ esa conducta no se da y es a partir de 1999 cuando se acerca al comportamiento sectorial. No obstante, hay que destacar que no ha llegado a tener pérdidas en ningún ejercicio, si exceptuamos el de creación, pero aun así éstas fueron muy pequeñas.

El comportamiento del activo es similar a lo comentado anteriormente con las peculiaridades de los ejercicios 97 y 98. A partir de 1999 se va produciendo un incremento en línea con el sector provincial. Esta magnitud, junto a la cifra de negocios, sirve para visualizar a R.D. como empresa de mayor tamaño que ARQ.

Respecto a fondos propios, ARQ requiere un estudio particular debido a su comportamiento. Así, en líneas generales, se observa que todos los años tiene una tasa de crecimiento positiva, incluido el periodo en el que su actuación es errática. Con respecto a R.D., se observa la gran diferencia que existe, de manera que en ésta los fondos propios son muy pequeños en relación a la primera, teniendo en cuenta que por volumen de activo y cifra de negocios es menor. Esta posición queda además corroborada tanto con el sector a nivel provincial como nacional.

Por último, el número de empleados se mantiene constante y no difiere mucho respecto al sector. No obstante, no se considera como un dato muy fiable para la muestra de empresas seleccionadas. Aun manteniendo las cautelas expuestas sobre esta información, observamos, para esta magnitud, una variable de tamaño en la que se encuentra ARQ más cercana a la media del sector de referencia que R.D.

A continuación, debe realizarse la *comparativa de la empresa* con los marcos de referencia fijados a través de las principales *ratios* analizadas en las cuatro áreas establecidas del análisis *económico-financiero*. Por lo tanto, en lo referente al significado de las ratios se remite a lo comentado anteriormente.

Por otra parte, para completar la perspectiva del análisis de la competencia, estudiamos las ratios más significativas clasificadas en liquidez, solvencia, rentabilidad y actividad-productividad.

TABLA 3.11. *Fondos propios (Mil)*

	2001	**2000**	**1999**	**1998**	**1997**	**1996**
ARQ S. A.	649	505	439	402	306	55
Var (%)	28,51	15,03	9,20	31,37	456,36	—
Rival Directo S. L.	—	279	126	-116	1	49
Var (%)	—	121,43	-208,62	-117,00	-97,96	—
Sector provincial	—	540,67	456,22	402,11	400,88	504,00
Var (%)	—	18,51	13,46	0,31	-20,46	—
Sector nacional	—	519,38	373,43	289,71	241,19	240,70
Var (%)	—	39,08	28,90	20,12	0,20	—

FUENTE: Registro Mercantil y elaboración propia.

a) Ratios de liquidez

Liquidez general: Activo circulante / Pasivo circulante o líquido. Como podemos observar, la tendencia del sector gira en torno al 1,5; en cambio, en ARQ esta ratio se sitúa en valores superiores al 2,5, siendo elevada en todos los años. Lógicamente, la empresa tiene potencial suficiente para hacer frente a sus obligaciones de pago; no obstante, esta sobrada liquidez le está mermando la capacidad de obtener mayores rentabilidades, esto es, exceso de capitales inaplicados.

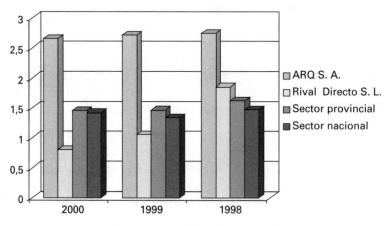

FIGURA 3.7. *Liquidez general*

Liquidez inmediata: Tesorería / Pasivo circulante o líquido. En línea con la ratio de liquidez general, se comprueba que tiene un exceso de tesorería que podría utilizar para otras inversiones.

*Tesorería: (Tesorería / Importe neto de la cifra de ventas) * 360.* Se encuentra en una posición muy ventajosa que le permite recuperar la liquidez en menor tiempo que la media provincial y del sector, aspecto éste muy positivo.

*Crédito cliente: (Deudores / Importe neto de la cifra de ventas) * 360.* En su línea de clara liquidez, ARQ consigue cobrar de sus clientes en un plazo inferior a la media.

b) Ratios de solvencia

*Endeudamiento: (Total pasivo – Fondos propios) / Total pasivo * 100.* La empresa está poco endeudada con respecto a las del sector, cumpliéndose prácticamente en todos los ejercicios. Para 2000 tenemos 32,39% frente a 84% de R.D., 64,60% provincial y 67,06% nacional; es decir, la solvencia de ARQ es muy elevada, lo cual le permitirá no tener problemas para conseguir financiación tanto a corto como a largo plazo.

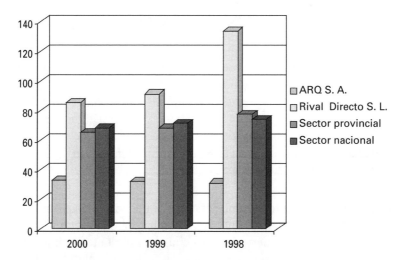

FIGURA 3.8. *Endeudamiento*

Endeudamiento 2: Recursos ajenos / Recursos propios. Tiene capacidad suficiente para endeudarse y además resultan unas divergencias muy grandes frente a R.D. y el sector provincial y nacional. Por ejemplo, para el año 2000 tenemos 0,48 frente a 5,35, 2,91 y 3,06, respectivamente. Es decir, destaca que el sector se encuentra en una situación delicada para la consecución de financiación, y por el contrario ARQ se muestra en una situación de máxima solvencia.

Endeudamiento a l/p: Recursos ajenos a largo plazo / Pasivo total. ARQ no tiene financiación a largo plazo; en cambio, tanto R.D. como el sector sí disponen de ella, si bien con tendencia a disminuir en los últimos años. Por tanto, tiene posibilidades de crecer mediante la obtención de créditos a largo plazo.

c) Ratios de rentabilidad

Rentabilidad económica: (Resultado del ejercicio / Total activo) * 100. En los últimos años, la rentabilidad alcanzada por la empresa está por debajo del sector, si bien con una angosta brecha diferencial, siendo mayor con R.D. No obstante, mencionaremos el buen comportamiento en los años 1997 y 98, con rentabilidades muy altas teniendo en cuenta que fueron malos años para el sector. La explicación, como ya se ha venido reiterando, es la suerte de haber obtenido unos contratos muy elevados. En líneas generales, la rentabilidad de un 15% en 2001 no es mala pero podría mejorarse.

Rentabilidad financiera: (Resultado del ejercicio / Fondos propios) * 100. Podemos observar dos ciclos: en los primeros años de la historia de ARQ la rentabilidad alcanzada ha sido muy alta respecto al sector, con un comportamiento muy positivo en

TABLA 3.12. *Rentabilidad económica (%)*

	2001	2000	1999	1998	1997	1996
ARQ S. A.	15,02	8,9	5,74	16,57	28,61	-0,47
Rival Directo S. L.	—	10,03	18,66	-31,09	-46,17	38,13
Sector provincial	—	10,28	7,36	3,52	-14,23	23,56
Sector nacional	—	10,60	8,85	6,30	-1,48	12,04

NOTA: Rentabilidad económica = Resultado del ejercicio / Total activo.
FUENTE: Registro Mercantil y elaboración propia.

ese periodo. Ahora bien, en los últimos años podemos visualizar (Figura 3.8) cómo estas rentabilidades (13%) son bastante bajas con respecto al sector (31%) o frente a R.D. (63%); esto implica que tiene un potencial que no está totalmente utilizado. Es decir, que en relación a los recursos aportados se están obteniendo beneficios inferiores a su potencialidad.

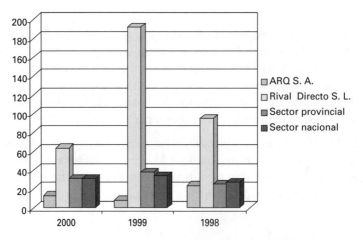

FIGURA 3.9. *Rentabilidad financiera*

Comercialización: Resultado antes de impuestos / Importe neto de la cifra de ventas. Nuevamente, exceptuando los años 1997 y 98 el comportamiento es inferior al sector, si bien tiende a converger. Así, para 2001 se obtienen unos porcentajes del 12%.

d) Ratios de actividad-productividad

Rotación de activos: Ingreso neto de cifra de ventas / Total activo. Los resultados nos conducen a la determinación de que ARQ tiene un excelente aprovechamiento de los recursos disponibles, situándose por encima del sector.

TABLA 3.13. *Rotación de activos*

	2001	**2000**	**1999**	**1998**	**1997**	**1996**
ARQ S. A.	1,87	2,24	2,02	3,00	3,09	2,15
Rival Directo S. L.	—	2,65	2,38	3,26	3,56	2,16
Sector provincial	—	1,82	1,67	1,87	2,16	1,56
Sector nacional	—	1,74	1,61	1,81	1,98	1,82

NOTA: Rotación activo = Ingreso neto cifra ventas / Total activo.
FUENTE: Registro Mercantil y elaboración propia.

Productividad: (Cifra de ventas + Otros ingresos – Consumo de explotación – Otros gastos de explotación) / Gastos de personal. La productividad de los empleados es bastante elevada en relación a la media del periodo, con tendencia a incrementar en los últimos años. No difiere mucho de la del sector; con respecto a R.D. existen divergencias, ya que en los primeros años es mayor en ARQ y en cambio menor en los últimos.

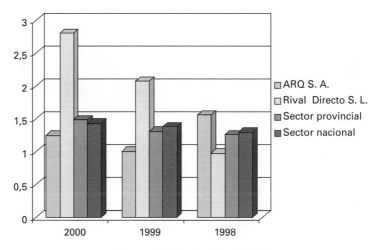

FIGURA 3.10. *Productividad*

Ratio de inmovilización: Inmovilizado / Activo Total. Muestra la relación o proporción entre activo fijo y total. Hay que ser consciente de que en este sector el inmovilizado tiene una entidad pequeña, pero aun así, el peso en ARQ es inferior a la competencia. Las diferencias están motivadas por el tamaño; fundamentalmente, resulta significativa la evolución convergente de las cifras, así como el fuerte posicionamiento de R.D.

Ficha técnica de comparación con la competencia

De la misma forma que realizamos una *ficha técnica* sobre el análisis económico-financiero soportada en las cuatro fases del análisis (ver Figura 3.4), podemos ahora efectuar otra que ponga de manifiesto las principales conclusiones parciales obtenidas por la *comparación de la empresa con la competencia*.

En concreto, su estructura debe hacer mención a los *principales agregados* contables y también respecto a las *ratios más significativas* relativas a liquidez, solvencia, rentabilidad y actividad-productividad. Un ejemplo ilustrativo de esta ficha puede ser el llevado a cabo en la empresa objeto de estudio; como ya dijimos anteriormente, el principal fin de la ficha es el de sintetizar los principales resultados para informar a la organización.

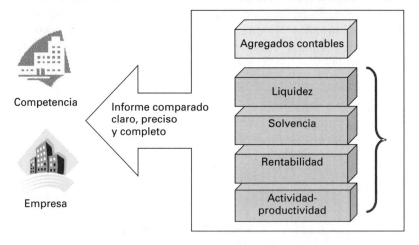

FIGURA 3.11. *Ficha técnica del análisis de la competencia*

Una vez completado el análisis construiremos la ficha técnica de comparación con la competencia para la empresa, sintetizando los aspectos más significativos de las áreas estudiadas (Tabla 3.14).

SIMULANDO A MEDIO Y CORTO PLAZO

La *gestión financiera* es un factor clave tanto para el éxito como para la supervivencia de su empresa, que actualmente se enfrenta a un mercado cada vez más complejo, donde factores como la competitividad y la globalización le obligan a usted y a los responsables de las diferentes áreas funcionales a trabajar con volúmenes de información considerables y a llevar a cabo una planificación cuidada de sus actuaciones (Figura 3.12).

TABLA 3.14. *Ficha técnica: comparación de ARQ con la competencia*

Agregados contables	La comparación se referencia sobre un conjunto de empresas con alta dinamicidad, rentabilidad y dimensión algo por encima de la empresa estudiada pero dentro de sus posibilidades de crecimiento, como queda patente en el ejercicio 1997 o en las cifras de recursos propios y empleos entre otras. Se encuentra en un marco de *crecimiento positivo*.
Liquidez	La liquidez es muy notoria, máxime tras la comparación con el sector, en donde se aprecia el *excesivo líquido* que presenta, con valores de recuperación y cobro a clientes que no hacen sino apuntalar el hecho de que debiera desarrollar una estrategia de aumento de rentabilidad vía liquidez.
Solvencia	La solvencia clarifica la posición anómala de la sociedad, con *carencia de endeudamiento a largo plazo y solvencia elevada,* lo que le permite no tener problemas para conseguir financiación tanto a corto como a largo plazo. Así, queda clara la situación de gran dinamicidad con expectativas de fuerte crecimiento sin ningún signo evidente de problemas en cuanto a la consecución de dichas estrategias vía créditos a largo plazo.
Rentabilidad	La *rentabilidad económica gira alrededor de la sectorial; no así en el caso de la financiera,* en la que en relación a los recursos aportados se están *obteniendo beneficios inferiores a su potencial.* Aun así, en el último ejercicio desarrolla importantes avances en estas medidas, como también en comercialización.
Actividad-productividad	Muestra claramente sus *ventajas en la rotación de activos;* en el otro lado, el *peso del inmovilizado es inferior* y la *productividad en términos globales es cercana al sector,* mejorando en los últimos años.

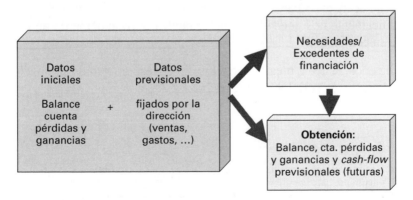

FIGURA 3.12. *Proceso de gestión financiera*

Por ello, debemos utilizar algún *software*[8] especializado para la simulación de la gestión financiera. Por ejemplo, el denominado FINEC v.2.0.[9], que permite detectar las necesidades de financiación de la empresa en un futuro inmediato y establecer cuáles pueden ser las fuentes de financiación más apropiadas para cubrir las necesidades detectadas.

Para poder aplicar el programa FINEC y llevar a cabo la simulación es necesario introducir unos datos de partida (balance y cuenta de pérdidas y ganancias) y otros previsionales (ventas, subvenciones, consumos de explotación, gastos de personal, etc.), que cuanto más se ajusten a la realidad, más habrá que esperar una gran correspondencia entre la necesidad de financiación prevista por el programa y la necesidad real en la que se encontrará su empresa. Igualmente, la propuesta de cobertura de esa necesidad de financiación será ajustada óptimamente a la realidad en la medida en que se cumplan los supuestos previstos.

El programa establece unas restricciones que limitan posibles problemas financieros. Éstas actúan por defecto, pudiendo ser cambiadas en función del sector o de las características concretas de cada empresa, y se corresponden con valores mínimos que han de cumplir las compañías, establecidos por debajo de los que aparecen en las empresas que se encuentran en la central de balances del Banco de España.

Restricciones consideradas por el programa de gestión (FINEC):

- Capitales propios > 30% total del archivo.
- Activos líquidos > 30% exigible a corto plazo.
- Capitales permanentes > 40% total del activo.
- Fondo de maniobra > 15% realizable neto.
- Activo circulante > 1,3% pasivo circulante.

Teniendo en cuenta estas características, en cuya línea están todos los programas de gestión, únicamente nos queda llevar a la práctica la simulación de un plan financiero para su compañía.

☛ Realizamos, una vez preguntado a los directivos, un plan de simulación financiera para la empresa para los ejercicios 2002 y 2003.

---

[8] Existen infinidad de programas que permiten llevar a cabo simulaciones financieras. Cada uno tiene, lógicamente, sus ventajas e inconvenientes.

[9] Puede verse el manual y el CD-ROM para su utilización en la obra *Cómo calcular y cubrir las necesidades financieras*. Ed. Gestión 2000, Barcelona, 2000.

¿Cuál es el plan financiero 2002 de ARQ?

Para la empresa ARQ hemos realizado su plan financiero 2002 a partir del *software* FINEC. Introduciendo los datos de partida, mostramos en las Tablas 3.15, 3.16 y 3.17 los balances y cuenta de resultados iniciales junto a unas ratios resúmenes para 2000 y 2001 que corroboran lo analizado en páginas anteriores.

Las previsiones que vamos a realizar son para los dos años futuros 2002 y 2003. Para poder determinar las necesidades de financiación es necesario que introduzcamos datos previsionales, los cuales han sido los acordados con la dirección (Tabla 3.18).

TABLA 3.15. *Variación balances 2000/2001*

ACTIVO	2000	Pesos	2001	Pesos	Variación
Inmovilizado neto	103.132	13,79%	151.889	15,88%	48.757
Valor neto de las existencias	0	0%	0	0%	0
Realizable neto	512.457	68,50%	682.757	71,40%	170.300
Activos líquidos	132.484	17,71%	121.587	12,72%	-10.897
TOTAL ACTIVO	**748.073**	**100%**	**956.233**	**100%**	**208.160**
PASIVO					
Fondos propios	505.737	67,61%	649.360	67,91%	143.623
Exigible a largo plazo	0	0%	0	0%	0
Exigible a corto plazo	242.336	32,39%	306.873	32,09%	64.537
TOTAL PASIVO	**748.073**	**100%**	**956.233**	**100%**	**208.160**

TABLA 3.16. *Variación cuenta de pérdidas y ganancias 2000/2001*

	2000	2001	Variación
Importe neto de la cifra de negocios	**1.676.143,00**	**1.788.230,00**	**112.087,00**
Otros ingresos de explotación	0,00	30.050,00	30.050,00
Gastos de explotación	1.585.403,00	1.594.484,00	9.081,00
Resultados de explotación	90.740,00	223.796,00	133.056,00
Resultado financiero	-1.713,00	-7.694,00	-5.981,00
Resultado de la actividad ordinaria	89.027,00	216.102,00	127.075,00
Resultados extraordinarios	0,00	0,00	0,00
Resultados antes de impuestos	89.027,00	216.102,00	127.075,00
Impuesto de sociedades	22.423,00	72.474,00	50.051,00
RESULTADO NETO	**66.604,00**	**143.628,00**	**77.024,00**

TABLA 3.17. *Variación de las ratios en 2001 y 2002*

	2000	2001	Variación	V. Refer.
Rentabilidad	0,132	0,221	0,089	—
Margen neto sobre ventas	0,040	0,080	0,040	—
Rotación de los activos	2,241	1,870	-0,371	
Palanqueamiento	1,479	1,473	-0,006	—
Disponibilidad	0,547	0,396	-0,151	0,3
Autonomía financiera	0,676	0,679	0,003	0,3
Fondo de maniobra/activo circulante	0,624	0,619	-0,005	—
Liquidez	2,661	2,621	-0,040	1,3

TABLA 3.18. *Datos previsionales establecidos por ARQ*

	Año 2002	Año 2003
Porcentaje de crecimiento de la cifra de ventas	20%	20%
Obtención de una subvención de capital	15.000 €	15.000 €
Porcentaje previsto de crecimiento de los consumos de explotación	10%	10%
Porcentaje previsto de incremento de los gastos de explotación	10%	10%
Tasa prevista de incremento de los gastos de personal	10%	10%
Inversiones a realizar en inmovilizado	60.000 €	60.000 €
Importe previsto de las amortizaciones	57.691 €	63.691 €
¿Qué importe de dividendos quiere pagar?	50%	50%
No se prevé vender ningún inmovilizado		
No se prevé ningún gasto ni ingreso extraordinario		
No se prevé aumento en existencias		
No se prevé incrementar el plazo medio de cobro a los clientes		

El programa calcula la necesidad o excedente de financiación mediante los dos métodos siguientes:

• Balance previsional previo (activo-pasivo).

• Previsión de cobros y pagos.

Los resultados de los balances previsionales previos, cuenta de resultados y previsión de cobros y pagos son los que figuran en las Tablas 3.19, 3.20 y 3.21. Se observa que la diferencia entre activo y pasivo para el año 2002 es de 112.515,29 € *(1.156.361,09 € – 1.043.845,80 €).*

Resumiendo, calculamos las principales variaciones que se producen de 2001 a 2002 (Tabla 3.22).

TABLA 3.19. *Balance previsional 2002 y 2003*

ACTIVO		2002	Pesos		2003	Pesos
Inmovilizado neto		154.198,00	13,33%		150.507,00	11,24%
Inmovilizado bruto	401.242,00			461.242,00		
Amortizaciones y provisiones acumuladas	-247.044,00			-310.735,00		
Valor neto de las existencias		0,00	0%		0,00	0%
Realizable neto		819.308,40	70,85%		983.170,08	73,44%
Deudores y ajustes	819.308,00			983.170,08		
Provisiones por insolvencia	0,00			0,00		
Activos líquidos		182.854,69	15,81%		205.116,12	15,32%
TOTAL ACTIVO		1.156.361,09	100%		1.338.793,20	100%
PASIVO						
Fondos propios		841.056,93	80,57%		1.143.307,78	79,34%
Capital	60.101,00			60.101,00		
Reservas	445.631,00			445.631,00		
Resultados de ejercicios anteriores	72.628,00			197.824,93		
Pérdidas y ganancias	249.197,00			414.250,85		
Ingresos a distribuir en varios ejercicios	13.500,00			25.500,00		
Exigible a largo plazo		0,00	0%		0,00	0%
Exigible a corto plazo		202.788,87	19,43%		297.716,95	20,66%
Previsión del impuesto de sociedades a pagar	134.183,00			222.250,46		
Deudas financieras a corto plazo	0,00			0,00		
Otros acreedores a corto plazo	68.606,00			75.466,49		
TOTAL PASIVO		1.043.845,80	100%		1.441.024,73	100%

Un incremento del 20% de las ventas y de los principales gastos en un 10% llevaría a obtener un incremento del resultado del 73,50%. Para conseguir esto, tanto los balances como la previsión de cobros y pagos nos indican una necesidad financiera de 112.515,29 €.

¿Cómo se financia esta necesidad para el año 2002?

El resultado lo ilustramos en una propuesta de financiación, pudiendo ser a corto, largo plazo o una combinación de ambas. Ahora bien, el programa está diseñado de manera que sigue el criterio de que los fondos a largo plazo deben financiar:

a) Todo el incremento del activo fijo.

TABLA 3.20. *Cuenta de resultados previsional 2002 y 2003*

PH		2002		2003
Importe neto de la cifra de negocios		**2.145.876,00**		**2.575.051,20**
Subvenciones y otros ingresos de explotación		1.500,00		3.000,00
Gastos de explotación		1.754.763,30		1.930.470,53
Consumos de explotación	515.155,30		566.670,83	
Gastos de personal	511.944,40		563.138,84	
Amortizaciones	57.691,00		63.691,00	
Provisiones de explotación	0,00		0,00	
Otros gastos de explotación	669.972,60		736.969,86	
Resultados de explotación		392.612,70		647.580,67
Resultado financiero		-9.232,80		-11.079,36
Resultado de la actividad ordinaria		383.379,90		636.501,31
Otros resultados extraordinarios		0,00		0,00
Resultado antes de impuestos		383.379,90		636.501,31
Impuesto de sociedades		134.182,97		222.250,46
RESULTADO NETO		**249.196,93**		**414.250,85**

TABLA 3.21. *Previsión de cobros y pagos*

	2002	2003
+ Importe neto de la cifra de negocios	**2.009.324,60**	**2.411.189,52**
+ Subvenciones y otros ingresos de explotación	15.000,00	15.000,00
– Sueldos y salarios	511.944,40	563.138,84
– Pagos por compras y otros gastos de explotación	1.178.891,00	1.296.780,10
– Cuentas financieras a corto plazo	172.030,00	112.515,29
– Incremento de existencias..	0,00	0,00
– Gastos/Ingresos financieros	9.232,80	11.079,36
– Pago de inversiones..	60.000,000	60.000,00
– Pago de impuestos	72.474,00	134.182,97
– Pago de dividendos	71.000,00	124.000,00
– Incremento en activos líquidos	61.267,69	22.261,43
± Pagos(+)/Cobros(–) por otros resultados extraordinarios.................	0,00	0,00
EXCEDENTE/NECESIDAD FINANCIERA	**-112.515,29**	**102.231,53**

b) La corrección, además, de un desequilibrio preexistente que viene dado por las siguientes condiciones o restricciones:

- Fondo de maniobra ha de ser igual o superior al 15% del realizable neto.

- Capitales permanentes: ha de ser igual o superior al 40% del activo.

- Activo circulante: ha de ser igual o superior a 1,3 veces el exigible a corto plazo.

TABLA 3.22. *Principales variaciones de ARQ en 2001 y 2002*

	2001	2002	Variación	% Variación
Ventas	1.788.230	2.145.876	357.646	20%
Consumos de explotación	468.323	515.155,30	46.832,30	10%
Otros gastos de explotación	609.066	669.972,60	60.906,60	10%
Gastos de personal	465.404	511.944,40	46.540,40	10%
Resultado neto	143.628	249.196,63	105.568,93	73,50%

En nuestro caso, la necesidad de financiación de ARQ es pequeña, 112.515,29 € para 2002 y 102.231,53 € para 2003, en relación a los recursos propios que tiene, por lo que se considera que dispone de fondos a largo plazo suficientes, estimando que la financiación necesaria debe obtenerse a corto plazo, de manera que no da la opción de captar la financiación necesaria mediante financiación a largo plazo.

En función de lo anterior, la financiación necesaria para 2002 y 2003 la efectuamos a corto plazo, facilitando las siguientes posibilidades:

- Reducción de existencias.
- Aumento del plazo de pago a proveedores.
- Reducción del plazo de cobro a clientes.
- Descuento de efectos.
- Póliza de crédito.
- Crédito bancario.
- *Factoring*.

Considerando que no hay reducción de existencias, que los plazos a proveedores y a clientes no se alteran, las opciones son:

- Analizar si el banco concede una línea de descuento; si es así, conocer el límite máximo de descuento que se puede obtener por la entidad financiera.
- El resto de posibilidades serían: póliza de crédito, solicitud de préstamo a corto plazo o *factoring*. Suponiendo, por ejemplo, la posibilidad de agilizar los procesos administrativos de gestión de proveedores y de clientes, o bien que la empresa pueda continuar con el ritmo previsto de actividad con aquellos procesos, entonces el programa considera que sería interesante estudiar la posibilidad del *factoring*.

Por lo tanto, ante el supuesto de solicitud de un préstamo a corto plazo, el balance previsto que contiene la fuente de financiación elegida sería el que figura en la Tabla 3.23 para 2002.

TABLA 3.23. *Balance previsional ajustado 2002*

ACTIVO		2002	Pesos
Inmovilizado neto		**154.198,00**	13,33%
Inmovilizado bruto	401.242,00		
Amortizaciones y provisiones acumuladas	-247.044,00		
Valor neto de las existencias		**0,00**	0%
Realizable neto		**819.308,40**	70,85%
Deudores y ajustes	819.308,00		
Provisiones por insolvencia	0,00		
Activos líquidos		**182.854,69**	15,81%
TOTAL ACTIVO		**1.156.361,09**	100%
PASIVO			
Fondos propios		**841.056,93**	72,73%
Capital	60.101,00		
Reservas	445.631,00		
Resultados de ejercicios anteriores	72.628,00		
Pérdidas y ganancias	249.197,00		
Ingresos a distribuir en varios ejercicios	13.500,00		
Exigible a largo plazo		**0,00**	0%
Exigible a corto plazo		**315.304,16**	27,27%
Previsión del impuesto de sociedades a pagar	134.183,00		
Deudas financieras a corto plazo	112.515,29		
Otros acreedores a corto plazo	68.606,00		
TOTAL PASIVO		**1.156.351,09**	100%

¿Cuál es el plan financiero 2003 de ARQ?

A la vista de las previsiones que hemos comentando anteriormente para 2003 y que podemos resumir en la Tabla 3.24, exponemos el plan financiero.

TABLA 3.24. *Principales variaciones de ARQ en 2002 y 2003*

	2002	2003	Variación	% Variación
Ventas	2.145.876,00	2.575.051,20	429.175,20	20%
Consumos de explotación	515.155,30	566.670,83	51.515,53	10%
Otros gastos de explotación	669.962,60	736.969,86	66.927,26	10%
Gastos de personal	511.944,40	563.138,64	51.194,44	10%
Resultado neto	249.196,63	414.250,84	165.053,92	66,23%

Podemos comprobar que un incremento del 20% en las ventas y de los principales gastos en un 10% llevaría a obtener un incremento del resultado del 66,23%. En este caso, tanto los balances como la previsión de cobros y pagos nos indican que obtenemos un excedente financiero de 102.231,53 €, esto es, una buena noticia.

¿Cómo se invierte este excedente financiero para el año 2003?

El programa contempla la colocación de este excedente financiero en las siguientes posibilidades:

- Inversión en activos líquidos.
- Modernización del equipo productivo.
- Aumento del plazo de pago de los clientes.
- Inversiones en inmovilizado financiero.

Ahora bien, si consideramos como primera propuesta la inversión en activos líquidos hasta que éstos igualen al exigible a corto plazo que presenta la empresa en el balance previsional, evitaríamos posibles problemas financieros, asegurando la liquidez de la empresa, como mostramos a continuación:

- Exigible a corto plazo previsto: 297.716,95 €
- Activos líquidos previstos: 205.116,12 €
- Diferencia: 92.600,83 €
- Excedente a invertir en activos líquidos: 92.600,83 €
- Excedente sobrante: 9.630,70 €

Como podemos comprobar, después de invertir en activos líquidos existe aún un excedente que podemos colocar como inversión en inmovilizado productivo, en financiero o dedicarlo al aumento del plazo de cobro de sus clientes.

En lo referente a las otras opciones, la modernización del equipo productivo se puede considerar que no es obligatoria para este año, y para el aumento del plazo de cobro sería necesario conocer cuántos días se incrementaría, teniendo en cuenta que este aumento se convierte en un tanto por ciento del incremento respecto al plazo medio de cobro y en un valor monetario de la inversión. Si lo hiciéramos, únicamente podríamos ampliarlo en 1 día, esto es, de 120 a 121.

Así, no parecen medidas muy acertadas, por lo que se decide aplicar el sobrante de 9.630,70 € en inversiones en inmovilizado financiero buscando una adecuada diversificación entre valores de renta fija y variable. Por lo tanto, si suponemos que la opción elegida ha sido invertir el excedente financiero en activos líquidos y el resto en inmovilizado financiero, el balance previsto que contiene el mismo sería el presentado en la Tabla 3.25 para 2003.

TABLA 3.25. *Balance previsional ajustado 2003*

ACTIVO		2003	Pesos
Inmovilizado neto		**160.137,70**	11,11%
Inmovilizado bruto	470.872,70		
Amortizaciones y provisiones acumuladas	-310.735,00		
Valor neto de las existencias		**0,00**	0%
Realizable neto		**983.170,08**	68,23%
Deudores y ajustes	983.170,08		
Provisiones por insolvencia	0,00		
Activos líquidos		**297.716,95**	20,66%
TOTAL ACTIVO		**1.441.024,73**	100%
PASIVO			
Fondos propios		**1.143.307,78**	79,34%
Capital	60.101,00		
Reservas	445.631,00		
Resultados de ejercicios anteriores	197.824,93		
Pérdidas y ganancias	414.250,85		
Ingresos a distribuir en varios ejercicios	25.500,00		
Exigible a largo plazo		**0,00**	0%
Exigible a corto plazo		**297.716,95**	20,66%
Previsión del impuesto de sociedades a pagar	222.250,46		
Deudas financieras a corto plazo	0,00		
Otros acreedores a corto plazo	75.466,49		
TOTAL PASIVO		**1.441.024,73**	100%

Otras posibles simulaciones de ARQ

A modo de ejemplo, hemos desarrollado una simulación para los años 2002 y 2003 considerando unas situaciones bastante más adversas. Por ejemplo, el escenario donde las ventas y gastos se siguieran incrementando en un 20% pero se realizaran unas inversiones en inmovilizado productivo para 2002 y 2003 de 180.000 € cada año.

Los resultados muestran que para 2002 el beneficio sería solamente inferior en 1,75% respecto a 2001 y tendría una necesidad financiera de 333.968 € que podría financiarse con préstamos a largo y corto plazo, no generándose problemas graves. Únicamente habría que vigilar las tensiones en la liquidez, pero no quedaría muy endeudada.

Para 2003, el resultado sería un 20% mayor que en 2002, con una necesidad financiera de 504.358 € que también podría ser absorbida con préstamos a largo y corto plazo, no siendo tampoco los problemas graves. Igual que antes, habría que vigilar la liquidez y, en este caso, el endeudamiento sería mayor, pero sin correr riesgos extremos.

En ambos casos, el problema consistiría en refinanciar deuda de corto a largo plazo, para no generar tensiones en la liquidez.

Ficha técnica de las simulaciones a corto y medio plazo

La adecuada gestión financiera es fundamental para la supervivencia de la empresa, por lo que se deben realizar modelos de simulación con previsiones que permitan detectar las posibles necesidades financieras a futuro. En la medida de lo posible, cuanto más se ajusten estos datos a la realidad, mayor será la correspondencia con las necesidades de financiación reales y su posible cobertura.

Es conveniente que presentemos una *ficha técnica* que recoja las principales conclusiones parciales obtenidas de los *modelos de simulación* realizados para la empresa, los cuales ofrecen, en definitiva, las políticas estratégicas de financiación o inversión requeridas a futuro por la organización.

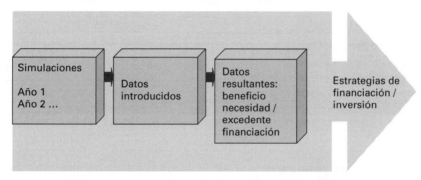

FIGURA 3.13. *Ficha técnica para la simulación financiera*

☛ Ilustramos la ficha técnica resultante de simulación a medio y corto plazo (Tabla 3.26).

PRESENTANDO EL INFORME ECONÓMICO-FINANCIERO

Una vez realizado todo el proceso de análisis (identificación de información, estudio de la liquidez, solvencia, rentabilidad, actividad-productividad, comparaciones con el sector, simulaciones, etc.) nos encontramos en condiciones de desarrollar el producto del mismo, esto es, dar una *opinión sobre la empresa*. Se trata por tanto, de elaborar un *informe del análisis* que transmita a los directivos de forma razonada las principales conclusiones alcanzadas por los investigadores.

TABLA 3.26. *Ficha técnica de simulación a corto y medio plazo de ARQ*

	Principales datos previsionales introducidos	Beneficio futuro	Necesidad o excedente de financiación	¿Cómo se financia o se invierte?
1 Simulación 2002	Incremento: ventas 20% y gastos 10% Inversiones inmov. 60.000	Aumento del 73%	Necesidad de 112.515	Se financia con fondos a corto plazo
1 Simulación 2003	Incrementos: ventas 20% y gastos 10% Inversiones inmov. 60.000	Aumento del 66%	Excedente de 102.231	Invierte en activos líquidos y en inmovilizado financiero
2 Simulación 2002	Incrementos: ventas 20% y gastos 20% Inversiones inmov. 180.000	Inferior al 1,75%	Necesidad de 333.968	Se financia con fondos a corto plazo
2 Simulación 2003	Incrementos: ventas 20% y gastos 20% Inversiones inmov. 180.000	Aumento del 20% del 2002	Necesidad de 504.358	Se puede financiar con fondos a corto y largo plazo
Conclusiones estratégicas				
ARQ se encuentra con la capacidad suficiente para poder acometer inversiones de gran envergadura, esto es, ampliar el negocio, adquirir otras empresas, etc., ya que puede conseguir la financiación necesaria aunque lógicamente esto lleva asociado un mayor riesgo.				

El objetivo de este informe puede ir desde la disminución de las incertidumbres del decisor hasta el suministro de recomendaciones a futuro. *Tanto la forma como su contenido deben cuidarse,* ya que es el producto de todo un largo trabajo que debe servir como una buena síntesis del mismo. Respecto a la forma, debe tratarse de un informe corto, concreto, legible y ordenado. Por lo que se refiere al contenido, lo fundamental es que responda al fin marcado dentro de la índole de un Análisis Integral en su vertiente económico-financiera.

¿Cómo elaboramos el informe del análisis económico-financiero? ¿Qué debe contener?

Es recomendable que para su elaboración nos apoyemos en las fichas técnicas confeccionadas en las fases anteriores, porque las mismas recogen síntesis y conclusiones parciales de las distintas etapas del proceso de análisis. Asimismo, el *esquema del contenido* se soporta en los cuatro puntos que pasamos a detallar:

a) *Presentación:* donde ponga de manifiesto el nombre, actividad, antigüedad y principales características de su organización.

b) *Información:* detalle de la información principal que ha utilizado para el análisis, así como los límites que se hayan podido encontrar, junto a cualquier otra relacionada con la fiabilidad y validez de los datos contables.

c) *Opinión:* constituye el núcleo del informe y debe recoger las conclusiones del proceso de análisis realizado en las distintas facetas como en la liquidez, solvencia, rentabilidad, actividad-productividad y planificación financiera. Para ello, nos basamos en la mayoría de los casos en datos calculados, por lo que podemos presentar en forma de tabla las ratios más importantes de cada área de manera que no dificulten la comprensión del informe.

d) *Recomendaciones:* aglutina las principales sugerencias que hagan los investigadores en vista a las conclusiones obtenidas. Algunas pueden estar condicionadas, ya que intervienen variables que escapan al alcance del analista. El objetivo es facilitar pautas, ideas, propuestas, consejos y políticas para que el directivo tenga un mayor margen de decisión.

Por último, es conveniente que figure la fecha de emisión del informe, ya que la misma sirve para indicar que las conclusiones establecidas se refieren hasta esa fecha, o lo que es lo mismo, hasta la información disponible en ese momento. El proceso queda visualizado en la Figura 3.13.

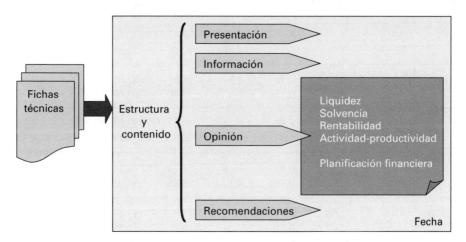

FIGURA 3.14. *Informe del análisis económico-financiero: forma y contenido*

☛ El informe del análisis económico-financiero para ARQ a fecha 1 septiembre de 2002 se presenta en la Tabla 3.27.

TABLA 3.27. *Informe del análisis económico-financiero de ARQ*

PRESENTACIÓN

La empresa objeto de análisis es ARQ S.A. Constituida en 1995, tiene como actividad la realización de trabajos de promoción, planificación, control, ejecución de obras y proyectos dentro del campo de la arquitectura y el urbanismo, siendo los tipos de proyectos básicos los edificios aeroportuarios, viviendas y edificios singulares.

INFORMACIÓN

La información que se ha utilizado son los balances de situación y las cuentas de pérdidas y ganancias para el periodo 1996 a 2001; además, se ha obtenido información de balances y cuentas de pérdidas y ganancias del sector. Respecto a esta última, se han tenido que realizar diferentes filtrados que hicieran viable y representativo un sector de referencia que permitiera realizar distintas comparaciones para al final utilizar, a efectos de comparación, dos marcos de referencia que se han denominado sector nacional (32 empresas) y sector provincial (9). Se trata de un conjunto de empresas de alta dinamicidad y rentabilidad, así como con unas características de tamaño algo por encima de ARQ pero dentro de sus posibilidades de crecimiento si observamos, por ejemplo, las cifras de recursos propios y empleos, entre otras.

OPINIÓN

Año		Lg	Li	R.A/R.P	Rt.E	Rt.F	Rot.A	P*
1996	ARQ	1	0	6,46	-0,47	-3,53	2,15	1,05
	Sector	1,82	0,75	3,91	12,04	52,88	1,82	1,44
1997	ARQ	1,37	0,57	1,87	28,61	82,05	3,09	1,62
	Sector	1,42	0,57	7,6	-1,48	-203,06	1,98	0,48
1998	ARQ	2,75	1,66	0,44	16,57	23,82	3	1,56
	Sector	1,47	0,42	4,88	6,3	27,47	1,81	1,3
1999	ARQ	2,72	0,65	0,46	5,74	8,4	2,02	1,01
	Sector	1,34	0,33	4,14	8,85	34,07	1,61	1,38
2000	ARQ	2,66	0,55	0,48	7,8	13,17	2,24	1,25
	Sector	1,42	0,35	3,06	10,6	31,33	1,74	1,43
2001	ARQ	2,62	0,4	0,47	15,02	22,12	1,87	1,59

* Lg: Liquidez general; Li: Liquidez inmediata; R.A./R.P.: Recursos ajenos/propios; Rt.E.: Rentabilidad Económica; Rt.F: Rentabilidad Financiera; Rot.A: Rotación Activos y P: Productividad.

TABLA 3.27. *Informe del análisis económico-financiero de ARQ (continuación)*

Liquidez	En líneas generales, no tiene problemas de liquidez sino más bien un exceso que le puede estar llevando a una pérdida de rentabilidad. Como justificación hemos comprobado que ARQ tiene un fondo de maniobra de 682.757 €, su ratio de liquidez general es de 2,62 y la de liquidez inmediata se cifra en 0,4, lo que demuestra una capacidad excesiva para hacer frente a sus deudas a corto plazo. Pero, además, consigue cobrar antes a sus clientes (137 días) que realizar el pago a sus proveedores (235), unido todo ello a una recuperación de la tesorería en un plazo inferior al mes. Por lo tanto, la liquidez es notoria, máxime tras la comparación con el sector, en donde se aprecian las altas cotas de líquido que presenta la empresa con ratios de liquidez general de 2,62 frente a 1,42 y de liquidez inmediata de 0,55 frente a 0,35 en 2000.
Solvencia	Presenta una solvencia suficiente para hacer frente a sus deudas, incluso podría considerarse excesiva, explicitado en el bajo valor de sus ratios de endeudamiento, junto a la no existencia de recursos ajenos a largo plazo. Por ejemplo, la ratio recursos ajenos / recursos propios es de 0,48 para 2000 frente al 3,06 del sector de referencia. Respecto a las deudas a corto plazo, se generan los recursos suficientes para hacer frente a las mismas, permitiéndole no tener problemas para conseguir financiación a corto o largo plazo. Resulta clara la situación de gran dinamicidad con expectativas de fuerte crecimiento sin ningún signo evidente de problemas en cuanto a la consecución de dichas estrategias vía créditos a largo plazo. Los fondos de amortización que tiene la empresa se han utilizado en parte para hacer frente a las deudas a corto plazo, pero en general no han sido bien aprovechados, perdiendo parte de rentabilidad, unido todo ello a una liquidez excesiva que no está siendo materializada ni en futuras inversiones de equipo ni en la compra de acciones, valores de renta fija, etc., en cuyo caso se habría incrementando la rentabilidad.
Rentabilidad	Queda constatado que las rentabilidades que está obteniendo son bastante aceptables; así, para 2001 la económica gira en torno al 15% (similar al sector) y la financiera el 22% (inferior al sector), pero sus recursos nos muestran que tiene capacidad suficiente para aumentar las mismas. Se encuentra muy poco apalancada (endeudada), siendo la rentabilidad económica superior al coste medio del pasivo exigible, lo que indica la posibilidad de endeudarse de manera que se consiga un incremento de su rentabilidad financiera.

TABLA 3.27. *Informe del análisis económico-financiero de ARQ (continuación)*

	También la ratio de rotación de capitales permanentes muestra que no se están gestionando adecuadamente, hay un exceso de recursos propios sobre ajenos, lo que está lastrando la posibilidad de obtener mayores rentabilidades, unido al poco aprovechamiento de las inversiones financieras existentes (mínimas y con poca rentabilidad).
Actividad-productividad	En líneas generales, la evolución de la actividad ha sido irregular, si bien se observa cómo en los últimos años presenta una tendencia al incremento. De nuevo, la ratio de rotación de activos muestra que el aprovechamiento de los recursos disponibles no ha sido malo, podría mejorarse (2,24 en 2000), pero aun así se observan claramente sus ventajas frente al sector (1,74 para 2000), debido en parte a un menor peso del inmovilizado sobre el activo total.
	En relación a la productividad, desde el punto de vista de los empleados, en las diferentes ratios se observa un comportamiento favorable y en términos globales es cercana al sector, mejorando en los últimos años.
Planificación financiera	Una gestión financiera adecuada es básica para la supervivencia de la empresa; por ello, los modelos de simulación que se han planteado han sido a partir de las previsiones establecidas por ARQ, que se caracterizaban por un incremento de las ventas del 20% y de los gastos en un 10% junto con unas inversiones en inmovilizado de 60.000 € para los años 2002 y 2003.
	Los resultados muestran cómo en situaciones normales se obtendrían unos importantes beneficios con aumentos del 73% y 66% por ejercicio, y las necesidades de financiación no serían muy grandes. De manera que para 2002 se estima una necesidad de 112.515,29 €, que se financiaría con fondos a corto plazo al tener una gran cantidad de recursos propios, y para 2003, en cambio, se generaría un excedente financiero de 102.231,53 € que debería invertirse.
	Todo lo anterior pone de manifiesto que la empresa se encuentra con la capacidad suficiente para poder acometer inversiones de gran envergadura, esto es, ampliar el negocio, adquirir otra empresa, etc., ya que puede conseguir la financiación necesaria aunque lógicamente esto lleva asociado un mayor riesgo.
	Incluso se han planteado modelos de simulación para 2002 y 2003 en presencia de situaciones adversas, pudiéndose comprobar que tiene capacidad suficiente para afrontarlas.

TABLA 3.27. *Informe del análisis económico-financiero de ARQ (continuación)*

RECOMENDACIONES	
Resumen conclusiones	ARQ S.A. muestra claramente una *elevada liquidez,* como se refleja en diversas ratios consideradas; además, ésta no queda justificada por problemas de renovación de equipos, ni de deudas a corto plazo. A esta situación se añade su grado de endeudamiento, relativamente pequeño, no existiendo pasivo a largo plazo, por lo que tiene un exceso de recursos propios, *está demasiado capitalizada.* En esta línea, *tiene un apalancamiento positivo* que le está llevando a una rentabilidad económica inferior a la financiera y bastante superior al coste del pasivo exigible. Además, los modelos de simulación para años venideros muestran que si sigue en la misma situación *tiene capacidad suficiente para afrontar lo que se proponga,* pero si no toma medidas, todo ello le puede provocar una pérdida de rentabilidad; por ello, presentamos algunas políticas para aprovechar esta situación y a la vez evitar posibles rémoras en el futuro.
Políticas	Teniendo en cuenta el análisis económico-financiero, primera perspectiva del Análisis Integral, las políticas a desarrollar serían: *Crecimiento:* Intentar expandirse en otros negocios, mercados, actividades, etc. Habrá que estudiar las diferentes posibilidades, teniendo en cuenta la información extraíble del análisis del sector que hemos realizado. *Diversificación de mercados:* hay que resaltar la favorable situación del mercado próximo, resumida en el avance de infraestructuras aeroportuarias y terrestres en la zona sur y comunidad de Castilla-La Mancha, máxime si tenemos en cuenta que no existe una competencia directa en cuanto a actividad, cifra de negocio y tamaño para ARQ, por lo que se abre un formidable mercado justo a unos pocos kilómetros de esta empresa. En este sentido, otras zonas castellanas presentan situaciones similares, que debieran ser tenidas en cuenta en un posible crecimiento del negocio. *Diversificación de clientes:* presenta un volumen considerable de su cifra de negocios sesgado hacia un solo cliente, AENA, por ello en su crecimiento debiera procurar ampliar su cartera evitando con ello riesgos. Esta política está directamente relacionada con la anterior propuesta. *Inversión:* si la opción anterior resulta no demasiado viable, al menos ha de adoptarse una adecuada estrategia para invertir los fondos en acciones, valores de renta fija, construcción, etc., con lo que se consiga incrementar la rentabilidad. *Disminución de los recursos propios:* mediante el reparto de dividendos en una mayor proporción, siempre y cuando no se realicen algunos de los proyectos de crecimiento anteriores.

Visión de capital intelectual

4 Necesidad de información: diseño, tabulación y tratamiento de cuestionarios

---

INTRODUCCIÓN

Esta segunda fase del Análisis Integral gira en torno al conocimiento y gestión del valor futuro de su empresa. Nos enfrentamos, pues, directamente con la praxis de nuestro método, debiendo responder a la labor de medición iniciada, si bien debemos centrarnos ahora, como razonaremos a continuación, en los intangibles. Para el desarrollo de este trabajo hemos diseñado un *método de recogida de información* completo que responderá a todas sus necesidades. Dicho de otra forma, en las siguientes páginas mostraremos al decisor o gestor el corazón de esta obra, por primera vez y huyendo de posibles encasillamientos en un mero análisis financiero, los investigadores muestran un camino a seguir para responder a cuestiones sobre el verdadero valor de su empresa y su evolución a futuro. Por estas razones surge el *análisis de los activos intangibles* y por ende una nueva información necesaria para su tratamiento, ya que las medidas convencionales ofrecidas desde la contabilidad se muestran insuficientes para emprender esta propuesta. Esta perspectiva combinada con esa información primigenia dará sus frutos en lo que hemos denominado Análisis Integral.

En la trilogía en que se soportaba el método de Análisis Integral expuesto al comienzo de esta obra, se encontraba la *perspectiva de capital intelectual,* la cual trata de responder con mayor claridad a las cuestiones sobre el valor de la organización. Podemos, pues, comenzar por definir los componentes de capital intelectual; aunque éste será el fin esencial del siguiente capítulo, no está de más establecer el *esbozo del modelo* de capital intelectual del que partimos y que se divide claramente en *dos factores: los estructurales y los humanos*. En este caso, será útil recordar una anécdota ocurrida con nuestros alumnos de postgrado de un programa sobre capital intelectual en que fueron interrogados sobre la posible diferencia entre el valor contable y el real de una organización y los factores en que soportaban su juicio: la totalidad de ellos respondieron afirmativa y rotundamente que existe una diferencia entre los citados valores, y todos también coincidieron en que los factores se debían a los recursos humanos de los que disponía la empresa (cualificación, motivación…) y a otros factores que se resumían en la cartera de clientes, la innovación, investigación y desarrollo, la cartera de productos, los controles de calidad aplicados…, es decir, cuestiones todas ellas relacionadas con la estructura de la organización.

Pues bien, parece claro que ese valor real debe calcularse en función de estos factores, pero no adelantemos acontecimientos, ya que es ése el objeto de la visión de modelos de empresa. Primero debemos establecer una forma de medir estos factores y, más aún, hay que definir un proceso de recogida de información que permita hacerlo, ya que de la misma forma que la contabilidad tradicional no asegura una buena respuesta para medir el valor real de una organización, no lo será tampoco para medir los factores que la explican, o dicho en lenguaje técnico, no será lo suficientemente válida para cuantificar los intangibles.

Es así como en esta fase de aplicación, una vez conocida la organización por los investigadores, deben abordar un proceso de recogida de información con el fin último de generar los indicadores de capital intelectual. Este método se soporta en la *generación de cuestionarios* que en su diseño deben contemplar los objetivos mencionados y posibilitar la obtención de una información suficiente en calidad y en cantidad. Por ello, serán diferentes a los que se utilicen después para el mantenimiento del Análisis Integral, ya que ahora tratarán de responder a dos carencias básicas en los datos: por una parte, la *disposición de información en el periodo sobre el que descansa la encuesta o entrevista;* y, por otra, *la historia* o evolución pasada de dicha información, que es precisa en una visión dinámica como la que encuadra el Análisis Integral. Una vez superada la segunda cuestión, en el mantenimiento futuro que se realice no precisará más su estimación, sino que será la actualización de la información periodo a periodo mediante encuesta lo que aumente el número de observaciones para poder trabajar con herramientas como los modelos matemáticos que ya hemos citado.

Siguiendo una estructura que trate de arrojar luz sobre los interrogantes propuestos, vamos a dividir este capítulo en el diseño y aplicación de los cuestionarios, para presentar después de su tratamiento el informe sobre los resultados. Permitirá, en primer lugar, *definir la cultura de la organización,* y luego, servir de *banco de datos* para la génesis de los indicadores sobre intangibles, meta que abordaremos en detalle en el siguiente tema (Figura 4.1).

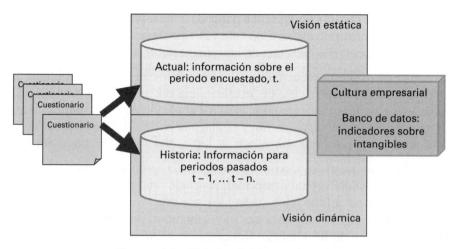

FIGURA 4.1. *Objetivo de los cuestionarios*

DISEÑO Y TIPOS DE CUESTIONARIOS

El primer interrogante al que debemos dar solución sería el siguiente: *¿por qué debemos realizar cuestionarios?* Evidentemente la respuesta se circunscribe a la *necesidad de "otra" información.* Los directivos saben que con los datos contables externos e internos convencionales existen graves carencias para conocer y gestionar el verdadero valor real de la organización, por ello debemos generar nuevos datos sobre la compañía que permitan tapar este agujero. Entre los diversos métodos posibles contamos con la *elaboración de mediciones internas*[1] junto al *desarrollo de cuestionarios* que ofrezcan una cuantificación sobre aspectos subjetivos que afectan al valor de la compañía o sobre aspectos objetivos no medidos por los métodos tradicionales.

En lo referente a las *mediciones* podemos incluir ciertos valores que serán necesarios para cubrir con éxito la siguiente fase de generación de indicadores de intangibles y que la empresa debe incorporar; entre ellos, por ejemplo, destacamos los siguientes:

- Una *escrupulosa y detallada medición horaria,* que obedezca a las tareas o actividades que incorporan en la actualidad los incipientes sistemas de gestión y que deben contabilizar, al menos, el total de horas trabajadas y la dedicación de cada una de ellas mediante asignación de cada trabajador y agregación final a las siguientes tareas: formación recibida, formación impartida, control de calidad del producto, servicio al cliente e investigación, así como todos aquellos que conformen tareas relevantes dentro de la peculiaridad de cada organización.

---

[1] Las empresas pueden y deben realizar un adecuado sistema de contabilidad de gestión.

• El *coste de la hora,* conseguido a partir de la relación de los costes directos y el total de horas trabajadas. Con este valor podremos fácilmente convertir en unidades monetarias cada una de las tareas establecidas en el punto anterior.

En cualquier caso, si este esquema no se corresponde con los usos habituales de su compañía, no se preocupe; acaba de justificar, una vez más, el uso de cuestionarios para conseguir al menos una aproximación o estimación de estos valores en los últimos años de vida de su organización y también la posibilidad de disponer de datos que nos permitan la posterior generación de indicadores para los intangibles.

Como ha quedado ilustrado, son muy numerosas las carencias de información dirigidas a la medición del capital intelectual, las cuales van desde los agujeros de los actuales sistemas de información padecidos por una compañía hasta los índices subjetivos que en muy pocas ocasiones son elaborados, por ejemplo, un índice que mida la satisfacción de los clientes. Debemos pues, *diferenciar entre los tipos de cuestionarios que realicemos:* su diseño, su población objetivo y la forma de desarrollar los mismos, porque en función de ello obtendremos la información válida para la confección de los indicadores oportunos.

Es así como estableceremos toda una familia de contenidos que se ciñen esencialmente a los indicadores sobre intangibles que queremos medir. Por ello este tema puede ser completamente entendido cuando uno consulta el modelo y los componentes del capital intelectual detallados en el siguiente capítulo. Sin embargo, dado el tratamiento pedagógico que seguimos, debemos abordarlo aquí, no sin complicaciones, que trataremos de exponer simplificadamente. Para ello, vamos a diferenciar los cuestionarios según las siguientes problemáticas: tipo de componente o valor; población objetivo; dato final y posición del investigador.

Tipo de componente o valor: Esencialmente vamos a diferenciar dos destinos de los cuestionarios o encuestas que podemos aplicar a la medición del capital intelectual. Por una parte el *factor humano*, relacionado con características de los recursos humanos de mi organización: formación, motivación, sistema retributivo, flexibilidad horaria, formas contractuales, temporalidad, clima laboral o sistema de promoción configuran este aspecto. En el otro lado, el *factor estructural,* donde se intenten medir caracteres propios a la estructura, como la imagen corporativa, la satisfacción de la cartera, la participación y acceso de la plantilla al sistema decisional, la implantación y desarrollo de las nuevas tecnologías, el espacio físico de trabajo, etc.

Es un hecho que la diferencia entre ambos no es tan discontinua; así, existen factores que presentan una gran relación y que pueden participar en ambos tipos de cuestionarios: por ejemplo, si tratamos de medir la productividad o el mismo indicador sobre participación de la plantilla en el sistema decisional, puede estar justificado en ambos destinos, humano y estructural, pero como veremos a continuación, sí que parece clara la relación entre estos tipos y la población objetivo del cuestionario.

Además, en el tipo estructural suelen incluirse cuestiones que persiguen directamente el dato final, como por ejemplo un valor final de un indicador o el valor estimado de mercado de la organización. Para el caso del factor humano es en cambio habitual el uso de preguntas cualitativas que se van a cuantificar por intensidad en una escala prefijada para después obtener el dato final.

Población objetivo. De acuerdo a la diversidad organizativa, en su compañía podrán dirigirse los cuestionarios a diferentes escalas o categorías que al menos contendrán la dicotomía *trabajador* versus *empresario o empleador*. El primero coincidirá con la población objetivo de las encuestas que se dediquen primordialmente a la medición de factores humanos y el segundo grupo, por su parte, se dirigirá fundamentalmente al factor estructural, dada la visión y capacidad de los empleadores en los asuntos generales y estructurales de la organización. A pesar de lo indicado, nosotros pensamos que unos buenos resultados podrán conseguirse de la mezcla de ambas poblaciones, aunque siempre relativizadas en la dirección apuntada, es decir, recursos humanos y aspectos coyunturales hacia la plantilla y los aspectos estructurales hacia los gerentes.

La dualidad presentada puede y debe extenderse a más escalas dependiendo del grado de jerarquización de la organización.

Dato final. Este tipo de diferenciación del cuestionario obedece más al producto que se quiere obtener. Esto es, conseguir una información que sirva para la obtención del *nivel* de un indicador cualquiera o bien para la estimación de la *evolución* del mismo durante un periodo determinado. Es cierto que es ésta una variante independiente de las anteriores, sin embargo, respecto a la segunda clasificación sí que presenta una tendencia hacia posiciones altas de la población en el sistema jerárquico conforme se aumente el periodo sobre el que medimos la evolución, es decir, que cuando se quiere recoger una información más estructural, por ejemplo, la evolución de tal indicador para cinco años, resulta más preciso dirigirse a una población menos temporal y que conoce mejor la información. Por tanto, estarán en ventaja los directivos o empleadores a la hora de explicar las diferentes tendencias o evoluciones de los indicadores.

Posición del investigador. Evidentemente hablamos del investigador posicionado cara al sujeto interrogado, pues es aquél, como grupo o persona, el que debe realizar el cuestionario para la posterior medición, lo cual siempre ofrece garantías de objetividad.

Si bien, hecha esta aclaración, la forma de dirigirse a la población objetivo puede desarrollarse de dos formas: la *directa y nominal*, en cuyo caso nos encontraremos ante una entrevista personal, será la recomendable para los asuntos estructurales y de evolución de indicadores, donde se incluirán otras formas de control que se circunscriben al panel de expertos o respuesta de control de grupo que después trataremos con más detalle. Se soporta en el buen conocimiento, como gestor, de la empresa, y en la

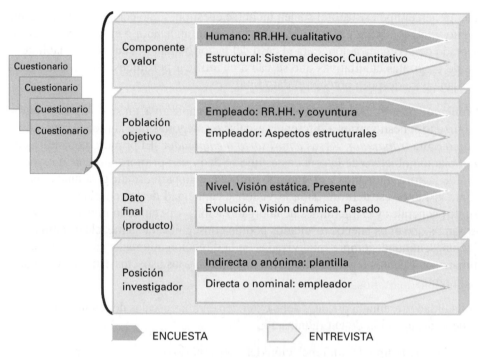

FIGURA 4.2. *Clasificación de cuestionarios*

relación más directa que tendrá con el investigador, además de la importancia de los datos recogidos, a veces de nivel y habitualmente de evolución, que deben ser bien centrados y explicados por el investigador para que sean útiles. En el otro lado, contamos con la forma *indirecta y anónima*, que persigue aislar al sujeto objetivo mediante una encuesta general donde la información primordialmente es subjetiva y aparentemente comprometida para la población objetivo; por ello, es habitual su uso en la recogida de información sobre recursos humanos, datos de nivel e incluso en estimaciones de evolución. En estos casos, debe cuidarse la total independencia entre investigadores y directivos sobre el diseño de la encuesta y sobre todo en su aplicación, lo cual será visto como un factor de complicidad con el sujeto objetivo y mejorará la veracidad de los resultados.

En el proceso de diseño de los cuestionarios para la elaboración de los indicadores de capital intelectual habremos de tener en cuenta todas las clasificaciones y usar un compendio de ellas para conseguir la máxima fiabilidad en los mismos. Por otra parte, en cuanto al *calendario,* el mejor momento para su realización son los meses de enero y febrero, ideales para recoger la información del periodo anual pasado recientemente y tratado desde nuestra metodología[2].

---

[2] Sobre el calendario de la metodología se hablará más detalladamente en el capítulo final.

☞ El diseño del método de recogida de información para la empresa ARQ resulta de la combinación de una encuesta y una entrevista personal de acuerdo a su realidad organizativa en dos grupos bien diferenciados de la plantilla: el de los trabajadores y el de los socios. En la primera, recaía principalmente el componente humano de los intangibles; en la segunda, se perseguían tanto factores estructurales como de valoración que sólo podrían conocer los gestores de la empresa.

Una vez realizadas y explotadas tales encuestas y la entrevista con diversos métodos para tratar de dotarlas de máxima objetividad y, por ende, de veracidad, se obtendrán unos resultados que nos servirán para establecer las líneas definitorias de la cultura empresarial y también para la elaboración de indicadores de capital intelectual adecuados para la empresa con la selección y determinación de los valores posibles esta posibilidad subyace tanto en la juventud de la empresa como en la actividad y conocimiento de la misma. Con el objeto de conseguir mayor número de observaciones, dada su relativa corta historia (desde 1995), intentamos llevar a la frecuencia semestral tales medidas para lograr posteriormente resultados robustos en el modelo que implementaremos en la fase final.

Una vez comentado sintéticamente nuestro objetivo, debemos empezar señalando cuál es la situación de partida relativa a la información generada por ésta. Así, hay que comentar que es bastante buena en términos de calidad y cantidad de indicadores, ya que, y a pesar de su relativa mocedad, se ha venido mostrando especialmente interesada por todo lo relativo a la calidad en su organización, así como hacia la medición de intangibles, lo que se refleja tanto en el plan de calidad realizado por la misma como por los indicadores ya confeccionados relativos a intangibles, muchos de los cuales siguen la estructura de nuestros trabajos publicados —Nevado y López (2002)—, lo que hace más fácil la homogeneización final. Sin embargo, tanto la inexperiencia de la empresa como la de los modelos de medición de intangibles plantean la necesidad de desarrollar instrumentos alternativos que proporcionen medidas sobre los mismos.

Así, hemos realizado una batería de cuestionarios que podrían clasificarse en dos bloques: el dirigido a la plantilla, que se diferencia a su vez en el tipo A (trabajador afiliado al régimen general de la Seguridad Social) y el tipo B (profesional que trabaja para la compañía); y por otra parte, la entrevista personal dirigida a los socios-directivos de la misma, que después analizaremos.

📖 De acuerdo a las clasificaciones presentadas y sin entrar en las posibles situaciones intermedias, parece oportuno diferenciar dos tipos globales de cuestionarios que dependiendo de la complejidad de su organización podrían expandirse, pero siempre guardando las características propias del grupo referente o más cercano. Estos tipos globales serán la *encuesta de la plantilla* y la *entrevista personal a los directivos* (véase Figura 4.2).

La encuesta de la plantilla, como su nombre indica, se concreta en uno o varios *cuestionarios* similares adaptados a los tipos o escalas diferenciadas en la organización, siendo indirectos y anónimos, tratando información principalmente de nivel, sobre indicadores sesgados fundamentalmente hacia los recursos humanos, si bien deben introducirse además las opiniones relevantes sobre la estructura, como las que hacen mención al espacio de trabajo e instalaciones, situación tecnológica o imagen corporativa. Por último, dependiendo de la antigüedad de la plantilla, pueden incorporarse algunas opiniones genéricas sobre evolución de algunos indicadores, o incluso no llegar tan lejos recogiendo una simple percepción generalista sobre la dinámica de grupos de indicadores relacionados para poseer una información de contraste y control respecto a la recogida desde otra fuente, como bien podría ser la opinión de los directivos. La encuesta debe ser breve, contestable en un máximo de 30 minutos, y tendremos que utilizar cuestiones soportadas en escalas de intensidad que luego serán fácilmente codificables; al no tratarse de una entrevista, el control sólo será posible a través de cuestiones filtro o trampa, intercaladas en el cuestionario.

Al menos resulta conveniente advertir de una situación que se produce en estos sondeos, que es la visión sesgada de los extremos; en otras palabras, suele existir un umbral máximo y mínimo en las mediciones de intensidad que provoca apreciaciones hacia los centros o valores medios. Por otra parte, en los análisis evolutivos de comparación de ejercicios, el año actual, ante situaciones similares, no es superado por ninguno de los anteriores, ya que tendemos a olvidar pronto, es decir, ante panoramas de estabilidad, no somos capaces de diferenciar distintos periodos y si lo hacemos es a favor de los más recientes.

Por último, queda advertir al lector que no es el diseño o el arte de realizar cuestionarios el fin de esta obra. Recomendamos para tal fin algunos de los manuales incluidos en la bibliografía; no obstante, hemos reproducido un ejemplo íntegro para la empresa ARQ, e incluido todos los cuestionarios utilizados, que pueden consultarse en el anexo.

☛ Concretando sobre los resultados de la encuesta a los trabajadores, determinaremos algunas consideraciones y formas a tener en cuenta para la exposición de los mismos:

- Hemos numerado los resultados siguiendo el orden de las cuestiones de la encuesta.

- Se ofrecen los mismos de forma independiente para los trabajadores tipo A y B, así como el resultado compuesto. En los gráficos presentados el indicador sobre el que se recoge la información muestra un valor entre 1 y 5, siendo por tanto el valor medio el 3 y considerándose los mismos como mejores en torno al 5 y los peores en torno al 1, si bien en cada caso serán convenientemente explicados.

- Estos valores serán el resultado medio para el ejercicio 2002.

- El valor de los indicadores de intangibles será obtenido por la ponderación de varios de ellos, y en su caso, el resultante de las entrevistas de socios transformados a escala porcentual. El método será descrito en la confección de indicadores.

- La estructura de la encuesta rige la de los resultados, si bien además de los tres bloques previstos incluimos al final de cada uno la apreciación histórica conjunta de los mismos, que en este caso se mueve en la escala de 1 (mucho peor que el ejercicio 2002) a 9 (mucho mejor que 2002), siendo el punto central el 5 (igual que 2002).

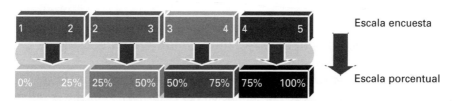

FIGURA 4.3. *Escalas y transformación*

Presentación de resultados. *La encuesta de la plantilla*

Este cuestionario fue realizado para el total de la plantilla por los propios investigadores, si bien de forma anónima y contestado por un total de 22 empleados de los que 12 eran pertenecientes al grupo A (ver cuadro de trabajadores). La estructura de la misma, incluida completamente en el anexo, se mantiene en torno a cuatro bloques bien diferenciados:

1. Motivación y satisfacción con su trabajo; incluye los capítulos de remuneración, flexibilidad horaria, formación recibida y expectativas laborales.

2. Bondades sobre el espacio físico y el clima laboral: espacio, mobiliario, tecnologías, relaciones, trato de los superiores, conocimiento de los proyectos, productividad y decisiones estratégicas; serían los principales interrogantes resueltos.

3. Imagen de la empresa, tanto desde el exterior como del interior; es la principal cuestión, incluyendo una valoración muy apreciable sobre el grupo de directivos, su eficiencia y su gestión.

4. Por último, como respuesta a la necesidad antes argüida de historia de los indicadores se presentan unas tablas sobre los tres bloques anteriores, que muestran de forma indirecta tanto la evolución de los indicadores como la antigüedad de la plantilla, si bien en este caso se ha preferido su inclusión al final de cada uno de los tres bloques cuestionados.

TABLA 4.1. *Clasificación de trabajadores de ARQ*

	Socios	Grupo A	Grupo B
Auxiliar	—	2	—
Delineante	1	2	—
Arquitecto técnico	2	5	2
Arquitecto	2	2	8
Otros	2	1	—
TOTAL	**7**	**12**	**10**

Bloque 1: Remuneración, horario, motivación y satisfacción

Pregunta 1. Satisfacción de la plantilla con el trabajo que realiza[3] (los resultados obtenidos en este bloque pueden resumirse en la Figura 4.4). Persigue la valoración general del trabajador sobre su trabajo realizado, a todos los niveles, ya que no se especifica. Los resultados son bastante positivos, para ambos grupos por encima de la media, si bien en el caso de los profesionales (tipo B) la satisfacción es superior, rozando el nivel cuatro, esto es, a caballo entre la media y el rango de excelente (en escala porcentual, un 70%). Considerando a toda la plantilla en conjunto, observamos un comportamiento positivo, con una buena actitud ante el trabajo, lo cual no es óbice para presentar valoraciones inferiores ante determinadas particularidades, como nos permitirá el seguimiento de inmediatas respuestas.

Preguntas 2 y 3. Valoración del horario semanal. Quisimos en la fase de confección del cuestionario distinguir entre la duración y la flexibilidad del mismo, es decir, un horario a pesar de su extensión puede ser flexible, como el caso extremo de un profesor universitario en el que ambas opciones llegan al máximo y, a la vez, puede ser relativamente corto, pero rígido, como el caso del funcionario clásico. Pues bien, podemos observar que ante la cuestión de la satisfacción con el horario, los trabajadores muestran un descontento general, eso sí, mucho más acusado para los que se encuentran como plantilla contratada (tipo A). Es uno de los indicadores más críticos, situado en escala porcentual en torno al 15% de satisfacción del primer grupo y sólo elevándose al 22% si consideramos al conjunto de trabajadores.

La pregunta 3 del cuestionario arroja algo de luz sobre el asunto, ya que la mayor discordancia se sitúa en la duración de la jornada semanal y no tanto en la flexibilidad. Una posible política a adoptar radicaría en la viabilidad de realizar parte del trabajo en o desde el domicilio por parte de la plantilla, así como la contratación de más personal, si bien esta última llevaría implícitos mayores costes.

---

[3] Esta numeración y explicación se corresponde con los cuestionarios de los trabajadores que figuran completos en el anexo.

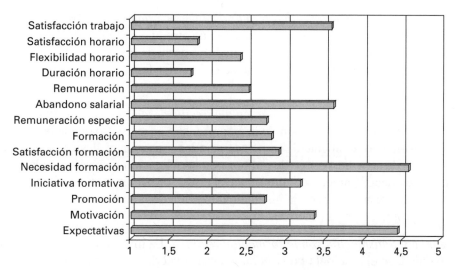

Figura 4.4. *Resultados encuesta (total plantilla): bloque 1*

Pregunta 4. Adecuación del salario desde la perspectiva del trabajador. Volvemos a utilizar la pregunta filtro para intentar medir un aspecto tan delicado como resulta la adecuación salarial del trabajo desde la perspectiva del trabajador, para lo cual se introducen dos cuestiones: una directa y otra indirecta, en donde se trata de medir el límite de volatilidad (rotación del trabajador ante el salario) que comentamos en la siguiente cuestión. En definitiva, se observan valores cercanos al 3, lo que quiere decir que, en general, se considera adecuada la remuneración recibida por el trabajador, reproduciéndose una vez más un hecho diferencial entre los dos grupos, quedando más conforme el de los profesionales.

Pregunta 5. Disposición para abandonar el trabajo por un puesto de similares características con mayor remuneración. Intentamos medir, ahora, el umbral de rotación del trabajador debido al salario, resultando en ambos casos elevado. Haciendo notar la deliberada concreción del cuestionario en donde se presumía como un umbral alto el 40% de aumento sobre la retribución actual, pero también real; el grupo quedó con un umbral del 34,3%, siendo muy similares los alcanzados por los subgrupos (tipo A un 33,75%, y tipo B un 35%)[4]. En definitiva, la sensibilidad salarial respecto al trabajador no es muy volátil, dicho de otra forma, considerando sus expectativas y posibilidades en el sector, la remuneración no parece ahora tan mala.

---

[4] Estos valores han sido calculados tomando el valor 3, en la escala 1-5, para el abandono de su trabajo por otro similar con una remuneración superior en un 25% y el 4 para una remuneración superior en un 40% (véase anexo).

Pregunta 6. Valoración respecto a otro tipo de remuneraciones: en especie, social... Se trata de una simple cuestión de valoración de otro tipo de remuneraciones, no incluidas en la nómina. La visión es desigual por parte de los grupos, recibiendo un aprobado por el tipo A en cuanto a su adecuación, siendo muy inferior en el caso de los profesionales.

Pregunta 7. Valoración de la formación que recibe desde su empresa. El objeto es calificar la política de formación de la empresa, que en este caso queda bajo la media y de forma no realmente diferenciada para los grupos. Nos lleva a pensar en la posibilidad de activar este tipo de política con la obligación y no sólo con la incentivación, es decir, parece necesitarse un plan de formación para la plantilla a la vista de estos resultados, con la institucionalización de la formación proporcionada desde la propia empresa (interna).

Pregunta 8. Satisfacción con la formación recibida. La misma queda en valores de normalidad, en el caso del tipo B es más acusada la crítica, aunque, en general, parece estar en torno al aprobado. Lo cual nos lleva, una vez más, a las conclusiones de la cuestión anterior si queremos mejorar este indicador.

Pregunta 9. Creencias sobre la necesidad de la formación para el desarrollo de la vida laboral. El cuadro referente a formación queda complementado con esta cuestión; en ella, el acuerdo es total en lo referente a las necesidades de ésta para poder desarrollar el trabajo y a la vez como acicate para un plan activo de formación en el que exista la "obligación", lo cual no imposibilita políticas de incentivos directos o la contraprestación con remuneraciones complementarias.

Pregunta 10. Valor de otras iniciativas formativas: cursos externos, idiomas, etc. Por último, el respaldo hacia ese nuevo tipo de formación queda recogido por esta cuestión, donde se aprueban complementos formativos para el personal, si bien en este caso el tipo B ofrece un valor medio inferior al A.

Pregunta 11. Calificación del sistema de promociones de la empresa. Muestra índices inferiores a la media, superiores para el grupo A. Avala la necesidad de un sistema dinámico percibido por la plantilla que recoja el espíritu de las estrategias formativas. No obstante, parece lógica la posición de los contratados al poder, en esos casos, ascender hacia otro tipo de figuras como la de arquitecto.

Pregunta 12. Motivación con el trabajo. Volvemos a cuestionar, ahora de forma directa, sobre la motivación del trabajo realizado, y en consonancia con la primera, los encuestados vuelven a contestar con posiciones similares entre grupos, pero inferiores a aquélla. Sobre todo, esta diferencia se debe a la necesaria lectura del cuestionario que ha influido sobre la respuesta, así como la mayor especificación de la misma. Por lo que respecta a los valores, vuelven a situarse por encima del 3, alcanzando en escala porcentual un 65% el grupo B, 54% el A y 59% el total de los trabajadores.

Grupo de preguntas 13, 14 y 15. Tipo B: Expectativas laborales. Por último, vamos a centrarnos en las cuestiones referentes a la estabilidad y las expectativas de los trabajadores, que fueron diseñadas de forma diferente al incluir en el caso B una cuestión sobre la posibilidad de incorporarse al grupo A, esto es, renunciando a la figura de profesional. Esta pregunta, la 13 del cuestionario B, fue contestada afirmativamente en un 80% y considerada como plausible en el medio plazo en otro 10%, es decir, que sólo el 10% restante (un encuestado) estaba convencido de su continuidad como profesional en la empresa. Entrando en la valoración de expectativas de ambos grupos, se persigue la permanencia, estabilización y promoción en la misma empresa; así, por ejemplo, en el grupo A sólo una persona se plantea la promoción externa e incluso la posibilidad de independizarse con un despacho propio. En el mismo caso se encuentra otra del grupo B, a pesar de contestar que sí le gustaría pasar a ser de plantilla; por tanto, la rotación externa es baja. Para terminar, ante la cuestión del contrato indefinido o la permanencia indefinida, como posibilidad preferencial el porcentaje se muestra claramente a favor de ellas, con un 64% de síes en el tipo A y un 75% en el B.

Del bloque 4. Historia: descripción valorativa

Para el análisis histórico de este bloque, de igual forma que para el resto, debemos contar con una mínima información del conjunto de la plantilla. Analizando los resultados, sólo una persona perteneciente al primer grupo ha permanecido desde 1996, por lo que este periodo se ha desestimado, ya que hemos minimizado hasta dos opiniones para el cálculo final. Por otra parte, se constata la existencia de una mayor antigüedad para los trabajadores del tipo A: aproximadamente el 50% tiene unos 3 años de antigüedad quedando en 2 años el tipo B; ninguno contesta más allá de 1999.

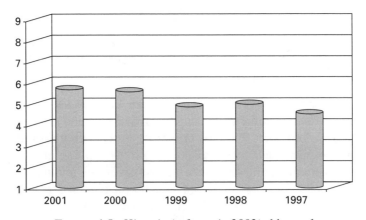

FIGURA 4.5. *Historia (referencia 2002): bloque 1*

En el bloque 1 observamos cómo en los ejercicios 2001 y 2002 todos los trabajadores perciben mejores condiciones, motivación y expectativas que en el año de referencia (2002, representado por la línea 5 de la figura 4.5). Sin embargo, a partir de 1999, y con las limitaciones que acarrea una muestra algo insuficiente, la tendencia es al recuerdo de ejercicios peores al actual valorado, el 2002. La justificación de lo anterior puede residir en que algunas mejoras introducidas en el periodo 2000-01 se han valorado positivamente en relación a los años iniciales, llegando a un umbral de saturación a partir del que la exigencia para el aumento en esta evolución es muy superior. Es decir, en palabras técnicas, y como razonamiento general aplicable a este tipo de indicadores, se produce un cambio de la tendencia lineal positiva hacia la curva —forma exponencial—, con un límite (umbral) inferior al máximo posible (100%, que en términos sociales sería irreal). Si bien la cuantificación de aquel umbral sería diferente para cada uno de estos indicadores, incluso variaría según las peculiaridades de cada empresa y sector (ver Figura 4.6).

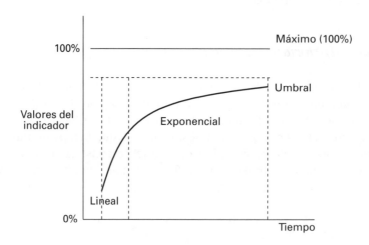

FIGURA 4.6. *El umbral psicológico.*

Bloque 2: Espacio y clima de trabajo

Llegados a este punto, interesa contrastar una serie de informaciones relacionadas con la posibilidad de desarrollar un adecuado trabajo, teniendo en cuenta los condicionantes físicos y no físicos. Entre los primeros, nos encontramos todo aquello relacionado con el espacio de cada trabajador, propio y comunes, mobiliario y tecnologías de información disponibles. Entre los no físicos enumeramos las relaciones personales, trato de los superiores y el ambiente propicio para el mejor desarrollo laboral, que conformarían los aspectos fundamentales a tratar (en la Figura 4.7 se resumen algunos de los resultados de las cuestiones de este bloque).

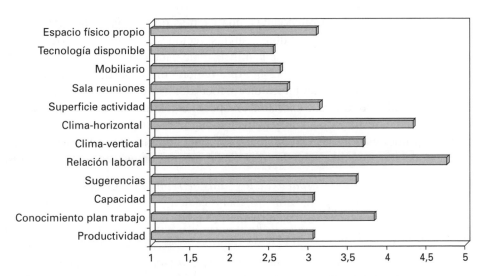

FIGURA 4.7. *Resultados encuesta (total plantilla): bloque 2*

Pregunta 1. Adecuación del espacio físico personal. Comenzamos con el lugar privado del trabajador, el cual es calificado como adecuado por los trabajadores de ARQ. El formato de empresa anglosajona que mantiene, con separación de espacios con media mampara, tiene sus ventajas en cuanto al trabajo en común y fomento de las relaciones, aumentando los beneficios en empresas con pocos trabajadores.

Pregunta 2. Tecnología disponible: hardware y software. En una empresa de estas características el hecho de contar con tecnología punta resulta muy importante, ya que el resultado de sus proyectos precisa de alto contenido en diseño, siendo éste además un activo que puede alcanzar ventaja competitiva. Pues bien, su valoración resulta inferior a la media con valores en torno al 2,5, existiendo incluso un 25% de la plantilla contratada que los califica de inadecuados, ningún encuestado los calificó de excelentes y sólo un 23% los consideraría como superiores a la media (nivel 4 en la escala).

Pregunta 3. Comodidad y funcionalidad del espacio privado de trabajo: mobiliario (asiento, escritorio…). Son inferiores los resultados de esta pregunta en comparación con la primera, creemos que en cierta medida por ser más directa y a la vez específica, al referirnos substancialmente al mobiliario (funcional y cómodo). Entre otras conclusiones prevemos que el aumento de estrategias en el desarrollo tecnológico y de mobiliario haría mejorar de forma genérica todos estos indicadores iniciales.

Preguntas 4, 5 y 6. Comunicaciones: acceso a internet, e-mail y teléfono. En este caso, es notable el esfuerzo desarrollado por la empresa en la que todos los trabajadores, excepto uno de los profesionales, que además no trabaja en la sede central (Madrid), declaran tener conexión libre y sin restricciones a Internet. En lo que a servicio de correo se refiere, se mantiene la misma tónica, incluso advirtiéndose un conjunto de trabajadores, en torno al 25%, que tienen correo particular además del ofrecido por la empresa, lo cual indica una preocupación y conocimiento en lo que a nuevas tecnologías se refiere. Finalmente, respecto al teléfono propio, el 73% cuentan con el mismo, resultando en un 80% de ellos su libre uso, sin restricciones. Aunque en un primer estudio las conclusiones sobre tecnologías de comunicación son optimistas, debiera insistirse sobre los usos de las mismas en próximos cuestionarios.

Pregunta 7. Equipamiento y espacio de las salas de reuniones. Los espacios comunes, algo necesario para el planteamiento, planificación y desarrollo de los proyectos en esta empresa, cuentan con valoraciones por debajo de la media para el grupo A y en el valor medio para el B.

Pregunta 8. Adecuación de la superficie total dedicada a la actividad. En la línea de las cuestiones 1 y 7, se pregunta ahora de forma conjunta sobre la adecuación del espacio, planteando posibles necesidades de expansión en lo referente a infraestructuras; vuelve a resultar un valor en torno a la media (53,5%).

Pregunta 9. Ambiente o clima laboral. Nos situamos en el estadio de las relaciones laborales, intentando de forma genérica valorar éstas en dos sentidos: horizontal y vertical, obteniendo ya conclusiones sobre la jerarquización estructural de la empresa.

- Horizontal (respecto a los compañeros): valoración entre iguales, presenta altísimas cotas que hacen suponer un magnífico clima laboral, siendo superior para el grupo de los profesionales, inferior en número pero con diferentes espacios de desarrollo de la actividad. No obstante, en todos los casos nos situamos por encima del 79%.

- Vertical (respecto a los superiores): valoración entre trabajador y superior, claramente debe ser inferior a la horizontal. Se ubica por encima de la media con un mejor entendimiento y clima para el grupo B, lo que debido a las características de los integrantes parece lógico. En conjunto y en escala porcentual el valor se sitúa en el 67%.

En conclusión, el clima laboral es muy adecuado y no presenta una rígida jerarquización dadas las diferencias entre ambas valoraciones. Como singularidad indicar que ningún trabajador señaló una respuesta inferior a la correspondiente al valor medio.

Pregunta 10. Relaciones: conocimiento de todos los compañeros. Sólo a título corroborativo se incluía esta cuestión sobre el trato en la empresa y el conocimiento personal del resto de plantilla, que salvo en los casos obvios de no encontrarse en la oficina de Madrid para el caso B, dos trabajadores, el conocimiento es total.

Pregunta 11. Valoración sobre la participación en el desarrollo del trabajo, proyectos y toma de decisiones (sugerencias realizadas). Pretende conocer el grado de implicación y de participación de la plantilla; en este nivel surge la valoración de la realización de sugerencias como una forma normal de funcionamiento. Pues bien, el resultado es superior al nivel medio (adecuado) en conjunto, siendo muy inferior en el caso A respecto al B; este hecho puede estar motivado en parte por la alta dispersión de los resultados de ese primer grupo, en donde resultan contestaciones de todo tipo, desde la valoración negativa hasta la muy positiva, justificado por la heterogeneidad del grupo, ya que incluye desde auxiliares administrativos hasta arquitectos. En este sentido y como información complementaria, es aconsejable analizar las siguientes tres cuestiones que tratan de medir la participación real.

Preguntas 12, 13 y 14. Realización de sugerencias, valoración de las mismas en su caso, aportaciones a la web de la empresa...

Nos proponemos medir la participación resultando las siguientes conclusiones:

- El índice de participación a través de sugerencias confesado por los trabajadores es elevado; con un 55% en el grupo A y un 100% en el B.

- De entre ellos, si se aventuran a ofrecer una cifra de las sugerencias emitidas en el último ejercicio, en media las podemos situar aproximadamente en 2.

- Por otra parte, es muy relevante el hecho de la cuantificación de la posible valoración de la sugerencia por parte del órgano decisor; en concreto, en el grupo A, un 73% se sentiría escuchado, y esta cifra asciende al 87% en el B. Queremos explicitar que estas cuestiones han presentado el índice más elevado de personas que no han contestado a la pregunta, reduciéndose los valores anteriores a un 67% y 70% respectivamente, si incluimos a los que no contestaron.

- A pesar de lo señalado en el punto anterior, se puede concretar que la respuesta percibida del decisor ante el trabajador es adecuada o incluso bastante adecuada.

- Por último, tratamos de medir a través de un ejemplo la inquietud de la plantilla en la presentación de sugerencias; para ello, abordamos algo tan genérico y a la vez cualificado como la participación de alguna manera en la construcción, desarrollo de contenidos y mantenimiento de la página corporativa en Internet, encontrándonos con resultados ínfimos: sólo un 14% respondió afirmativamente.

Pregunta 15. Valoración del desarrollo de capacidades de la plantilla respecto de su trabajo. Se incide sobre la realización de la persona en su trabajo, es decir, sería un indicador sobre el encaje en la compañía y a la vez sobre la motivación en unión con la realización. En otras palabras, quiere captar el sentido de aprovechamiento de la compañía de todo el capital humano que el trabajador cree poder ofrecer. Pues bien, el resultado está aproximadamente en la media, por lo que la empresa puede conformarse u optar por la potenciación de esas capacidades o conocimientos, ya que en lo referente a capacidad, y a juicio de los propios oferentes, los trabajadores, se está desaprovechando casi un 50% de la misma.

Pregunta 16. Grado de conocimiento del objetivo y fin de los proyectos desarrollados por la plantilla. La cuestión de "saber dónde vamos", la planificación y consecución de los proyectos que se realizan, presenta un alto índice, superior en el caso del grupo B, creemos que como consecuencia del notable esfuerzo de la empresa por el control de los mismos, corroborado con valores en escala porcentual siempre superiores al 65%.

Pregunta 17. Valoración de la productividad exigida por la empresa. La apreciación sobre el grado de productividad exigido por la empresa se encuentra en un valor próximo a la media, lo cual es bastante adecuado, ya que el trabajador está lejos de sentirse explotado. Sin embargo, en el grupo A, una vez más, se encuentra el sector más crítico. Como curiosidad, un par de encuestados, uno de cada grupo de los tratados, se sienten explotados (valor mínimo 1).

Pregunta 18. Políticas empresariales: valoración por la plantilla. A modo de síntesis, como baremo de implicación de la plantilla en la toma de decisión, se pide estratificar un grupo de políticas estratégicas que se circunscriben en el entorno de los dos bloques anteriores: incentivar la formación, las coberturas sociales, desarrollo de mejores infraestructuras, mejora tecnológica y desarrollo lúdico para empleados. Los resultados son bastante reveladores, se encuentran representados en escala porcentual y son elocuentes con las respuestas anteriores:

- Las estrellas han sido, por este orden, la cobertura social, la formación y la mejora tecnológica, si bien las dos primeras cuentan con muy diferentes apreciaciones en torno a los grupos que las potencian.

- En consonancia con lo explicado en formación, la plantilla desarrollaría esta estrategia al igual que la de cobertura social, que resulta muy atrayente para el grupo A; la mejora tecnológica, por su parte, como ya fuera valorada en la pregunta 2 de este bloque, es muy necesaria y bastante unánime.

- Por otra parte, las actividades lúdicas enfocadas a la mejora en las relaciones y en la visión de la empresa como algo personal, como fomento de la implicación, es algo que figura en torno al 25% de las estrategias a aplicar desde la plantilla.

- Finalmente, el aumento de infraestructuras con mayores espacios parece algo poco prioritario a todas luces; es más, nadie del grupo A lo precisa y sí figura en un 30% para el B. Así lo hicieron saber a través de la dirección de las respuestas a las preguntas 1, 7 y 8 de este bloque.

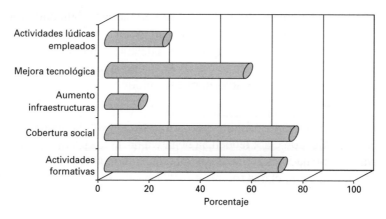

FIGURA 4.8. *Políticas empresariales (total plantilla)*

Del bloque 4. Historia: descripción valorativa

Teniendo en cuenta las apreciaciones presentadas anteriormente en lo referente a este apartado de evolución histórica para el primer bloque sobre la participación y antigüedad de los trabajadores encuestados, en este caso se presentan mayores divergencias; observémoslas pormenorizadamente:

- Que el periodo 2001 fue algo mejor que el actual en lo que a espacio, tecnologías y clima se refiere parece claro, por las respuestas de todos los trabajadores.

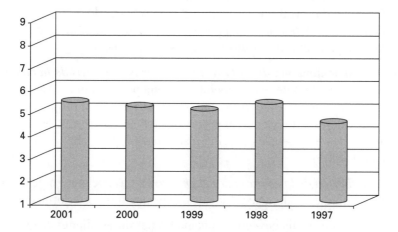

FIGURA 4.9. *Historia (referencia 2002): bloque 2*

- Por otro lado, el ejercicio 2000 ha sido valorado diferencialmente: con un 4 (un poco peor) para el grupo B, y un 6 (un poco mejor) para el A. Considerando la mayor respuesta del último grupo en la muestra, la media rebasa el valor de igualdad respecto a 2002. En lo referente al tipo B, destaca alguna valoración muy negativa de este ejercicio para este bloque, en concreto un empleado llega a 2 (bastante peor).

- En lo concerniente a los últimos periodos parece percibirse una similitud con respecto a 2002, con clara tendencia negativa hacia los periodos finales. En definitiva, los trabajadores en media perciben una monotonía sobre el espacio, clima y tecnología con claras roturas en 1997 hacia abajo y en 2001 hacia arriba.

Bloque 3: Imagen de la empresa

Tratamos en este bloque de incorporar información sobre la imagen de la empresa tanto externa como interna para los propios trabajadores, por lo que se insiste en cuestiones sobre información, posicionamiento frente a la competencia, trato de los directivos, estabilidad, eficiencia y gestión (en la Figura 4.10 se pueden observar los resultados obtenidos a distintas cuestiones de este bloque).

Pregunta 1. Nivel de información percibido por el trabajador sobre la actividad y proyectos que ARQ desarrolla. Alcanza valores diferenciados entre los dos grupos, con un mayor desconocimiento del A, en la misma línea que la pregunta 16 del bloque 2; sin embargo, los totales logrados hacen que sea una cualidad importante para la compañía.

Pregunta 2. Tamaño de la empresa respecto del sector en términos de facturación. Todos los trabajadores coinciden en calificarla como mediana-grande, ya que el valor 5 señala ahora un tamaño grande y el 3 mediano, si bien los mejor informados según la cuestión anterior (grupo B) creen que es mayor que lo que opinan los del A. Sólo dos de los encuestados apuestan por un tamaño algo inferior al mediano (valor 2), mientras que para cuatro de ellos la empresa es grande.

Pregunta 3. Posicionamiento de ARQ respecto a otras empresas de la competencia. Coincide, desde un punto de vista general, la buena percepción de ARQ sobre otras organizaciones, por tanto se reconoce una buena imagen de la propia compañía, en este caso, con valores similares en el grupo A, incluso superiores. No huelga decir que ninguno de los encuestados percibe a su empresa por debajo del igual que la competencia (valor 3).

Pregunta 4. Definición de la empresa por el empleado. Las opciones, ordenadas de mayor a menor conforme a valoraciones ideales, que situamos posteriormente, han sido:

- Una oficina de arquitectos con capacidades por desarrollar en la que yo puedo aportar mucho (valor 5).

- Una oficina de arquitectos donde se preocupan por mi formación y desarrollo (4).

- Una oficina de arquitectos donde trabajo (2).

- Una oficina de arquitectos más (1).

La clasificación indica, por este orden: una empresa donde el trabajador se encuentra integrado, formado y capacitado; en el segundo caso, se plantea el interés de la compañía por el trabajador y su desarrollo formativo; en el tercero sólo se vincula hacia una relación contractual, siendo inexistente cualquier relación para con el último.

Los resultados han sido los siguientes: en el grupo A, en media se alcanza el valor 4,182, con un 55% de los que contestaron situados en la primera opción; en el grupo B se alcanza también el 55% de respuestas acordes con la primera. Sin embargo, el valor medio ha sido de 3,667, ya que el resto, casi el 45%, se sitúa en la tercera. Ningún encuestado estuvo de acuerdo con la última. Por lo tanto, en general, se considera a ARQ como una empresa donde existe una preocupación por los trabajadores, su desarrollo y donde se percibe la participación de los mismos.

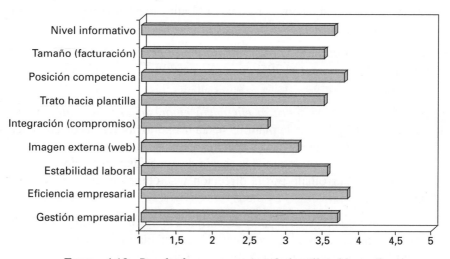

FIGURA 4.10. *Resultados encuesta (total plantilla): bloque 3*

Pregunta 5. Disposición de los gestores-directivos hacia la plantilla. Cambiando de tema, tratamos ahora de averiguar la preocupación de los directivos por la plantilla, superándose la media por ambos grupos; como es ya habitual, existe una mejor percepción de esta relación vertical (ver pregunta 9 del bloque 2) de los contratados como profesionales.

Pregunta 6. Integración: compromiso empresarial con la empresa. El máximo de integración se consigue cuando un trabajador, a pesar de no ser propietario de su empresa, la considera como en parte suya, justificándose este sentimiento en las capacidades que allí desarrolla, las relaciones y los beneficios que obtiene en ese camino existen políticas incentivadoras como las referentes a la acción social, o las destinadas a actividades lúdicas, premios a una determinada productividad… también en esta familia se encuentran las de objetivos alcanzados. Pues bien, resulta baja y homogénea la valoración que en este caso se obtiene por parte de ambos grupos, en el que un 14% nunca la ha sentido como algo suyo, un 36% casi nunca, un 18% a veces y el resto casi siempre.

Preguntas 7 y 8. Conocimiento y valoración de la página web de la compañía como imagen externa de la misma. El doble objetivo de esta pregunta es claro, por una parte se quiere saber si es conocida, al menos, la información que la compañía ofrece al exterior a través de la web, y como esperamos la respuesta afirmativa, en el segundo caso se persigue la valoración de lo que allí aparece con lo que ellos conocen de la propia empresa. En la primera cuestión, sólo una persona reconoce el desconocimiento del grupo B y no es de los profesionales desplazados. Después, la valoración de la página roza por exceso el adecuado, siendo más crítico el grupo B, en donde nadie la califica como excelente. Como anécdota, ninguno de los trabajadores que confesó su participación en la web en el bloque anterior le otorga una calificación superior al adecuado.

Pregunta 9. Valoración sobre la estabilidad laboral en ARQ. Se llega a cotas elevadas en el grupo A, superiores al 70% en escala porcentual, reduciéndose al 55% para los del tipo B.

Pregunta 10. Apreciación sobre la eficiencia empresarial y las políticas activas para potenciarla. El juicio de la plantilla hacia las políticas activas de eficiencia del órgano de decisión es muy elevado y prácticamente similar, en torno al 70% en escala porcentual, 3,8 si consideramos la escala de 1 a 5. Este indicador habla muy a favor del trabajo desarrollado por la dirección y se complementa con la siguiente cuestión.

Pregunta 11. Percepción general sobre la gestión empresarial de ARQ. En la misma línea tanto en valores alcanzados como en homogeneidad se sitúa este último indicador referido a la visión que tiene la plantilla sobre la gestión realizada por la dirección (en torno al 68%).

Del bloque 4. Historia: descripción valorativa

Volvemos, una vez más, en cuanto a los aspectos sobre la composición de los indicadores y la muestra, a supeditarnos a lo indicado en el bloque 1; así, refiriéndonos ahora al bloque de imagen corporativa, se puede destacar que la tendencia se encuentra de forma mucho más evidente en los tres primeros periodos por encima de la media (valor 5). Si bien siempre resulta algo más crítica la respuesta del grupo B, en lo que concierne a la valoración de este periodo respecto al actual. Resulta claro que 2002 ha sido apreciado, en su conjunto, como un pequeño bache, máxime si tenemos en cuenta que en este bloque es la imagen corporativa de la empresa la que se está examinando, con sus aspectos de eficiencia, control, gestión…

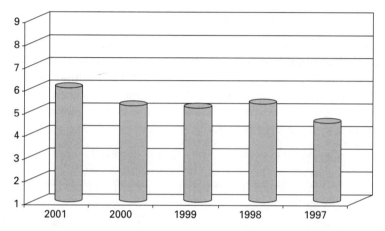

FIGURA 4.11. *Historia (referencia 2002): bloque 3*

En los años de constitución de la empresa, teniendo presente el sesgo debido a la pequeña muestra sobre la que disponemos, así como el tono más crítico con 2002 que se percibe en el grupo A, podemos concretar que se tiene una peor imagen.

Una vez comentada la encuesta de la plantilla, fijaremos nuestra atención en el otro extremo de la herramienta para la recogida de información, nos estamos refiriendo a la entrevista a la dirección (véase la Figura 4.2).

La entrevista personal a los directivos, como podrá imaginarse, se debe realizar sobre las capas más altas de la organización, y fundamentalmente en las que residen las labores de gestión, decisión y control. Entrando en las características de la misma es ahora el diseño de *la plantilla de entrevista* lo que se debe confeccionar, siempre teniendo en cuenta el objetivo último, así como los primeros resultados de la encuesta realizada sobre la plantilla. En este sentido, es conveniente su realización en un tiempo posterior a la mencionada encuesta, para contar con el conocimiento de todos los resultados anuales del periodo anterior en la organización, y esto debe ser así dada la principal característica de la información a recoger, que sería la de nivel de los indicadores que pensamos construir y la referente al valor de la organización. Es decir, que el objeto debe aquí estar delimitado, conociendo los principales indicadores que queremos cuantificar tanto humanos como estructurales. De esta forma, los investigadores para controlar y garantizar la objetividad de la medición deben realizar una labor directa de recogida de datos mediante *entrevista personal sin indicar que posteriormente se realizará una reunión de los directivos para conseguir la misma información pero consensuada, a la que hemos denominado de panel de expertos* [5].

Entre los objetivos de la entrevista nos encontramos *dos secciones diferenciadas* y esenciales: por una parte las que trazan la evolución de los indicadores que estamos dispuestos a construir a través de la información de los cuestionarios de los trabajadores, y que será por tanto en la primera realización de la medición fundamental para *componer la evolución en el pasado de la empresa de los citados índices*; y por otra, se recogerá un dato fundamental para nuestro ejercicio, que es *la cuantificación del verdadero valor de su compañía*, para el que se ofrecerá el valor de libros de la misma, y la cuestión sobre la fijación del valor siendo realista, es decir, imaginando que un tercero ofrece una cantidad para adquirir su empresa y preguntándose: ¿cuál es la oferta desde la que no negaría su venta? [6].

Una vez explicadas las metas que debe alcanzar la entrevista que se hace a la dirección, podemos insistir en la importancia de una buena delimitación de la población (capa directiva) de su organización, si tenemos en cuenta la alta cualificación y conocimiento íntegro de la empresa que debe presentar el entrevistado. En esta situación, se justifican aún más los pilares de nuestro Análisis Integral, fijados en el capítulo primero y que vamos implementando ordenadamente en el estudio y en su aplicación.

Por acabar, debemos insistir en *dos ideas*: primero en la idoneidad de la *brevedad*, en este caso de la entrevista, así como en la necesidad como mayor garantía de éxito del *desconocimiento previo para los entrevistados de la consulta conjunta* o respuesta de panel, la cual se consigue sometiendo a quórum cada una de las cuestiones de ambas secciones indicadas, insistiendo en la explicación de cada ítem, hecho que también debe haber ocurrido en la consulta previa individual. En segundo lugar, debe existir una clara *diferenciación sobre el primer ejercicio de aplicación del proceso y la entrevista personal a directivos de mantenimiento*, esto es, las realizadas en los años siguientes al primero en el que apliquemos el Análisis Integral. Por supuesto que en éstas será inferior el interés por la evolución de los indicadores, fijándonos exclusivamente en los últimos periodos por si fuese necesario filtrar algún dato sobre al-

---

[5] En organizaciones con un elevado número de directivos puede realizarse para la respuesta de panel o de control una selección representativa de los mismos, que obedezca a cualquier labor de muestreo previo que garantice dicha representatividad; de todos modos, lo más adecuado sería el conjunto de la población, fijando la misma en cuanto a características de decisión y control, por lo que nos garantizamos un número no demasiado elevado.

[6] Esta forma de incorporar el valor de mercado, discutible pero a la vez soportada en la continuidad de la actividad, es importante e interesante para aquellas empresas que no cotizan en bolsa, ya que si cotizan, el valor bursátil podría coincidir con el de mercado, si bien, desde nuestra perspectiva debiera poder ser corregido mediante información obtenida desde los directivos, con una metodología similar a la propuesta pero que partiera del conocimiento de ambos datos, esto es, valor de libros y valor de capitalización bursátil, disminuyendo posibles efectos del mercado financiero como los especulativos.

gún indicador, es decir, presentando la posibilidad de opinar a partir de algún valor del pasado, como control añadido sobre aquella entrevista inicial (perspectiva dinámica).

☞ Concretando, sobre el diseño de la entrevista a los socios (directivos) se optó por la aplicación directa y personal para cada uno de ellos y en grupo, por varias razones evidentes: la información que se solicitaba, el proceso de obtención de datos, el número, la dificultad de las cuestiones, etc.

En el proceso de obtención de indicadores, como explicaremos más adelante, era trascendental obtener la evolución de algunos de ellos, para lo cual la respuesta más cualificada se obtenía desde los siete socios de la empresa, justificada tanto en la permanencia en su puesto en todo el periodo tratado (1996-2002) como en la función desempeñada de gestión y control durante el mismo. A este fin obedece principalmente el primer bloque de cuestiones que pueden consultarse en el anexo y que trataremos a continuación. En la medida que dichas preguntas pueden parecerles a los entrevistados como subjetivas, se puso en marcha un procedimiento que tratara de arrojar la mayor objetividad posible para ellos, consistente en la realización de la entrevista en dos etapas consecutivas:

a) *Personal*: en este caso, se responde de forma individual y por completo, ya que se introdujo un conjunto de preguntas de control sobre el primer bloque (casi todas las que se encuentran bajo el epígrafe 3 de la entrevista, véase anexo). Tras ello se elabora un valor promedio de los resultados, que ofrece un solo valor para cada cuestión susceptible de codificación. Éste aparece, en lo sucesivo, bajo la denominación de "media".

b) *Agrupada*: tras la primera etapa, y sin el previo conocimiento de los socios, se realizó una segunda entrevista en grupo, panel de expertos, en la que participaron los entrevistadores y que como observaremos llevó a resultados generalmente más acentuados que los obtenidos por el promedio de la anterior[7]. La entrevista, en esta fase, se reprodujo completamente, exceptuando las cuestiones de control mencionadas de la etapa anterior. Sólo en contadas ocasiones, cuando se produjo error en el entendimiento de alguna pregunta, se facilitó la posibilidad de algún cambio en la primera etapa (segundo control). En los siguientes párrafos este valor aparece bajo el nombre de "panel".

Manteniendo este procedimiento se preguntó, teniendo en cuenta el dato del valor contable en unidades monetarias de 2002 (deflactado por el IPC), sobre el de mercado de la empresa para cada año de su existencia, calculando así el extracontable o capital intelectual que trataremos de explicar con el modelo matemático más adelante. Este segmento compone el bloque 2.

---

[7] En las discusiones de grupo, los expertos se situaron, a veces, en dos posiciones opuestas, convenciéndose en la mayoría de los casos de que los polos extremos eran más realistas que la media y optándose, en consecuencia, por valores más próximos a dichos extremos.

Por último, se realizaron preguntas sobre otros indicadores no contemplados, que no son propios de valoración por la plantilla o cuyo interés por la dirección es elevado, aunque como podremos apreciar influirá también la percepción del resto de trabajadores en el resultado final. Éste ha sido denominado bloque 3; la entrevista completa es reproducida en el anexo.

Presentación de resultados. La entrevista personal a los directivos

Mostramos los resultados clasificados según el ordenamiento de la plantilla en tres bloques con claros objetivos: 1) evolución histórica de indicadores, 2) cálculo del valor extracontable, y 3) grupo supletorio de indicadores de imagen empresarial.

Bloque 1: Indicadores: evolución histórica

Como introducción, en este bloque comentaremos que los datos han sido calculados a través de una tabla comparativa con el último ejercicio (2002), resultando valores en torno a la unidad. Así, la lectura de éstos muestra la historia de tales índices, muy importante a la hora de la elaboración de los indicadores, resultando en un método coherente que pretende, a través de los trabajadores fijos (los socios) y compaginando con la opinión del resto, generar la evolución de los mismos. Resumiendo, para comprender mejor los indicadores que siguen a continuación, un valor igual a 1 mostrará que el indicador es igual que el de 2002, resultando inferior o superior al de dicho ejercicio con valores inferiores o superiores a uno, respectivamente. Así, por ejemplo, un indicador de motivación igual a 1,2 en 1996 indicará que la empresa presentaba un valor incrementado en un 20% en 1996 sobre el dato de 2002; dicho de otra forma, si concluyéramos que dicho indicador para 2002 es igual a 0,7 (en una escala de 0 a 1), resultará que en 1996 fue de 0,84 ($0,7 \times 1,2$).

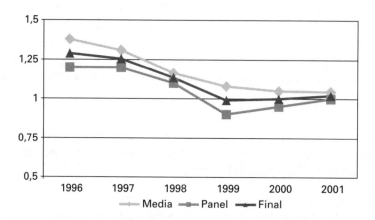

FIGURA 4.12. *Evolución: indicador de motivación*

El dato de evolución final del indicador se obtiene como promedio entre el valor media y panel (véase la Figura 4.12).

Cuestión 1.1. Índice de motivación de la plantilla. Resulta evidente para los gestores que en lo referente a motivación se ha producido una evolución descendente que encontraría su estabilidad y punto de cambio en el ejercicio 1999, aproximadamente. No obstante, si separamos los valores obtenidos en grupo (panel), parece que en los últimos datos existe una tendencia a aumentar desde aquel ejercicio. En cualquier caso, la motivación claramente era superior en los primeros años de creación de la empresa, hecho justificado en la ilusión de los inicios del negocio y en la mayor proporción de socios sobre trabajadores, así como por el tamaño del negocio.

Por otra parte, y como tendremos ocasión de comprobar, la crisis de la plantilla sufrida en los ejercicios 1998 y 99 planteará un corte y cambio de tendencia en la mayoría de los indicadores. Los items 3.4. y 3.5. de la plantilla (ver anexo), sobre el mejor y peor ejercicio en términos sociales, fuera de lo que se refiere al indicador social, sobre el que nos detendremos más adelante, certificó avances en el entendimiento con los trabajadores en los últimos años y la coincidencia en que el citado periodo de crisis comenzado en 1998 fue el peor debido a razones de motivación, producción, clima laboral, etc. El bache fue superado con la salida de la empresa de algunos trabajadores-directivos.

Cuestión 1.2. Índice de promoción (despidos y cambios contractuales). En este caso, la mayor inestabilidad, coincidente con una fuerte desmotivación, se produce, una vez más, en los ejercicios 1998 y 99. En el resto del periodo parece completarse el ciclo hacia la estabilidad deseada o al menos hacia cotas similares a la inicial.

Cuestión 1.3. Índice de acción social. A través de las preguntas 3.4. y 3.5., pudimos aclarar la no existencia de una política clara de acción social en esta empresa, entendida como beneficios, ayudas, pagos en especie, gastos de comedor, etc., lo que se traduce en la total estabilidad del indicador, igual para todo el periodo estudiado. Como avances en este sentido, fuera de lo comentado en motivación, parece lograrse el paro vacacional conjunto y acordado en agosto. Así pues, son muchas las estrategias que podrían aplicarse referentes a este apartado.

Cuestión 1.4. Índice de formación. Claramente se trata de un indicador potenciado desde los inicios y que ha permanecido constante desde la estabilización, en el ejercicio 1999. Muestra, en este caso, valores muy cercanos entre los obtenidos de forma personal y en grupo. Por otra parte, en la contestación a la cuestión 3.6., la visión general es que se han facilitado todos los cursos solicitados; lo que está menos claro es si se potencia y valora dicha formación. En lo referente a la formación específica, se insiste en su necesidad aunque sus carencias se achacan a la falta de tiempo. Es interesante, no obstante, apreciar el avance de la formación interna, con la preocupación relativamente reciente de algunos de los socios en su desarrollo formativo para formar al resto de la plantilla, si bien aún presenta un estadio inicial.

Cuestión 1.5. Índice del sistema de remuneración. Presenta dos claros puntos críticos: el ejercicio 1997 y el 2000, seguidos de periodos de clara mejoría, mayor en el primer caso, pues desde 1999 podría constatarse una casi total estabilidad del indicador. En esta línea, la cuestión 3.3., que pregunta sobre el tiempo dedicado por los trabajadores y la remuneración-contraprestación dineraria que reciben, permite constatar que, al igual que lo hiciera la plantilla en su cuestionario, la peor calificación es la primera, es decir, el sistema horario, que está sobredimensionado.

Cuestión 1.6. Índice de clima laboral. Si tuviésemos que ilustrar con alguna de estas medidas lo dicho desde los inicios en lo que a la diferenciación de subperiodos se refiere, lo haríamos con el clima laboral, en el que se parte de valores muy altos, propios de una empresa similar a la familiar, para sufrir un fortísimo desequilibrio en 1998, donde según los propios encuestados se respiraba en el ambiente esa situación, pasando después a una pronta mejoría al salir de la empresa los que, posiblemente, fomentaron parte de esta situación.

Cuestión 1.7. Índice de sugerencias. Se percibe, por los datos conseguidos, un lento avance desde los inicios; dicho de otro modo, una mayor preocupación por posibilitar y considerar las sugerencias de los trabajadores, en definitiva, fomentar su participación.

Cuestión 1.8. Índice tecnológico. Observamos una continuidad en el progreso de dicha política, si bien con dos salvedades: un fuerte empujón en el ejercicio 1998, y una tendencia a la ralentización en los últimos años, percibida negativamente por los empleados, como vimos, y justificada en la consecución del umbral unitario, ordenador / empleado, percibiéndose la mejora en los últimos años sólo en el mantenimiento de equipos y programas y no en la adquisición de nueva tecnología.

Si nos hacemos eco de las respuestas en este sentido a la cuestión 3.7., en líneas generales la política tecnológica ha sido correcta, se asume como clave sobre las inversiones futuras y se perciben algunas críticas en el sentido de un conformismo actual con el nivel alcanzado.

A modo de síntesis, mostramos el conjunto de las evoluciones de los indicadores fijadas por los directivos (Figura 4.13). En ella se observa la convergencia en 2001 de todos, es decir, las diferencias con respecto a 2002 son prácticamente inexistentes para ese ejercicio. No obstante, esto no fue siempre así, ya que la progresión surge desde posiciones superiores, mejores que en 2002 (valores superiores a 1), para los casos de motivación, clima laboral y promoción (despidos); e inferiores para tecnología, formación y remuneración, siendo muy estable (en torno a 1 para todo el periodo analizado) tanto la participación del empleado (sugerencias) como la acción social.

Por último, y como colofón a este grupo de indicadores, los encuestados en el ítem 3.8., se posicionaron en torno a la política de calidad llevada a cabo por la empresa, pudiendo entresacar las siguientes conclusiones:

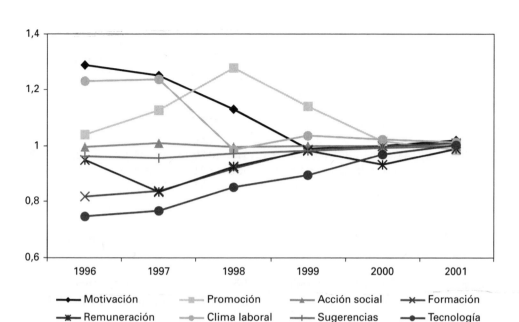

FIGURA 4.13. *Evolución de los indicadores analizados por los directivos (sobre 2002)*

- Superadas las reticencias iniciales, se ha configurado como uno de los aspectos más positivos para la empresa.

- Los factores coste y tiempo, presentes en la implantación de estas políticas, han sido superados al percibir los primeros frutos, como la obtención del sello de calidad y la mayor competitividad.

- La continuación en esta línea se percibe como clave para el avance de la empresa en el mercado.

Bloque 2: Capital intelectual

Cuestión 2. Valor de mercado. En la Tabla 4.2. se presenta el resumen de los resultados en euros de 2002 sobre el valor contable o "de libros" deflactado con el IPC y el valor de mercado (proporcionado por los entrevistados), por el que venderían su empresa los directivos. Como diferencia se obtiene el valor extracontable que resulta en una primera aproximación sobre el montante de capital intelectual.

Cuestiones 3.1. y 3.2. Eventualidad frente a estabilidad. Ofrece una clara noción del talante de la dirección en este primer asunto. En la cuestión 3.1., recordemos que un valor de 3 indicaría una plantilla equilibrada entre indefinidos y temporales; es éste el otorgado por el grupo (panel). En cambio, si obtenemos la media de la valoración

TABLA 4.2. *Valor contable y de mercado*

Año	Valor contable	Valor de mercado		Valor extracontable	
		Media	Panel	Media	Panel
1996	64.274,89	167.353,24	180.303,63	103.078,35	116.028,74
1997	353.686,81	386.999,91	360.607,26	33.313,11	6.920,46
1998	456.556,03	530.147,15	480.809,68	73.591,12	24.253,66
1999	487.162,07	605.500,63	540.910,89	118.338,56	53.748,82
2000	542.421,48	758.405,89	661.113,31	215.984,41	118.691,84
2001	672.332,29	927.573,50	841.416,95	255.241,21	169.084,66
2002	725.631,96	1.221.562,47	1.021.720,58	495.930,50	296.088,61

NOTA: En euros constantes de 2002.

personal, llegamos a 3,86, resaltando el hecho de que ninguno de los socios dio un valor inferior a la media. Por otra parte, la cuestión 3.2., compara la temporalidad en la contratación con el sector (valor 5 para una plantilla mucho más estable que la del sector): una vez más la postura es unánime con valores por encima de 4 para todos los casos, siendo 5 el valor de panel para la cuestión.

Cuestión 4.1. Imagen de la empresa. Los indicadores de imagen y flexibilidad han sido configurados con el valor exacto para todos los ejercicios en la escala 0 a 1. La razón es simple: para el primer caso, imagen, tratamos de captar la percepción de la dirección sobre su negocio comparándolo con la competencia o sector, habiendo alcanzado un valor situado en el último cuartil, valores superiores a la tres cuartas partes de la competencia, desde una posición inicial muy inferior a la media, en torno al 30%. Otro dato interesante es que la media del sector fuese alcanzada en el año 1998, es decir, en un par de ejercicios.

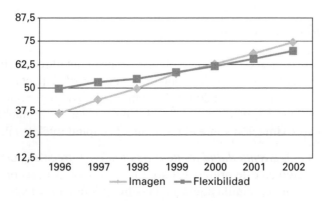

FIGURA 4.14. *Imagen y flexibilidad*

Cuestión 4.2. Flexibilidad de la plantilla. Contiene una de las mayores divergencias entre los resultados individuales y de grupo. Sin embargo, tienden a converger y la tendencia en ambos casos es positiva. Resulta más crítica la posición del grupo o panel de directivos en la valoración de la capacidad de su capital humano, con valores finales superiores al 60%, considerando una plantilla, pues, más cercana al ideal (100%).

EXTRAYENDO RESULTADOS: LA CULTURA EMPRESARIAL

En el enfoque de Análisis Integral en el que estamos inmersos, los aspectos estudiados hasta ahora y los resultados obtenidos, fruto de análisis previos y de la realización de cuestionarios y entrevistas, nos permiten alcanzar productos intermedios como el *bosquejo de la cultura de su empresa*, la cual permite comprender la lógica de funcionamiento y el comportamiento de los actores, percibiéndose a menudo como la explicación fundamental de lo que acontece en dicha empresa. Una definición de la misma no es fácil, debido a su carácter globalizador. En general, podemos destacar las visiones de Schein (1988) y Menguzzato y Renau (1991); así, se puede contextualizar la cultura como un *conjunto de valores, creencias, actitudes, expectativas, con la característica de ser comunes a todos* o por lo menos a la gran mayoría de los miembros de la empresa, siendo normas implícitas que influyen sobre los comportamientos de los recursos humanos.

De manera parecida, Terence Deal y Allen Kennedy (1995) destacan como elementos básicos los siguientes: valores, héroes e historia. Es decir, las empresas deben construir una *imagen corporativa propia*, una historia coherente de la misma que pueda ser presentada a todos los *stakeholders* (las distintas partes interesadas: empleados, inversores, acreedores, etc.). Pero, además, hay que tener en cuenta que la cultura organizativa, como considera Amat Salas (1993), se manifiesta en las características del sistema de control interno. El sistema de control es un reflejo de la cultura de una organización y a su vez influye en ésta, ya que puede servir para diferentes propósitos y objetivos y, a su vez, puede ser percibido y utilizado de forma diferente por las personas y grupos que componen la organización de acuerdo con sus intereses, valores y expectativas.

También el desarrollo de la cultura que promueva la *identificación de las personas* que forman parte de la empresa con ésta puede permitir aumentar la cohesión de la organización. La identificación se refiere a la interiorización de los valores de la compañía por parte de sus miembros y a su transmisión en el comportamiento cotidiano. Por ello, la identificación es un importante mecanismo de autocontrol y puede complementar o suplir las limitaciones que presente un sistema de control financiero. En esta misma línea, Tom Peter y Robert Waterman (1984) insistían en que los valores corporativos son más importantes que los planes estratégicos, los recursos financieros, la I+D+i, es decir, son la clave para alcanzar el compromiso de los *stakeholders* y construir así culturas corporativas lo suficientemente fuertes para que permitan a estas empresas tener una ventaja competitiva frente a sus competidoras.

Por todo lo anterior, se puede observar que el conocimiento de la cultura de una empresa es muy importante, de ahí que aunque el Análisis Integral desarrollado para su organización no presenta su objetivo final en la apreciación de la misma, sí podemos obtenerla como resultado intermedio, de manera que sirva en la formación y clarificación de estrategias de futuro finales.

En este proceso, resulta de ayuda el establecimiento de una *estructura* para recoger los valores o categorías que conforman la cultura de la organización. Dicho proceso se subdivide en tres fases, que denominaremos:*a) localización y análisis de los materiales culturales, b) interpretación y construcción, y c) evaluación y restitución* (Figura 4.15.).

Así pues, situándonos en la localización y análisis de materiales culturales tendremos capacidad de identificar dichos elementos. Según Thévenet (1986), podemos distinguir cinco categorías de materiales culturales básicos en una cultura: fundadores, historia, oficio, valores y signos.

- Los fundadores: rasgos personales, origen social y principios fundamentales.

- La historia: evolución de la empresa, personas que participaron, las estructuras, las grandes fechas y los diferentes entornos.

- El oficio: cómo se percibe el oficio, cuál es la imagen aparente de éste y el saber hacer.

- Los valores: declarados y aparentes, y los indicios gerenciales.

- Los signos: comportamientos habituales de la empresa, tanto en ámbitos externos como en referencia al espacio y la gestión de tiempos.

Posteriormente, en la fase de interpretación y control, una vez recogidos y analizados los materiales de base hay que responder a las preguntas siguientes (Thévenet, 1987): ¿la empresa tiene una cultura?, ¿hay presencia de manifestaciones de la cultura?, ¿cultura externa (país, región) o cultura interna (oficio, clan)?

Por último, en la fase de evaluación y de restitución, partimos desde la perspectiva funcionalista del análisis de la cultura, identificando las siguientes funciones esenciales: la reducción de la ansiedad, la facilidad de adaptación al entorno y la integración interna. Por lo tanto, evaluar la cultura consiste en evaluar la capacidad de cumplir estas dos funciones. De modo similar se manifiesta Scholz (1994) al plantear que el carácter multidimensional de la cultura se localiza en aspectos culturales inducidos por la evolución de la empresa. De esta forma, variará según la situación

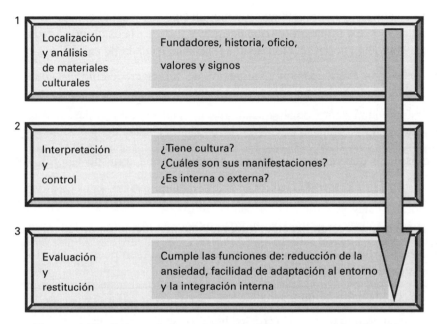

FIGURA 4.15. *Cultura de la organización. Fases para su identificación*

particular que la empresa alcanza, las circunstancias internas con respecto a la fórmula para afrontar los problemas, los aspectos culturales inducidos externa e internamente, las relaciones entre la empresa y su entorno y las consecuencias que se derivan de las distintas formas de llevar a cabo tales relaciones.

☞   Una vez extraídos los resultados de los cuestionarios y entrevistas y a la altura del Análisis Integral realizado, podemos obtener una visión global de la cultura empresarial en ARQ, a partir de los tres estadios siguientes:

a) Localización y análisis de los materiales culturales:

- La historia. Evolución marcada por etapas: fuerte expansión inicial, crisis de la plantilla en los ejercicios 98 y 99 y nueva fase de entendimiento entre trabajadores desde 2000, con posicionamiento medio en el sector y evolución favorable de todos los indicadores.

- Los fundadores. Se trata de personas con gran motivación, capacidad de trabajo y vocación que aspiran a liderar el sector arrancando desde el conocimiento del mismo, al provenir de empresas ya tradicionales en el ramo de la arquitectura.

- El oficio. Existe en este aspecto una actitud positiva, sabiendo que se hace bien el trabajo y además que éste es de calidad, con la idea de una preocupación "excesiva" por alcanzarla.

- Los valores. Una preocupación y medidas políticas en el avance hacia la formación de los trabajadores que permite y fomenta la estabilidad de la misma, así como en la consecución de una política adecuada de calidad.

- Los signos. Preocupación y valoración de la imagen de empresa con una evolución positiva, descontento con los espacios físicos comunes y la duración de la jornada de trabajo.

b) Interpretación y construcción:

Podemos decir que tiene una cultura apoyada en una serie de valores, signos y símbolos como son:

- Clima laboral adecuado, donde existe un reducido nivel de jerarquización.

- Participación, estabilización, integración e involucración de los trabajadores.

- Realización de los trabajadores en sus tareas, si bien podrían desarrollar más sus capacidades. Bajo nivel de alienación.

- Adecuada motivación y satisfacción.

- Descontento generalizado con los horarios y la formación.

- Imagen positiva de empresa.

- Necesidades o carencias tecnológicas.

c) Fase de evaluación y de restitución:

La cultura de ARQ, actualmente, se puede considerar adecuada, pero está en constante evolución en función de cómo se vaya adaptando a las circunstancias del entorno y resuelva los problemas que se encuentre. Así, hay que destacar, por ejemplo, las mejoras en la jornada de trabajo, formación de los trabajadores y política tecnológica. No obstante, la cultura corporativa le está permitiendo obtener ventajas competitivas, ya que existe una identificación de las personas con la empresa aunque ésta podría incrementarse aumentando la cohesión de la organización.

Estas tres dimensiones de análisis de la cultura nos llevan, como hemos comentado, a dar una visión global y concreta de los valores, creencias, actitudes y expectativas.

5

Generando los indicadores sobre intangibles

INTRODUCCIÓN. COMPONENTES DEL CAPITAL INTELECTUAL

Una vez presentados los resultados de los cuestionarios realizados y las líneas que pueden bosquejar la cultura de la empresa, nos encontramos ya con la posibilidad de *desarrollar nuestro modelo de capital intelectual* [1], pero para ello es fundamental el *establecimiento previo de los componentes del mismo*, así como el método de medición.

Conocemos las limitaciones informativas y de valoración para la consecución de tal objetivo; sabemos también que un modelo es la representación simplificada de una realidad, en este caso el capital intelectual, y tenemos claro que será mejor hacer esta medición que no hacer nada.

Partimos, de esta manera, en nuestro modelo de la explicación de esta magnitud a través de *tres agregados: el capital humano, el estructural y el no explicitado*. Este último constituye un complemento relevante, debido a que determina el valor final del capital intelectual, es decir, a priori se aplica la hipótesis de incertidumbre sobre

---

[1] El modelo pormenorizado en cuanto a su formulación, diseño y estructura teórica puede consultarse en Nevado Peña, D. y López Ruiz, V. R.: *El capital intelectual: valoración y medición*. Ed. Prentice Hall, Madrid, 2002.

los activos intangibles ocultos, agrupando bajo el concepto "no explicitado" aquellos factores mal medidos o no valorados, dada la naturaleza y dificultad de medición de los intangibles. Serán, pues, los investigadores y constructores del modelo los que deban explicitar las relaciones y, en definitiva, reducir su dimensión teniendo como ideal la anulación de dicha componente.

Es necesario precisar que *no existe un único modelo* de capital intelectual, ya que la mayoría de ellos van asociados a la estrategia corporativa que tenga la compañía y, en función de ello, a la importancia que le den a cada factor, de ahí que cada empresa establece los indicadores más convenientes para medir dichos capitales. En este sentido, para cada organización, la suya por ejemplo, será preciso llevar a cabo una adaptación de nuestro enfoque a sus peculiaridades.

A pesar de ello, proponemos un modelo para la medición del capital intelectual que está formado por todos aquellos beneficios futuros que generará una organización como consecuencia de aspectos relacionados con el capital humano y con otros estructurales, como la capacidad de innovación, las relaciones con los clientes, la calidad de los procesos, productos y servicios, la cultura empresarial y el capital de comunicación de la empresa, que permiten aprovechar mejor las oportunidades, dando lugar a la generación de beneficios futuros. Debido a su complejidad, difícilmente podemos explicitar todos y cada uno de sus componentes, si bien partimos de la siguiente expresión simplificada:

Capital intelectual = capital humano + capital estructural + capital no explicitado

- *Capital humano.* Pretende recoger los conocimientos, aptitudes, motivación, formación, etc., de los trabajadores de la empresa, así como el sistema de remuneración y política de contratación de la compañía que posibilitan tener los efectivos adecuados para el futuro.

- *Capital estructural.* Definido como la suma de los capitales de procesos internos, relacional, comunicacional y de investigación, desarrollo e innovación.

C. estructural = c. procesos + c. relacional + c. comunicacional + c. (I+D+i)

   — *Capital de los procesos internos.* El objetivo fundamental es conocer la calidad que tiene la empresa en sus procesos, productos y servicios que le permitan una ventaja competitiva.

   — *Capital relacional o comercial.* Se centra en las relaciones con los proveedores y clientes, así como en el grado de satisfacción de éstos, clientes que se ganan o se pierden, cuota de mercado, etc. Es decir, determina cómo ven los clientes a la compañía.

   — *Capital comunicacional.* Recoge aquellos recursos que la empresa destina a la comunicación con el exterior dentro de sus actividades de *marketing*: publicidad, promoción de ventas, relaciones públicas y venta personal.

— *Capital de investigación, desarrollo e innovación*. Potenciales de la empresa para seguir innovado en un futuro; para ello, es necesario un conocimiento de las inversiones que se realizan para el desarrollo de nuevos productos, nuevas tecnologías, mejoras en los sistemas, etc.

• *Capital no explicitado*. Son aquellos capitales humanos y estructurales no incluidos en los otros capitales por su escasa importancia, pero que en conjunto habría que considerar.

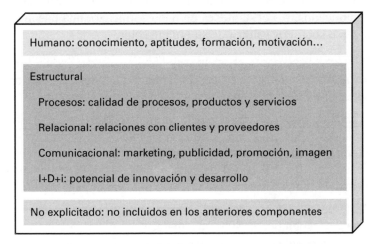

FIGURA 5.1. *Componentes del capital intelectual*

LOS INDICADORES DEL CAPITAL INTELECTUAL

Nosotros tenemos la convicción de que *el capital intelectual se puede medir*. Para ello, en primer lugar, debemos saber cómo se forma dicho capital, es decir, establecer, como hemos hecho, los distintos componentes que configuran su estructura. Posteriormente, debemos *presentar indicadores pertinentes* que sean fácilmente inteligibles, aplicables y comparables con otras empresas, mediante una estructura que permita unir el pasado, el presente y el futuro de la organización, recogiendo de manera significativa la capacidad de la compañía para producir beneficios sostenibles y posibilitando a la dirección la consecución de las diferentes estrategias de una forma equilibrada, sin poner mayor énfasis en unas que en otras.

En este sentido, introducimos *indicadores genéricos para medir estos capitales*, que podrían ser complementados y adaptados por cada empresa en función de la relevancia que se otorgue a ciertas actividades características de su sector (véase la Tabla 5.1.). Si bien consideramos que son un buen reflejo del capital intelectual de una compañía, pudiendo presentar cada una otros indicadores propios de su actividad[2]. Dicha tabla debe pormenorizarse en sus partes integrantes en otros tantos esquemas, para después incluir el modelo contable de medición de capital intelectual.

Por estas razones, recogemos fundamentalmente en la Tabla 5.1., también en la 5.2. de forma detallada y aplicada, los indicadores para cada uno de los componentes del capital intelectual. Se sigue para ello un ordenamiento que pretende concretar intangibles con agrupamientos de indicadores. Esta abstracción nos ha acarreado no pocos problemas dadas las características de dichos activos, particularizando e incluso, en diversos casos, diseñando tales indicadores en concordancia a la empresa a la que serán aplicados. No obstante, es un buen comienzo, una buena herramienta, para interrogarse sobre los valores de su organización.

Por otra parte, para los indicadores a aplicar, *hemos considerado dos tipos*:

  a) *Indicadores absolutos*: medidos en unidades monetarias, sin relación con otra magnitud.

  b) *Indicadores relativos o de eficiencia*: presentándose dos clases, los valorados en unidades monetarias (u.m.), utilizados en la composición del indicador así como en el modelo contable a desarrollar; y los índices porcentuales, que fluctúan entre 0 y 100 (0 y 1 en escala unitaria), siendo 0 la cota que indica una situación más desfavorable y 100 la más favorable.

Es conveniente precisar que en los indicadores absolutos nos encontramos en muchos de los casos recogiendo activos que aparecen en el balance o gastos contables que aparecen en la cuenta de pérdidas y ganancias. Por lo tanto, en estas ocasiones están previamente cuantificados y establecidos por la empresa; sin embargo, lo que se pretende aquí es poner de manifiesto todo aquello que genera valor en un futuro para la organización, de ahí que sea necesario interpretarlos aplicando criterios que actualmente no figuran en las normativas contables.

Es decir, *la base de registro no es tanto la partida doble, sino las bases de datos relacionales que almacenan información* (financiera y no financiera, cuantitativa y cualitativa) y la direccionan a través de diferentes resultados en función de las necesidades específicas de los usuarios. Por ello, la temática del capital intelectual desborda el campo propio de la contabilidad financiera y se expresa mejor en la contabilidad gerencial o en lo que empieza a conocerse como *contabilidad del conocimiento* ("la contabilidad es un sistema o proceso a través del cual los datos se transforman en información y ésta en conocimiento"; Mantilla: 2000).

Así, podemos establecer los indicadores que consideramos estándar para cuantificar el capital intelectual y que constituirán los *inputs* en los modelos especificados en las siguientes páginas. Además, algunos de ellos, ratios por ejemplo, permiten realizar un análisis descriptivo y evolutivo de la empresa respecto a su capital intelectual, de

---

[2] En relación con la especialización sectorial, ha sido realizada una adaptación para el sector financiero en el artículo de Nevado y López (2002) en la revista *Partida Doble*.

TABLA 5.1. *Componentes del capital intelectual*[3]

Componentes	Intangibles	Indicadores
Capital humano	Sistemas de remuneración Sistema de contratación Clima social Formación laboral Motivación Flexibilidad organizacional	Remuneraciones Temporalidad Ayudas sociales Disfunciones laborales Formación Satisfacción y motivación Productividad Rotación externa (abandonos) Rotación interna (promoción)
Capital procesos internos	Sistema de evaluación de calidad: procesos, productos y servicios	Costes de prevención y evaluación Costes de no calidad Tecnologías de información
Capital relacional o comercial	Cartera de clientes Satisfacción y fidelidad de la cartera Situación de la cartera de proveedores	Mercado Satisfacción del cliente Calidad de proveedores
Capital comunicacional	*Marketing* empresarial (publicidad, promoción, relaciones públicas, venta personal) Potencial mediático contratado	Gastos de *marketing* por producto Distribución Potencial mediático
Capital de investigación, desarrollo e innovación	Inversión en nuevas tecnologías Inversión en nuevos productos y servicios Inversión y mejora en el sistema de información empresarial Capacidades o competencias	Investigación y desarrollo Productividad Rotación interna (promoción) Movilidad potencial
Capital no explicitado	Activos intangibles no considerados en los anteriores capitales	Indicadores no incluidos en los anteriores grupos

manera que, frente a su sector o para diferentes periodos, se podrían obtener las oscilaciones de los distintos indicadores de cada uno de los componentes de dicho capital. Por ello, y como veremos en la visión de modelos empresariales, estos indi-

---

[3] En Nevado y López (2002), 127-142.

TABLA 5.2. *Indicadores de capital intelectual explicitados para ARQ*

Componentes	Indicadores	
	Absolutos (C)	De eficiencia (i)
Capital Humano $(C_H \cdot i_H)$	Inversión en formación Masa salarial cualificada	1-(tasa costes salariales / tasa ventas) 1-(temporales/permanentes) Índice de motivación Índice de promoción Índice de acción social Índice de formación Índice de sistema de remuneración Índice de clima laboral
Capital Procesos Internos $(C_P \cdot i_P)$	Costes en calidad, prevención y evaluación	Horas dedicadas a corrección de errores Horas calidad/horas totales Índice de sugerencias
Capital Relacional o Comercial $(C_C \cdot i_C)$	Trabajos realizados por empresas (subcontratos) Ventas netas – AENA Coste concursal	Índice de volatilidad Índice de ganancia de concursos sobre presentado Índice de satisfacción de clientes
Capital Comunicacional $(C_M \cdot i_M)$	Gastos de comunicación y *marketing*	Índice de gasto comunicacional /clientes Índice de imagen de empresa
Capital de Investigación, Desarrollo e Innovación $(C_{IDi} \cdot i_{IDi})$	Inversión en equipos informáticos Inversión en I+D+i Indicador de desarrollo	Inversión / activo total Indicador tecnológico N.º Ordenadores / empleados

cadores han sido tratados (por ejemplo, como razones aritméticas) para responder a la cuantificación del capital intelectual.

Ante esta coyuntura, y para no extendernos en exceso, plantearemos el detalle junto a la especificidad de un sector y de su organización a través de la aplicación del modelo en el ejemplo, si bien el lector podrá encontrar el modelo ampliamente desarrollado en la obra resaltada anteriormente.

☞ En la Tabla 5.2., incluimos la traslación del modelo estándar propuesto a la especificidad de ARQ. Con este fin, hemos partido de la Tabla 5.1., expuesta anteriormente, incluyendo los dos tipos de indicadores que hemos presentado: absolutos y de eficiencia. Por otra parte, se muestra en la primera columna tanto la terminología adoptada como la relación en un esquema multiplicativo entre ambos indicadores.

Algunos de ellos merecen una aclaración o comentario. Entre los específicos para ARQ hay que destacar el de "ventas no de AENA", debido a la dimensión de este cliente y por ende la fuerte dependencia de la empresa, por lo que interesa la cuantía de su desvinculación para conocer el riesgo asociado a una cartera excesivamente subordinada o poco diversificada. Dentro del componente de clientes hay que comentar también el "coste concursal", asociado a las horas dedicadas a la preparación de proyectos a concurso, forma habitual de acceso a clientes en la que predominan la calidad y la competitividad por ello, la razón "ratio de concursos ganados sobre presentados" refleja la capacidad de expansión de la cartera de clientes.

Por último, hay que señalar entre los indicadores peculiares por su cálculo los índices habituales en el componente de recursos humanos, que obedecen básicamente a los resultados de la encuesta y la entrevista comentadas en el capítulo anterior.

MIDAMOS LOS COMPONENTES DEL CAPITAL INTELECTUAL CON LOS INDICADORES

Sabemos que el método propuesto para la medición de los componentes y por ende del capital intelectual no deja de suscitar posiciones encontradas en cuanto a su valoración, pero claramente tenemos que insistir en los soportes que han dirigido el citado proceso, que han sido los de *método, objetividad y flexibilidad en la selección de los indicadores* por parte de la organización; ahora bien, dicha selección se realiza sobre un modelo estándar de mínimos que debe tenerse presente en todo momento.

A continuación, exponemos la *metodología general para elaborar estos indicadores*, en la que se incluyen las características propias de la empresa sobre la que apliquemos el procedimiento.

En primer lugar, y como hemos ido describiendo en el anterior capítulo sobre generación de información, dadas las limitaciones habituales de la misma, sobre todo en lo referente a las medidas valorativas no aplicadas en la historia de la empresa, debemos enfrentarnos al proceso de *implantación del método*, para lo que tendremos que responder a dos situaciones tradicionales previstas ya en la generación de información y que son ahora extrapolables al cálculo de indicadores, estando presentes en cualquier aplicación inicial de un estudio de este tipo:

a) *Calcular el indicador para el periodo finalizado más actual*, lo que hemos denominado *dato nivel, base o soporte*.

Para ello tenemos, como hemos visto, dos tipos de indicadores, los absolutos, sobre los que se recogerá información a través de los registros contables directamente, o tras alguna manipulación como la aplicación del deflactor de precios (IPC, generalmente).

Por otra parte, en lo que concierne a la mayoría de los indicadores de eficiencia, hemos planteado el cálculo sobre las medidas de la encuesta sobre los trabajadores discutida anteriormente, considerando el valor medio de la pregunta de acuerdo a la población total. Posteriormente, y como resultado de una agrupación de respuestas codificadas consideradas (en la Figura 5.2., por ejemplo, se incluyen dos para la confección del indicador) se introduce una ponderación de acuerdo a los diferentes aspectos y su importancia relacionados con dicho indicador. El resultado obtenido, la media ponderada de los valores de las preguntas consideradas, se traslada desde la escala valorativa de la encuesta (usualmente de 1 a 5) a la denominada porcentual (de 0 a 1, o de 0% a 100%). Así, queda definitivamente confeccionado el indicador para este periodo.

En definitiva, como ya tuvimos ocasión de apuntar, para estimar el valor del indicador, se debe dar mayor importancia a los trabajadores, ya que son ellos los más objetivos a la hora de captar valoraciones sobre motivación, formación, tecnología, clima o participación. Es decir, que estos indicadores se confeccionan principalmente a través de la información del cuestionario de los empleados, lo que no es óbice para que en determinados casos se incorporen opiniones de los directivos obtenidas desde la entrevista personal.

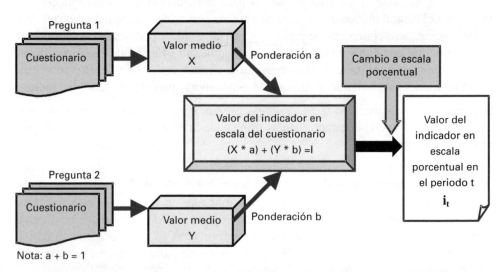

FIGURA 5.2. *Proceso de generación de dato base para un indicador de eficiencia*

2. Posteriormente, debemos conseguir determinar el proceso de *cálculo de la historia de ese indicador*. La discusión sobre cómo hacerlo, cómo obtener una objetividad, se ha limitado a la traslación de las evoluciones conseguidas

desde una entrevista cualificada, es decir, donde predominará la opinión de los directivos, si bien, y ante organizaciones muy asentadas y estables en plantilla, se puede establecer un método de ponderación sobre las respuestas ofrecidas por los trabajadores (cuestionario) y directivos (entrevistas). No obstante, dadas las características de conocimiento de ambas poblaciones siempre debemos incluir un peso más elevado para los directivos para conseguir una mayor certeza sobre la evolución del indicador. Entre otras razones que justificarían esta ponderación a favor de los directivos, incluimos su mejor conocimiento del ambiente, capacidad, gestión y control de la empresa, además de ser el único grupo que, salvo excepciones, ha vivido toda la historia, al menos la más reciente, de la empresa.

En suma, el proceso se concentra en el cálculo de las tasas de crecimiento y en su transformación en escala unitaria o porcentual, una vez calculado el valor promedio entre los valores de evolución obtenidos desde el panel o grupo de expertos y la media de las entrevistas individuales; con todo conseguiremos estimar la historia del indicador (véase Figura 5.3.).

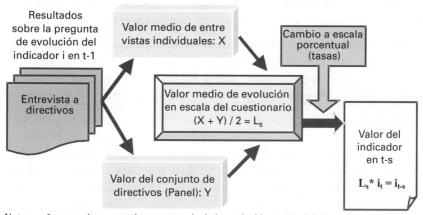

Nota: s, años anteriores para los que se calcula la evolución; t, año del dato base o soporte.

FIGURA 5.3. *Proceso de generación de la evolución de un indicador de eficiencia*

Sabemos que *este método es criticable*, como el resto de valoraciones que tengan por objeto el cálculo de indicadores subjetivos, *pero debemos hacer notar su robustez* en el sentido de que han sido tenidas en cuenta todas las opiniones de la población, en este caso los trabajadores. Por otra parte, *los indicadores son complejos*, acumulan una serie de cuestiones para tener una visión más real de lo que se quiere medir. Por último, *en el cálculo de la historia es donde mayor participación deben tener los directivos*. Así, el punto final y a la vez el de arranque para conocer la historia, es decir, configurar una serie temporal, se logra desde la perspectiva u opinión de la plantilla (no gestores); los socios, gestores o directivos de la compañía tendrán que decir cómo ha llegado la empresa a esa situación. En otras palabras, el dato nivel, de la forma más objetiva posible, estará determinado por los afectados —los trabajadores—, y cómo se llega a ese nivel desde arriba o desde abajo se conseguirá a partir de la opinión de los directivos. Además, para lograr la *máxima objetividad*, la evolución del indicador se calcula como media entre el promedio obtenido por todos los socios de forma individual y la medida del grupo en la que participarían los entrevistadores (panel de expertos).

Ciertamente, *el proceso incluye un conjunto de controles* tal que en este momento no deberíamos obviar, al menos como recordatorio, pues ya han sido comentados: el diseño de la encuesta, la realización de entrevistas a la dirección y su formato, en el que se incluía un doble proceso desconocido a *priori* por el entrevistado, el uso de preguntas cruzadas de control en ambos cuestionarios para dotarlos de mayor congruencia y robustez o el propio conocimiento inicial de la empresa por los investigadores para su participación en el panel de expertos o en la consecución de estos resultados.

Llegados a este punto, como paso inmediato, retomamos con pormenorizado detalle, teniendo en cuenta la Tabla 5.1. y las peculiaridades de su empresa (véase la Tabla 5.2. del ejemplo), la presentación de los intangibles e indicadores. Siempre tendremos que perseguir la robustez y la objetividad en el método establecido.

☛ Es el momento de abordar los detalles sobre el *proceso de generación de indicadores* sobre capital intelectual para la empresa ARQ. Debido a las limitaciones de información, sobre todo en lo referente a la historia de la empresa, seguimos el procedimiento, comentado en la teoría, que a su vez se soporta en dos objetivos:

a) El *cálculo del indicador para el periodo finalizado más actual*, en este caso el ejercicio 2002. Para ello, y en lo que concierne a la mayoría de los indicadores de eficiencia, hemos planteado el cálculo sobre las medidas de la encuesta hacia la plantilla, considerando el valor medio de la pregunta de acuerdo a la población total y no como media de los grupos A y B. Posteriormente, y como resultado de una agrupación de respuestas codificadas [4] consideradas (se indicarán en detalle a continuación para cada indicador), se introduce una ponderación de acuerdo a los diferentes aspectos y su importancia relacionados con dicho indicador. El resultado obtenido se traslada desde la escala valorativa de la encuesta (1 a 5) a la porcentual o unitaria. Así queda definitivamente confeccionado el indicador para 2002. En algún caso, justificado por su mejor cualificación, se ha trasladado directamente información desde la entrevista de los socios.

b) El proceso de cálculo de *la historia del indicador* a través de la entrevista aplicada a los socios, dada su mejor noción del ambiente, capacidad, gestión y control de la empresa, además de ser el único grupo que garantiza la per-

---

[4] En el anexo, junto a los cuestionarios y la entrevista, han sido incluidos los valores de los códigos asignados a cada pregunta tipo en cada bloque.

manencia y por ende el mejor conocimiento de la empresa desde su naci-
miento. En suma, readaptando los valores a escala unitaria o porcentual y calculando el promedio entre los obtenidos desde el panel (grupo de expertos) y
el valor promedio de las entrevistas individuales, estimamos la historia del indicador desde 1996 a 2001. De esta manera, conseguimos calcular estos
indicadores en su aspecto histórico, según las hipótesis consideradas, y ba-
sadas en el peso fundamental residente en los socios, a pesar de que se in-
trodujeran previamente medidas de control sobre ellos desde el resto de trabajadores (véase, en la entrevista comentada de los trabajadores, el bloque 4).

Es hora de introducirnos, con pormenorizado detalle, en la presentación de los intangibles e indicadores para la empresa ARQ.

Intangibles e indicadores de capital humano

Pasamos a continuación, y a partir del esquema trazado para los indicadores de capital humano Tabla 5.3.), a explicar el cálculo de los mismos.

Masa salarial cualificada [5]. Hace referencia a toda contraprestación que reciben los
trabajadores considerados como cualificados, entendiendo por éstos aquellos que suponen una ventaja competitiva y que su marcha pueda desembocar en una situación
negativa para la compañía. En el caso de ARQ, una empresa de servicios constituida por una plantilla de 28 trabajadores, se puede considerar que prácticamente todos
son cualificados, por lo que se ha optado por suponer toda la masa salarial como cualificada. En concreto, las partidas que se han seleccionado desde el sistema contable

TABLA 5.3. *Indicadores de capital humano*

Componentes	Indicadores	
	Absolutos (C)	De eficiencia (i)
Capital Humano $(C_H \cdot i_H)$	Masa salarial cualificada Inversión en formación	1-(tasa costes salariales / tasa ventas) 1-(temporales/permanentes) Índice de motivación Índice de promoción Índice de acción social Índice de formación Índice de sistema de remune-ración Índice de clima laboral

[5] El valor calculado de los indicadores se recoge en la Tabla 5.9., al final del capítulo.

son la cuenta 640 (sueldos y salarios), que agrupa las remuneraciones, fijas y eventuales, del personal, y la 623 (servicios de profesionales independientes), que recoge, en esta empresa, por un lado las remuneraciones por los servicios prestados por profesionales, esto es, por los que no cotiza, y también, en menor cuantía, los desembolsos realizados a otros profesionales que supongan una generación de valor futuro para la organización.

Para la obtención de los valores semestrales[6] hemos partido de los importes anuales de las cuentas 640 y 623 que se han distribuido de manera proporcional después de un periodo de reflexión con los gerentes, ya que se consideraba la aproximación que más se ajustaba a la realidad

Inversión en formación. Bajo dicho epígrafe se reúnen todos los gastos destinados por este concepto en el periodo considerado, esto es, lo invertido en formación para ese periodo. Esta cuantía no se encuentra recogida en una única cuenta de gastos, sino en diferentes, llevando la empresa un control interno que permite conocer lo gastado en cada ejercicio. Para este indicador absoluto se presenta como más representativo el gasto anual en formación.

Indicador: 1 – (tasa costes salariales / tasa ventas). Entre los indicadores de productividad, de forma que nos pone de manifiesto el porcentaje de incremento que han supuesto los costes salariales en relación al incremento de ventas. Lo presentamos así porque contamos con la hipótesis de ventas mayores que costes; de lo contrario, arrojaría valores negativos y a nuestros efectos se consideraría valor cero. Para su cálculo hay que determinar los incrementos, que se calculan como tasas, es decir, tasa de $X = (X_t - X_{t-1}) / X_{t-1}$. Se ha partido de datos para periodos anuales y al ser estas variaciones similares a las semestrales, se ha considerado la misma para los dos semestres del año. Los resultados obtenidos han sido los siguientes:

	1997	1998	1999	2000	2001	2002
Tasa costes salariales	0,387	-0,361	0,122	-0,0042	-0,116	0,132
Tasa ventas	0,676	-0,568	-0,033	0,224	0,062	0,125
1-(tasa costes salariales/tasa ventas)	0,427	0,364*	1,366*	1,1875*	2,87*	-0,056*
Datos normalizados	0,427	0	0	1	1	0

* Deben ser normalizados.

[6] Este indicador, al igual que el resto, son presentados en este apartado anualmente de forma conjunta (tabla 5.9.). No obstante, dada la corta historia de ARQ, los hemos calculado también con frecuencia semestral para poder cumplir con los requerimientos de mínima información necesarios para la posterior aplicación de los modelos de Análisis Integral. Así, este cálculo se ha llevado a cabo en la fase siguiente (capítulo 6), teniendo presente que el reparto semestral usualmente ha seguido alguno de los criterios metodológicos que se comentan a continuación: el mismo valor del periodo final, caso de los índices financieros; el cálculo proporcional al periodo, en los indicadores absolutos monetarios donde ha sido posible; o la interpolación lineal, caso de la mayoría de índices de capital intelectual.

Respecto a estos resultados, debemos realizar varias normalizaciones, tal y como hemos planteado la ratio, ya que el resultado debe comprenderse en el intervalo 1 y 0. En el año 98, tanto para las variaciones salariales como de ventas, se produce un decremento, pero en este caso ha sido mayor en las ventas que en los costes; por lo tanto, debe considerarse cero. En el 99, en los costes se produce incremento y en ventas decremento: de nuevo hay que normalizarlo a cero. En 2000 y 2001 existe un decremento de costes mientras existe un incremento de ventas, por lo que resultaría en lo más positivo, es decir, ha de tratarse como uno. Por último, en 2002 el incremento de costes es mayor que el de ventas, por lo que debe figurar cero.

Indicador: 1 – porcentaje de trabajadores temporales sobre permanentes. Recoge una medida más sobre estabilidad de la plantilla. Se define entre 0, cuando existe el mismo número de eventuales que de permanentes, y 1, en el caso de no haber ningún contrato temporal. Este indicador, por tanto, está sesgado hacia la estabilidad, pues serían posibles valores negativos que no son aquí considerados para plantillas típicamente eventuales. El número de eventuales, como de permanentes, son conocidos desde su fundación.

Indicador de motivación. Para la realización de este índice, como en el resto de los casos generados a partir de encuesta, presentaremos el grupo de preguntas utilizado para el cálculo del valor en el año 2002 (cuestionario plantilla)[7].

El gráfico de la evolución del indicador recoge su historia, aplicándose el promedio entre el dato del grupo o de panel y la media individualizada proveniente de la entrevista de los socios[8].

En general, se observa un decrecimiento con un punto de inflexión en 1999, justificado por la composición de la plantilla, que en 1996 contaba con un 63% de parti-

---

[7] En estos cuadros aparece el peso o ponderación aplicada para el cálculo de dicho indicador; así, por ejemplo, en este caso ha sido de 1/3 en las dos primeras cuestiones y 1/9 para el resto. La suma de la ponderación es siempre uno y su valor ha sido establecido tras un periodo de reflexión fundamentado en la metodología previa de explotación de resultados del cuestionario y el conocimiento de la empresa por parte de los investigadores. En el caso de motivación, se obtuvo aplicando a estos pesos un valor de 3,604545 en la escala de 1-5, lo que equivale al valor de 0,6505 o 65,05% para 2002.

[8] Así, por ejemplo, para el índice de motivación el resultado de la historia es obtenido a partir de los siguientes datos:

	1996	1997	1998	1999	2000	2001	2002
Media individual	1,378571	1,307143	1,164286	1,078571	1,05	1,042857	
Datos panel (grupos)	1,2	1,2	1,1	0,9	0,95	1	
Valor medio	1,289286	1,253571	1,132143	0,989286	1	1,021429	
Valor índice	0,83868	0,815448	0,736459	0,64353	0,6505	0,664439	0,6505

En 2001, por ejemplo, el indicador toma la cuantía de 0,664439, fruto de multiplicar 1,021429 por el dato base de 2002, es decir, 0,6505.

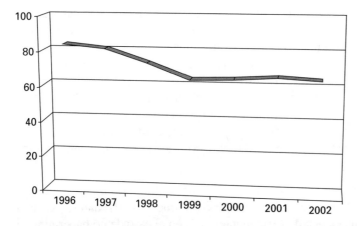

Cuestionario plantilla	
Preguntas	**Pesos**
1.b1	1/3
12.b1	1/3
13.14.b1.B	1/9
13.b1.A	1/9
6.b3	1/9

FIGURA 5.4. *Índice de motivación*

NOTA: Formato de referencia de las preguntas del cuestionario plantilla: N.º cuestión. Bloque del cuestionario. En su caso, el tipo de cuestionario A o B. Ejemplo: 13.b1.A = cuestión 13 del bloque 1 para el tipo de trabajador A.

cipación de los socios y en 2002 sólo un 25%. A pesar de ello, presenta una fuerte involucración del empleado que cuenta con altos índices de estabilidad, formación y calidad lo que ha motivado el mantenimiento, incluso la recuperación, de los valores en torno al 0,65.

Índice de promoción. Para este indicador son tenidos en cuenta los cambios contractuales producidos, dadas las características del sector, los más habituales han sido

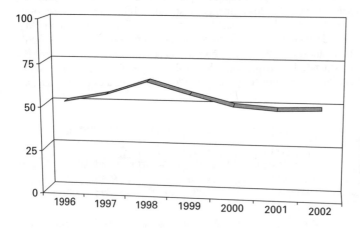

Cuestionario plantilla	
Preguntas	**Pesos**
11.b1	1/2
15.b2	1/4
9.b3	1/4

FIGURA 5.5. *Índice de promoción*

los despidos y nuevas contrataciones, que se ilustran en el periodo inicial de constitución, manteniéndose después de forma constante por encima de la media, lo cual
induce a pensar que el valor subyacente circularía en torno a estos valores aceptables
para la plantilla.

Índice de acción social. Como ya hemos comentado, la política de acción social es
y ha sido casi nula; sin embargo, la percepción de la plantilla de esta necesidad no
es importante y además permanece constante en el tiempo. Si bien los valores dan
cuenta de un nivel inferior a la media, sin duda se puede mejorar.

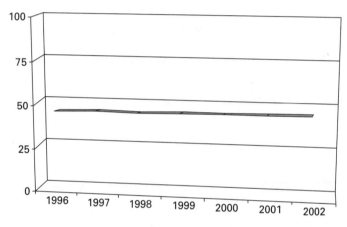

FIGURA 5.6. *Índice de acción social*

No incluimos la tabla de cuestiones al haber utilizado sólo la pregunta 6 del bloque 1.
Otras respuestas, procedentes de la entrevista a los socios, nos revelaron la preca-
riedad de este tipo de acciones promovidas por la empresa.

Índice de formación. Esta nueva medida sobre formación ha sido desarrollada a partir de diferentes valoraciones de la plantilla, dando cuenta de una política en continua
evolución positiva y con valores algo superiores al valor medio. Sin embargo, queda
aún horquilla suficiente para alentar y aumentar dicha evolución constante, pero lenta, que en el último periodo muestra una ligera vuelta atrás (Figura 5.7).

Indicador sobre el sistema de remuneración. Es éste uno de los indicadores que
muestra un menor valor en términos absolutos. Para su cálculo se han tenido en
cuenta un gran número de cuestiones a fin de calcular un dato libre de sesgos. Se al-
canzan dos mínimos en su evolución: 1997 y 2000, y el máximo se consigue para el
último periodo analizado (Figura 5.8).

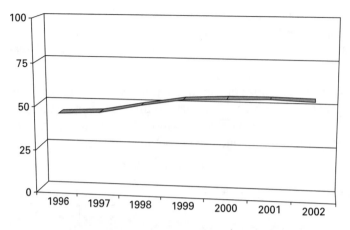

FIGURA 5.7. *Índice de formación*

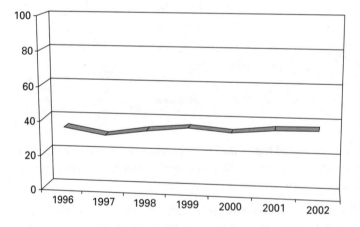

FIGURA 5.8. *Índice del sistema de remuneración*

Índice de clima laboral. Resulta muy ilustrativo en lo referente al periodo de 1997 a 1998, en el que, como ya descubrimos a partir de las encuestas y otros indicadores, se presenta un grave problema en la plantilla que originará la ruptura de ésta y una nueva política que favorecerá un buen clima social a pesar del aumento de trabajadores periodo a periodo, hecho que se traduce en una lenta regresión del indicador en los últimos años.

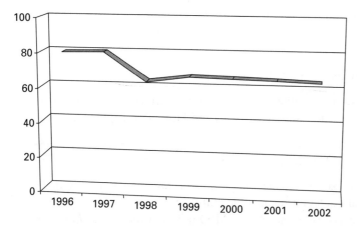

Cuestionario plantilla	
Preguntas	**Pesos**
9a.b2	1/4
9b.b2	1/4
11.b2	1/6
17.b2	1/6
5.b3	1/6

FIGURA 5.9. *Índice del clima laboral*

Intangibles e indicadores del capital estructural

En este caso, y a partir de la clasificación en los cuatro componentes especificados: *procesos internos, relacional, comunicacional y de I+D+i*, explicitamos en las siguientes líneas los indicadores de forma pormenorizada.

Así, en la Tabla 5.4. resumimos los indicadores de *capital de procesos internos*.

TABLA 5.4. *Capital de procesos internos*

Componentes	Indicadores	
	Absolutos (C)	**De eficiencia (i)**
Capital procesos internos $(C_p \cdot i_p)$	Inversión en calidad, prevención y evaluación	Horas corrección de errores Horas calidad / horas totales Índice de sugerencias

Inversión en calidad (prevención y evaluación). Por inversión en prevención podemos entender las realizadas en:

- Revisión: es decir, las inversiones previas al lanzamiento del producto al mercado, destinadas a revisar el diseño, proceso de fabricación, comercialización y administración que eviten costes de no calidad.

- Mantenimiento: relacionadas con actividades de puesta a punto de todas las instalaciones y maquinaria que supongan un incremento de la productividad.

- Inversiones realizadas en el departamento de calidad.

- Inversiones en mejora de calidad del proveedor y vendedor, ligadas con la reducción de los plazos de entrega y que eviten la posible ruptura del proceso productivo.

- Medioambientales, realizadas para proteger el entorno.

La inversión en evaluación sería la necesaria para trazar las pruebas y actividades de inspección que sirven para detectar los posibles fallos de la producción antes de que lleguen a los clientes. En el caso concreto de ARQ la *inversión en calidad* (prevención y evaluación) ha sido calculada de la siguiente manera:

*[Coste directo / Hora directa] * Horas totales empleadas en calidad*

La empresa tiene estipulado un sistema de gestión que le permite determinar para cada año cuáles han sido los costes directos y qué parte son horas directas respecto a las horas totales realizadas. Además, también tiene establecido un procedimiento para determinar las horas empleadas en calidad. De esta forma, ha sido cuantificado para el periodo anual y se ha dividido proporcionalmente para ambos semestres.

Horas de corrección de errores. Siguiendo en la línea de otros indicadores, corresponde éste al plan diseñado de calidad de la propia compañía, en donde se incorporan las horas dedicadas a la revisión de fallos y calidad de los proyectos asignados. Muestra la constante preocupación por parte de la empresa por aumentar su calidad.

Horas calidad/horas totales. En la línea del indicador anterior y dentro de la misma política de calidad, ARQ viene obteniendo la ratio de horas dedicadas a calidad (corrección de errores) sobre el total de horas trabajadas, contabilizadas aparte, advirtiéndose aquí los esfuerzos realizados por la empresa con un constante incremento de este indicador.

Índice de sugerencias. Se plantea con el objetivo de establecer un indicador sobre la participación de los empleados en el órgano decisor (Figura 5.10).

Para ello, intervienen un número apreciable de preguntas de los cuestionarios. En dicha confección hemos introducido un valor sintético o elaborado de sugerencias tenidas en cuenta por la dirección sobre las realizadas (su forma ha sido: 12.b2 * 13.b2, es decir, el producto entre el porcentaje de sugerencias realizadas y la viabilidad de las mismas). El resultado final tiene dos lecturas: la primera indica el alto valor del índice, sobre el 60%, y la segunda su constancia a lo largo de la historia, incluso en circunstancias críticas de la plantilla observadas en indicadores anteriores.

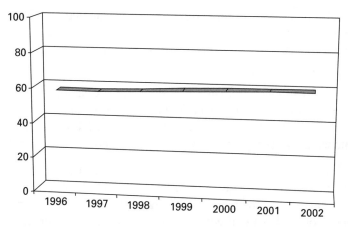

FIGURA 5.10. *Índice de sugerencias*

En la Tabla 5.5. sintetizamos los indicadores de *capital relacional* que pasamos a detallar.

TABLA 5.5. *Capital relacional o comercial*

Componentes	Indicadores	
	Absolutos (C)	De eficiencia (i)
Capital relacional o comercial ($C_C \cdot i_C$)	Trabajos realizados por empresas (subcontratos) Ventas netas-AENA Coste concursal	Índice de volatilidad Índice de ganancia de concursos sobre presentado Índice de satisfacción de clientes

Trabajos realizados por empresas (subcontratos). Cifra contable de servicios que tenemos transferidos a otras empresas cualificadas, excluidos los destinados a formación, en concreto los presentados en la cuenta 607. La empresa tiene elaborada una partida interna que llama subcontratos que recoge todo aquello que se ha realizado "fuera de la oficina". Es muy parecida a la anterior, pero la diferencia estriba en que esta última está pensada para recoger todo lo que no está realizado en la oficina frente a lo que sí está, de ahí que pueda incluir partidas que realmente no suponen empresas cualificadas o incluso formación. Por ello, se ha optado por seleccionar el importe total para cada ejercicio de la partida

607 después de llevar a cabo un estudio de las diferentes empresas que han dado lugar a la cuantía de dicha cuenta. Este importe se ha cuantificado para el periodo anual y se ha procedido a dividirlo proporcionalmente entre los semestres del año.

Ventas netas – AENA. Se pretende poner de manifiesto el potencial que tiene la empresa, pero excluyendo la dependencia de un cliente público (AENA) que representa la cuantía más elevada de estas ventas netas porque si en un futuro desapareciera podría llevar al traste muchas de las perspectivas de la organización.

*Coste concursal (horas dedicadas a concurso * coste directo hora).* Indicador que armoniza y propicia valores orientativos de la rentabilidad concursal. Aprovechando la información derivada de la empresa en cuanto a las horas dedicadas a la preparación y presentación a concursos, y el coste directo de la hora ya calculado, podemos determinar el coste. A su vez, puede contrastarse con el monto económico alcanzado por la empresa por los proyectos conseguidos. Entre los ejercicios más rentables, siguiendo este argumento, tenemos el 2000.

Índice de volatilidad. Confeccionado a partir de la cifra de ventas minorada por la partida del principal cliente en la historia de ARQ, AENA, dividido por la cifra de ventas total. Por tanto, un valor de 1, como el de 1996, indicará que no tiene ningún peso dicho cliente; sin embargo, valores en torno a cero cuestionan la volatilidad de la empresa en el sentido de la gran dependencia del citado cliente para la continuidad del negocio.

Índice de ganancia monetaria de concursos sobre los presentados. Esta medida complementa la visión de la actividad concursal. Se obtiene un indicador de la proporción de concursos conseguidos por la compañía sobre los presentados, en términos monetarios. Para su completa armonización se ha incorporado la información que la empresa poseía pero no había usado, aplicando el porcentaje en el mismo sentido, lo que garantiza su utilidad en la confección del modelo.

Índice de satisfacción de clientes. Se trata en este caso de un valor calculado ya por ARQ, a través del número medio de reclamaciones realizadas por los clientes sobre las posibles, previamente establecidas desde la experiencia de la empresa. El valor se encuentra en torno al 70%, lo que significa un alto nivel de satisfacción, próximo al umbral máximo posible, que podría estar en torno al 78% si tenemos en cuenta los valores máximos alcanzados a lo largo de la historia por la empresa en algunos de sus trabajos.

En la Tabla 5.6. recogemos los indicadores de *capital comunicacional* que exponemos en las siguientes líneas.

Gastos de comunicación y marketing. En este sentido, los indicadores absolutos podríamos recogerlos en la partida inversión en *marketing,* desglosada como sigue:

TABLA 5.6. *Capital comunicacional*

Componentes	Indicadores	
	Absolutos (C)	De eficiencia (i)
Capital comunicacional $(C_M \cdot i_M)$	Gastos de comunicación y *marketing*	Índice de gasto comunicacional / clientes Índice de imagen de empresa

- Publicidad: impresión y radiodifusión, embalaje, vallas publicitarias, material audiovisual, símbolos y logotipos.

- Promoción de ventas: ferias de muestras, exposiciones, demostraciones, acuerdos con distribuidores.

- Venta personal: programas de incentivos, formación de vendedores, propaganda.

- Relaciones públicas: prensa, conferencias, seminarios, informes anuales, obras de caridad, patrocinio, publicaciones, relaciones sociales, mecenazgo.

Se ha tomado la partida de gastos 627: publicidad, propaganda y relaciones públicas; considerando para cada semestre los gastos que habría habido del 1 de enero al 30 de junio y del 1 de julio al 30 de diciembre de cada año.

Índice: gasto comunicacional / clientes. Esta ratio nos indica la proporción existente entre la inversión en gasto comunicacional y el montante de la cuenta 430 (clientes). Para su cálculo se ha tomado la partida de gastos 627 (publicidad, propaganda y relaciones públicas), considerando para cada semestre los que habría habido del 1 de enero al 30 de junio y del 1 de julio al 30 de diciembre de cada año, y se ha dividido por el montante de la cuenta 430 para cada semestre.

Índice de imagen de empresa. Sintetizamos ahora gran parte de la visión de la empresa frente al exterior, adquiriendo el valor de 0,5 una significación de imagen estándar del sector. En su diseño hemos introducido tanto la perspectiva de los socios como la de la plantilla, si bien y como garantía de fidelidad del mismo diremos que ambos valores resultaban similares, en torno al 0,7, lo que sitúa a ARQ en una posición envidiable respecto al sector. Por último, su evolución es muy elocuente, con una tendencia positiva que aumenta en unos cinco puntos en cada periodo.

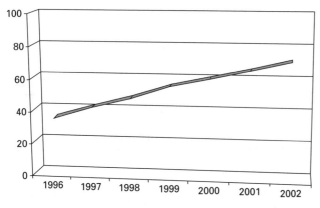

Cuestionario plantilla	
Preguntas	**Pesos**
3.b3	1/6
10.b3	1/6
11.b3	1/6
Entrevista socios	
Índice 4.1	1/2

FIGURA 5.11. *Índice de imagen empresarial*

Por último, en el la Tabla 5.7. se presentan los indicadores de *capital de investiga-ción, desarrollo e innovación.*

TABLA 5.7. *Capital de investigación, desarrollo e innovación*

Componentes	Indicadores	
	Absolutos (C)	**De eficiencia (i)**
Capital de investigación, de-sarrollo e innovación $(C_{IDi} \cdot i_{IDi})$	Inversión en equipos informáticos Inversión en I+D+i Indicador desarrollo	Inversión / Activo total Indicador tecnológico N.º ordenadores / empleados

Inversión en equipos de información. Agrupa el montante económico destinado a or-denadores y demás conjuntos electrónicos, incluyéndose *software* y *hardware*. Se trata por tanto de las cuantías consideradas como inversiones realizadas cada año en estos conceptos, estando sus importes dentro de las cuentas 215 (aplicaciones in-formáticas) y 227 (equipos para procesos de información). Se disponía de este dato para el periodo anual y se ha procedido, como en casos anteriores, a su división pro-porcional para ambos semestres.

Inversión en I+D+i. Incluye todos los gastos de investigación, desarrollo e innova-ción que se generen en la empresa en los siguientes aspectos:

- Procesos productivos y tecnológicos que supongan un incremento y mejora de las condiciones tecnológicas de la organización.

- Diseño de nuevos productos y perfeccionamiento de los existentes.

- Mejora de los sistemas.

- Nuevos mercados.

Hay que decir que la inversión en I+D+i, así definida, realizada por ARQ ha sido considerada prácticamente nula.

Indicador de desarrollo. La confección de este valor es generada como resultado de la expresión en términos monetarios de las horas de formación interna contabilizadas ya por ARQ. Por tanto, resulta del producto de esas horas por el coste directo de las mismas en cada periodo. Con ello tratamos de cuantificar la inversión materializada en actividades que suponen un desarrollo y, por tanto, generan valor.

Inversión / Activo total. Este indicador pone de manifiesto el porcentaje que representa la inversión realizada cada año en equipos de información sobre el total de activo contable de la empresa. Para su cálculo se ha partido de la inversión realizada en el periodo anual, poniéndola en relación al activo total anual. La variación anual es prácticamente similar a la semestral, por lo que se ha considerado su cálculo igual para los semestres.

Indicador tecnológico. Cuando nos planteamos la inclusión de estas cuestiones para la elaboración del indicador, pensábamos en la obtención de mayores valores; sin embargo, arroja datos que nos hacen suponer que precisa enfrentarse a un fuerte reto en la mejora tecnológica que, por otra parte, muestra una tendencia positiva en su evolución (Figura 5.12).

N.º ordenadores/empleados. En este caso, dada la política empresarial adoptada, desde sus inicios, de inversión en equipos para conseguir una razón unitaria, se considera que tal ratio fue alcanzada en 1996 y se mantiene en el tiempo; por lo tanto es igual a uno para todo el periodo considerado.

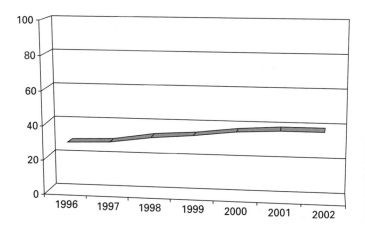

Cuestionario plantilla	
Preguntas	Pesos
2.b2	2/3
3.b2	1/3

FIGURA 5.12. *Índice tecnológico*

PRESENTANDO LOS INDICADORES DEL CAPITAL INTELECTUAL. FICHA TÉCNICA

Para finalizar, antes de comenzar a desarrollar la metodología del modelo matemático de capital intelectual, debemos *presentar el conjunto de indicadores*, haciendo tres matizaciones:

a) *Es necesaria la ilustración de una selección de indicadores que se van a considerar para aplicar el modelo de capital intelectual* y que a su vez pueden documentar a cuantos usuarios de la información estén interesados en conocer el verdadero valor de la organización, esto es, desde los internos (gerencia) a los externos (proveedores, clientes, accionistas...), teniendo presente que este último grupo recibirá la información que la empresa decida suministrarle, al no existir actualmente ninguna obligatoriedad al respecto.

b) Los indicadores anteriores ofrecerán una información detallada de sus intangibles, que *le permitirán realizar comparaciones, análisis de evolución*, etc. Pero posteriormente, de cara a la estimación de su modelo, no todos los indicadores seleccionados serán válidos a efectos de su significación con relación a los distintos capitales. Esto se analizará con mayor detalle en el próximo capítulo.

c) *Aquellos indicadores relegados a un segundo plano*, como los no utilizados para el modelo de capital intelectual, *podrían calificarse de internos*, y obrarán, en consecuencia, en poder de la compañía, *soportando la confección o incluso sirviendo de control de los primeros*.

De esta forma, debemos recoger ahora en una *ficha técnica el conjunto de indicadores para el Análisis Integral*, diferenciando, al menos, el conjunto de los económico-financieros, en la línea de los presentados en la primera visión, con los de los intangibles.

Por último, si se van a dar a conocer dichos indicadores a los diferentes usuarios, hay que tener presente que no existe quórum sobre dónde se debe ubicar dicha información, aunque nosotros abogamos por recogerlos como un *anexo a las cuentas anuales*[9].

Una vez hechas estas apreciaciones, conviene detenernos unos instantes en la estructura de la ficha técnica o esquema sintético, que estaremos en condiciones de realizar y presentar después de concluida esta segunda fase y perspectiva de nuestro Análisis Integral. A modo de patrón, *su contenido* se basaría en los siguientes cuatro puntos:

---

[9] Al respecto puede consultarse Nevado y López (2002): 161-208.

a) *Necesidades de información*. Se catalogarán las carencias de ésta, reuniendo los indicadores internos desarrollados o para desarrollar por la organización y que, en su caso, hacen obligatorio el uso de determinadas técnicas de acopio de datos (cuestionarios, entrevistas), así como los grupos o poblaciones a los que se dirigirán.

b) *Cultura organizacional*. Convendrá hacer un paréntesis sobre la información recogida, y establecer el conjunto de características de la organización o cultura organizacional o empresarial.

c) *Indicadores de capital intelectual*. Tras la adscripción al modelo teórico diseñado y estudiado en esta fase de capital intelectual, plantearemos los principales indicadores calculados con la evolución de los mismos; para ello se entiende que es necesaria la ilustración de los resultados finales durante, al menos, los cinco últimos ejercicios.

d) *Indicadores económico-financieros*. Como complemento de la visión anterior, en dicha ficha deben incluirse un grupo de indicadores correspondientes a la visión económico financiera desarrollada inicialmente que deberá contener, como mínimo, ratios sobre liquidez, endeudamiento, rentabilidad y productividad.

Las líneas maestras de esta ficha técnica se resumen en la Tabla 5.8. En cualquier caso, la mejor ilustración estriba en la propia aplicación de este esquema sobre nuestra empresa ejemplo.

☞ Antes de desarrollar la *ficha resumen o técnica de la visión de capital intelectual* sobre ARQ, conviene hacer la siguiente aclaración: el conjunto de indicadores aquí recogidos son una selección de los utilizados; de ningún modo se pretende eliminar o restar importancia a los indicadores que no aparezcan ilustrados, ya que éstos han servido directa o indirectamente para la confección de los explicitados en los siguientes cuadros. Por todo ello, se anima al lector a que siga la evolución para la consecución de dichos indicadores y en el caso de la compañía al mantenimiento de cuantos medidores ya utilizaba.

Sin más dilación, pasamos a mostrar las informaciones y diferentes medidas clasificadas de acuerdo al modelo de ficha técnica sobre la visión del capital intelectual a presentar en el ejercicio 2003, incluyendo desde el primer periodo completo de actividad, 1996 (Tabla 5.9).

TABLA 5.8. *Ficha técnica sobre la visión del capital intelectual*

FICHA TÉCNICA-VISIÓN DE INTANGIBLES
1. NECESIDADES DE INFORMACIÓN • Información generada a través del sistema de gestión (asignación de tiempos a tareas, costes de la hora…). • Desarrollo de cuestionarios: encuestas a los trabajadores y entrevistas a la dirección.
2. CULTURA ORGANIZACIONAL • Materiales culturales. • Signos. • Evaluación.
3. INDICADORES DE CAPITAL INTELECTUAL [10] • Componentes del modelo teórico de capital intelectual: — humano, estructural y no explicitado (resto) — agregados (valor contable y de mercado)

Humano	Tabla indicadores (cinco últimos ejercicios) [11]
Procesos	Tabla indicadores (cinco últimos ejercicios)
Relacional	Tabla indicadores (cinco últimos ejercicios)
Comunicacional	Tabla indicadores (cinco últimos ejercicios)
I+D+i	Tabla indicadores (cinco últimos ejercicios)

4. INDICADORES ECONÓMICO-FINANCIEROS • Productividad, liquidez, endeudamiento, rentabilidad…

---

[10] Tenga presente que de este listado de indicadores no todos deben participar en la posterior determinación de los distintos capitales a la hora de estimar su modelo de capital intelectual para que éste sea significativo. Por lo tanto, y en cualquier caso, éstos nos sirven para obtener una adecuada información sobre intangibles, analizar cómo evolucionan, realizar comparaciones, etc.

[11] Debemos diferenciar los indicadores absolutos de los de eficiencia. Una manera sencilla, por ejemplo, es el ordenamiento simple, colocando primero los absolutos y después los de eficiencia.

TABLA 5.9. *Ficha técnica: visión del capital intelectual para ARQ*

FICHA TÉCNICA-VISIÓN CAPITAL INTELECTUAL

1. NECESIDADES DE INFORMACIÓN

Información inicial

En primer lugar, insertamos un cuadro sobre una selección de indicadores que generaba ARQ, desde un sistema de gestión de información que se soporta en la asignación de tiempos a diferentes tareas, como las dedicadas a formación o a la preparación de concursos.

Indicadores internos de ARQ	1996	1997	1998	1999	2000	2001	2002
Costes directos (gastos de explotación)	512.685,06*	1.066.796,49	1.063.791,42	973.639,61	1.081.821,79	1.220.054,57	1.409.373,38
Coste de la hora directa	28,58*	28,58	30,93	33,81	33,45	39,97	35,63
Horas directas (trabajadas en el negocio)	17.936	37.318	34.389	28.797	32.337	30.524	39.553
Horas de formación	240,10	214,00	306,50	592,50	729,50	406,50	448,50
Horas de corrección de errores	653	377	1.566	1.432	1.952	2.168	4.215
Horas dedicadas a promoción y concursos	3.970	3.328	3.374	4.376	2.405	3.471	4.242

* Datos estimados a partir de la información de 1996 y 1997.

Entre las bondades de un buen sistema de gestión, sin duda, son importantes las posibilidades de cuantificación que se nos ofrecen mediante el cálculo del coste de una unidad temporal (la hora, por ejemplo) y la asignación de tiempos a las diferentes tareas, con lo que podremos valorarlas de una forma sencilla. Entre las tareas que son formuladas por ARQ, destacan la preparación de concursos, la formación, la calidad o la corrección de errores.

En segundo lugar, son importantes una serie de indicadores que ARQ ofrece y que contribuyen al conocimiento de su realidad en recursos humanos y plantilla, que en síntesis son indicadores para realizar comparaciones con el sector y que arrojan valores que nos conducen a una plantilla joven y que incorporan a la mujer a los diferentes puestos, exceptuando los de gestión, en el que no hay ninguna.

Indicadores plantilla de ARQ	1996	1997	1998	1999	2000	2001	2002
Edad media de la plantilla	37,15	37,00	35,39	35,84	32,73	33,75	34,13
Porcentaje de mujeres	7,69	13,33	26,09	21,05	26,09	38,10	39,13
Empleados	6	16	15	12	17	16	22
Socios-directivos	10	10	11	11	7	7	7
Empleados no profesionales (fijos)	11	17	17	16	15	16	19

ARQ desarrolla además otros indicadores internos referentes a agregados económicos, obtenidos desde los estados financieros, inversión en nuevas tecnologías, calidad y clientela que constituyen una buena referencia informativa para el investigador.

(Continúa)

TABLA 5.9. *Ficha técnica: visión del capital intelectual para ARQ (continuación)*

FICHA TÉCNICA-VISIÓN CAPITAL INTELECTUAL

Necesidades de información: realización de cuestionarios

Aunque no partimos de información cero, es latente la necesidad de recogida de ésta, dadas las peculiaridades de la plantilla y de la organización. Así, se realizan dos cuestionarios resumidos en:

- **Cuestionario de la plantilla.** Población: 22 empleados. Objeto: generación de dato base para 2002. Organización en cuatro bloques: 1. Remuneración, horario, motivación y satisfacción; 2. Espacio, clima de trabajo, organigrama y estrategias a futuro; 3. Imagen de la empresa e integración de la plantilla; 4. Valoración histórica de los tres bloques anteriores. Método: indirecto, encuesta. Tipo de componente o valor: prima el factor humano sobre el estructural.

- **Entrevista a los socios-directivos.** Población: 7 socios. Objeto: generación de la evolución de los indicadores generados desde la encuesta para los años 1996-2001, dato base de algunos indicadores de dirección, estimación de un valor de mercado para la empresa y su evolución. Organización en tres bloques: 1. Evolución histórica de indicadores de motivación, promoción, acción social, formación, remuneración, clima laboral, participación y tecnología. Evaluación de políticas de calidad; 2. Valor de mercado y evolución; 3. Dato base y evolución de otros indicadores: imagen corporativa, estabilidad y flexibilidad de la plantilla. Método: directo, bietápico; 1.ª etapa: entrevista personal, 2.ª: entrevista al grupo para los dos primeros bloques. Tipo de componente o valor: priman los valores estructurales.

2. CULTURA ORGANIZACIONAL DE ARQ

Materiales culturales

- *Historia*. Marcada por etapas: fuerte expansión inicial, crisis de la plantilla en los ejercicios 98 y 99 y nueva fase de entendimiento entre trabajadores desde 2000 con posicionamiento medio en el sector y evolución favorable de todos los indicadores.
- *Fundadores*. Personas con gran motivación, capacidad de trabajo y vocación, aspiran a liderar el sector arrancando desde el conocimiento del mismo, y provienen de empresas ya tradicionales en el ramo de la arquitectura.
- *Oficio*. Actitud y aptitud positivas, sabiendo que se hace bien el trabajo y además que éste es de calidad, con la idea de una preocupación "excesiva" por alcanzarla.
- *Valores*. Preocupación y medidas políticas en el avance hacia la formación de los trabajadores que permite y fomenta su estabilidad, así como en la consecución de una política adecuada de calidad.
- *Signos*. Preocupación y valoración de la imagen de empresa con una evolución positiva, descontento con los espacios físicos comunes y la duración de la jornada de trabajo.

(Continúa)

TABLA 5.9. *Ficha técnica: visión del capital intelectual para ARQ (continuación)*

FICHA TÉCNICA-VISIÓN CAPITAL INTELECTUAL

Valores, signos y símbolos

- Clima laboral adecuado, donde existe un reducido nivel de jerarquización.
- Participación, estabilización, integración e involucración de los trabajadores.
- Realización de los trabajadores en sus tareas, si bien, podrían desarrollar más sus capacidades.
- Bajo nivel de alienación.
- Adecuada motivación y satisfacción.
- Descontento generalizado con los horarios y la formación.
- Imagen positiva de empresa.
- Necesidades o carencias tecnológicas.

Evaluación

La cultura de ARQ, actualmente, se puede considerar adecuada, pero la misma está en constante evolución en función de cómo se vaya adaptando a las circunstancias del entorno y resuelva los problemas que se encuentre. Así, hay que destacar por ejemplo la mejora de la jornada de trabajo, la formación de los trabajadores y una mejor política tecnológica. No obstante, la cultura corporativa le está permitiendo obtener ventajas competitivas, ya que existe una identificación de la personas con la empresa aunque ésta podría incrementarse aumentando la cohesión de la organización.

3. INDICADORES DE CAPITAL INTELECTUAL

Componentes del modelo teórico de capital intelectual:
capital intelectual = capital humano + capital estructural + capital no explicitado

A través del modelo de capital propuesto, y tras la elaboración de los indicadores para cuantificarlos a través del método previsto de recogida de información, presentamos a continuación el resumen de resultados de los mismos.

En primer lugar, aparecen los agregados de capital intelectual ya expresados en euros de 2002[12]. Después los indicadores de los componentes de dicho capital (humano, procesos, relacional, comunicacional e I+D+i), donde incluimos los absolutos seguidos de los de eficiencia o relativos.

(Continúa)

---

[12] El proceso de eliminación del efecto precios, es decir, la deflación de las series expresadas en unidades monetarias, será una necesidad si bien, no lo hemos incluido en las tablas de componentes a fin de no complicarlas más y a sabiendas de que se explicará dicho proceso con detalle en la preparación de los datos para el modelo en el siguiente capítulo.

TABLA 5.9. *Ficha técnica: visión del capital intelectual para ARQ (continuación)*

FICHA TÉCNICA-VISIÓN CAPITAL INTELECTUAL

Agregado capital intelectual	1996	1997	1998	1999	2000	2001	2002
Valor contable deflactado (€)	64.274,89	353.686,81	456.556,03	487.162,07	542.421,48	672.332,29	725.631,96
Valor de mercado deflactado (€)	173.828,44	373.803,59	505.578,42	573.205,76	709.759,60	884.495,22	1.121.641,52
Capital intelectual deflactado (€)	109.553,54	20.116,78	48.922,39	86.043,69	167.338,12	212.162,93	396.009,56

NOTA: Deflactados por el IPC. Resultado euros constante de 2002.

Capital humano	1996	1997	1998	1999	2000	2001	2002
Masa salarial cualificada (€)	318.729,40	208.749,38	513.228,76	563.773,48	581.873,62	560.880,25	764.256,27
Inversión en formación (€)	3.348,26	10.534,86	13.115,14	11.469,16	13.526,26	11.629,26	12.725,80
1-(tasa costes salariales/tasa ventas)	NA	0,427	0	0	1	1	0
1-(temporales/permanentes)	0,6875	0,6538	0,6538	0,6957	0,6667	0,6957	0,6786
Índices de motivación	0,8387	0,8154	0,7365	0,6435	0,6505	0,6644	0,6505
Índice de promoción	0,5226	0,5674	0,6429	0,5746	0,5118	0,4956	0,5028
Índice de acción Social	0,4359	0,4422	0,4359	0,4375	0,4375	0,4375	0,4375
Índice de formación	0,4505	0,4623	0,5056	0,5429	0,5508	0,5567	0,5508
Índice de sistema de remuneración	0,3570	0,3141	0,3476	0,3691	0,3503	0,3718	0,3758
Índice de clima laboral	0,8029	0,8075	0,6423	0,6749	0,6679	0,6609	0,6516

Capital estructural	1996	1997	1998	1999	2000	2001	2002
Capital de procesos							
Inversión en calidad, prevención y evaluación (€)	18.665,44	10.776,22	48.442,78	48.420,12	65.298,94	86.662,14	150.197,34
Horas corrección de errores	653	377	1566	1432	1952	2168	4215
Horas calidad/horas totales	0,023	0,0081	0,0342	0,0346	0,0465	0,0525	0,0847
Índice de sugerencias	0,5803	0,5760	0,5846	0,5911	0,5975	0,6018	0,6018
Capital comercial o relacional							
Ventas netas (clientes)-AENA (€)	880.282,70	2.132.332,02	1.645.068,32	953.128,06	1.399.798,08	978.579,40	1.429.810,10
Trabajos realizados empresas (subcontratos)	172.149,56	1.032.266,18	431.440,96	299.256,80	407.404,52	399.285,00	60.388.596
Coste concursal (horas concurso*coste hora)	113.462,60	95.114,24	104.357,82	147.952,56	80.447,25	138.735,87	151.142,46
Índice de volatilidad	1	0,7842	0,9488	0,7333	0,8351	0,5472	0,6989
Índice de ganancia concursos s/presentado (€)	0,2487	0,2197	0,0363	0,2249	0,4466	0,3147	0,1654
Índice de satisfacción de clientes	0,6670	0,6670	0,6440	0,6330	0,6730	0,6900	0,7010
Capital comunicacional							
Gastos comunicación y marketing (€)	0	19.572,09	0	0	0	0	0
Índice gasto comunicacional/clientes	0	0,00562	0,00762	0,000753	0,00179	0,00279	0,00176
Índice imagen de empresa	0,3477	0,4200	0,4799	0,5570	0,6059	0,6596	0,7161
Capital en I+D+i							
Inversión en equipos informáticos (€)	5.734,52	51.797,16	36.511,86	30.820,30	37.578,88	57.436,32	43.937,98
Inversión en I+D+i (€)	0,00	0,00	0,00	0,00	0,00	0,00	0,00
Indicador de desarrollo (€)	6.862,06	611,12	9.480,05	20.032,43	24.401,78	16.247,81	15.980,06
Inversión/activo total	0,014	0,0589	0,063	0,0479	0,05	0,06	0,043
Indicador tecnológico	0,2941	0,3025	0,3363	0,3532	0,3819	0,3954	0,3940
N.º ordenadores/empleados	1	1	1	1	1	1	1

NOTA: Indicadores obtenidos según la metodología expuesta en este capítulo.

(Continúa)

TABLA 5.9. *Ficha técnica: visión del capital intelectual para ARQ (continuación)*

FICHA TÉCNICA-VISIÓN CAPITAL INTELECTUAL

4. INDICADORES ECONÓMICO-FINANCIEROS [13]

Incluimos en esta ficha resumen informativa una selección de indicadores económico-financieros que nos completan dicha visión e ilustran algunas de las apreciaciones realizadas sobre la empresa:

Indicadores económico-financieros	1996	1997	1998	1999	2000	2001	2002
Liquidez general*	1,00	1,37	2,75	2,72	2,66	2,62	2,81
Liquidez inmediata	0,00	0,57	1,66	0,65	0,55	0,40	0,23
Endeudamiento (RA/RP)	6,46	1,87	0,44	0,46	0,48	0,47	0,40
Rentabilidad económica	-0,47	28,61	16,57	5,74	8,90	15,02	7,12
Rentabilidad financiera	-3,53	82,05	23,82	8,40	13,17	22,12	10,51
Rotación activos	2,15	3,09	3,00	2,02	2,24	1,87	2,00
Productividad	1,05	1,62	1,56	1,01	1,25	1,59	1,20

---

[13] Hemos seleccionado los más representativos, con el fin de realizar un análisis económico-financiero de la empresa. En este sentido, para conocer la liquidez hemos contado con dos ratios: una de liquidez general y otra de inmediata; para el endeudamiento recogemos la proporción entre recursos ajenos y propios; para la rentabilidad, utilizamos los dos clásicos, conocidos como de rentabilidad económica y financiera; por último, cerramos esta lista con otro par de ratios que miden la rotación de activos y la productividad.

PARTE

Visión modelos de empresa

6

Modelo de simulación del Capital Intelectual

INTRODUCCIÓN

En estas líneas nos vamos a centrar en la tercera visión del Análisis Integral, que ofrece fundamentalmente información a posteriori, es decir, actúa como una verdadera nueva fuente de conocimiento que va a permitir diseñar las estrategias que deban emprenderse a futuro desde su compañía, con el claro objetivo de mejorar su valor, pero no sólo el tradicional vinculado a los estados contables sino también el intelectual extracontable, y además conocer el equilibrio o desequilibrio de los componentes del capital intelectual de su organización.

En concreto, nos fijamos ahora en el análisis y la estructura de sus intangibles y en la vinculación hacia ese propósito de cada uno de los componentes trazados desde el Análisis Integral y que se ciñen fundamentalmente al capital humano y estructural. El objetivo será, pues, llegar a *establecer una herramienta, a la que denominaremos modelo de capital intelectual*, que se ajuste y sea representativa para su organización, de manera *que le permita obtener una información a posteriori e incluso llevar a cabo simulaciones con el objetivo de facilitar su toma de decisiones*. Para ello, las técnicas que vamos a utilizar, principalmente, obedecen a modelos estadísticos y

155

econométricos soportados en técnicas de regresión lineal, que aunque puedan parecer complejos, hoy en día se encuentran disponibles en multitud de programas informáticos de fácil aplicación.

En definitiva, vamos a completar todo el proceso iniciado para poder gestionar el valor futuro de su empresa con una herramienta más de análisis que utilizaremos con este fin: los modelos matemáticos (econométricos) aplicados a su compañía.

ESPECIFICACIÓN DEL MODELO TEÓRICO DE CAPITAL INTELECTUAL

Ha llegado el momento de *especificar el modelo teórico* sobre el que se debe sustentar su *capital intelectual*, pero teniendo presente, como hemos venido señalando durante este trabajo, que nos hallamos ante un escenario contable complejo en valoración. Así, *vamos a partir de una diferencia entre el valor de una empresa desde el punto de vista del mercado* (estimado desde la valoración del empresario; pudieran utilizarse otras aproximaciones, aunque nos decantamos por ésta, entre otras razones, por su versatilidad, fiabilidad y presunción de continuidad de la actividad) *y de los libros* (contable o patrimonial), es decir, lo que podemos definir como *valor extracontable de una empresa. Desde este valor* y utilizando un soporte no determinista, es decir, operativo ante una relación no exacta, *tratamos de cuantificar el valor del capital intelectual de una empresa.* Como hemos dicho, esa relación no es exacta, ya que participan multitud de factores en su determinación, contiene una gran complejidad en su definición, además de los ruidos del mercado que se traducen, generalmente, en factores especulativos.

Así las cosas, sabemos que un modelo es una representación simplificada de la realidad, por lo que debemos contar desde el principio con la brecha que separa dicha realidad o sistema del instrumento que la mide, el modelo. Esta realidad no dejará de citarse en las siguientes páginas, no debiendo confundir el instrumento o herramienta de ayuda en la decisión con la propia estrategia que se determine por una compañía.

Una vez hecha esa apreciación, partimos de la consideración del valor de mercado (VM) como la suma del valor contable (VC) y capital intelectual (CI), por lo que podríamos escribirlo también de esta manera:

$$VM - VC = CI \quad [ec. 1]$$

En esta identidad, *hemos definido el valor extracontable como capital intelectual, si bien, a la hora de implementarlo, la medición de dicho capital intelectual no coincide con dicho valor extracontable*, ya que existen determinados factores que no participan o no pueden participar.

Entre los primeros, situaríamos ciertas *fluctuaciones especulativas del mercado* que posibilitan un distanciamiento en esta igualdad en ambas direcciones de signo, esto es, aumentan o disminuyen la partida de capital intelectual según ha sido definida en la ecuación 1; por tanto, el valor de mercado adoptará cifras mayores o menores que el contable. Por otra parte, existen factores que no podemos explicitar en este modelo como integrantes del capital intelectual, ya que su escasa relevancia motiva que incluso puedan desvirtuar los resultados al tenerlos en cuenta; así, los recogemos como *factores de capital no explicitados*, escindiéndolos del CI. De esta forma, podríamos escribir de nuevo el modelo [1] de forma más adecuada, según mostramos en la ecuación 2.

$$VM - VC = CI^* + (C_{NE} + FE) \qquad [ec.\ 2]$$

Donde, entre paréntesis, situamos, por este orden, el capital no explicitado (C_{NE}) y el factor especulación (FE); recuérdese que el valor extracontable puede ser mayor o menor que el capital intelectual explicitado (CI^*).

Desarrollando la anterior especificación, y teniendo en cuenta lo explicado hasta este punto, *introducimos la medición del capital intelectual como*: $CI = CI^* + C_{NE}$. El capital intelectual no explicitado puede ser positivo o negativo.

Por otra parte, en la determinación de este capital explicitado (CI^*) intervienen indicadores absolutos (C) y relativos (i), que determinan con qué eficiencia se utilizan los primeros, *siguiendo el esquema formal*: $CI^* = C \cdot i$, donde i podría ser una medida centrada de los diferentes indicadores relativos, desde la más simple (media aritmética) hasta medias ponderadas que otorguen mayores o menores pesos a los valores dependiendo de su importancia, calidad de obtención, etc.

Por otra parte, contamos con una desagregación del capital intelectual explicitado en capital humano y estructural, y a su vez, este último lo hemos dividido en capital de procesos, comercial, comunicacional y de investigación, desarrollo e innovación. Así, el modelo final se presenta en la ecuación 3.

$$(VM - VC) = A\ (C_H i_H) + B\ [\ \alpha(C_P i_P) +\ \beta(C_C i_C) + \gamma\ (C_M i_M) + \delta\ (C_{IDi} i_{IDi})] +$$
$$+ (C_{NE} + FE + e) \qquad [ec.\ 3]$$

Donde i es el índice medio de eficiencia en cada capital, definido por su subíndice: H (Humano); P (Procesos); C (Comercial); M, (coMunicacional); y finalmente, IDi (Investigación, Desarrollo e innovación). Por otra parte, *los coeficientes (A, B, Bα, Bβ, Bγ, y Bδ) cuantifican el reparto estructural de cada uno de los componentes*; así, por ejemplo, *A* expresa la variación en el factor endógeno (capital intelectual explicitado) por el aumento en una unidad monetaria del capital humano (factor exógeno).

---

[1] Es esta expresión la que resume nuestro modelo de capital intelectual, por lo que no identificamos exactamente el valor extracontable con el mismo como ha quedado aquí justificado.

Por último, deberá contarse con los diferentes *errores de aproximación y simplificación, e*, que hemos acumulado en la determinación y generación del banco de datos del capital intelectual. Entre ellos, el mismo método de generación de los capitales o el aplicado para la estimación de los indicadores de eficiencia, ilustrado suficientemente en las fases anteriores y que se concentraba en la recolección de información a través de encuestas. *En el modelo, para incluir estas fuentes de error, se utiliza una variable aleatoria* con la hipótesis general de un comportamiento de ruido blanco, o de aleatoriedad pura[2]. Dicha variable, *que denominamos v*, agrupa todos los efectos no controlables por el investigador: las fuentes de error de medición explicadas junto a los factores especulativos, y el capital no explicitado. De esta manera, podríamos expresarla como: $v = C_{NE} + FE + e$.

Esta ecuación 3 podría resolverse de acuerdo al método de estimación mínimo cuadrática no lineal. Una variante que podría incluirse del citado modelo sería la forma logarítmica, soportada en una versión exponencial del mismo; a efectos prácticos supondría utilizar las variables en logaritmos y no de forma absoluta. Ciertamente la aplicación de una u otra versión y los resultados en cada caso motivarían una mejor adecuación de una u otra.

La inclusión en la ecuación de una constante o término independiente, Co, se justifica tanto por razones técnicas de estimación como por la idea de existencia de un mínimo de capital intelectual explicitado en toda realidad organizacional. Si, por otra parte, la empresa quiere imponer un condicionante de substitución de capital humano y estructural, es decir, que el aumento de uno condiciona en la misma medida la disminución del otro, no tiene más que incluirse la restricción A + B = 1. Finalmente, fuertes factores especulativos inducidos claramente en determinadas empresas o periodos, pueden explicitarse en el modelo a través de variables "ficticias impulso", esto es, toman un valor 1 para esta empresa o periodo y 0 en el resto, o bien variables "ficticias escalón", que toman valor 1 a partir de determinado periodo o empresa y 0 hasta ese punto u observación.

Por último, en cuanto a la implementación del modelo pueden utilizarse datos transversales y temporales; vamos a explicar ambas situaciones. En primer lugar, si utilizamos el modelo para un número considerable de empresas de un determinado sector (transversales), conseguiremos determinar la estructura sectorial del capital intelectual explicitado, así como las compañías que presentan mayores distorsiones respecto a esta estructura, debidas evidentemente tanto a los factores especulación como al capital intelectual no explicitado. En segundo lugar, si utilizamos información temporal para una determinada empresa (y nosotros abogamos por que incluso tenga frecuencia inferior al año, dada la volatilidad del valor de mercado), estimaremos que parte del valor extracontable es debida al capital intelectual y otra a componentes no controlables, aleatorios. Es decir, *si este modelo presenta una fuer-*

---

[2] En terminología econométrica presenta media nula, varianza constante y covarianzas nulas.

te componente aleatoria, entonces indicará que el valor extracontable es muy volátil, a causa de su gran dependencia de los factores especulación. Además, sabremos cómo afectaría el mayor desarrollo de alguno de los integrantes del capital intelectual en esa brecha entre valor de mercado y valor contable, a través de los coeficientes o pesos determinados en el modelo.

Así pues, en un modelo con datos temporales [3] estimamos la estructura del capital intelectual de la empresa y podremos, por tanto, predecir el valor extracontable futuro en función del escenario proyectado para ese capital intelectual. Por ello, se convierte en una *herramienta de decisión que permite evaluar diferentes impactos en el valor extracontable como consecuencia de diferentes políticas de actuación en el capital intelectual.* Por ejemplo, se podría responder a cuestiones del tipo: ¿cómo varía el capital intelectual ante un aumento previsto de 100 u.m. en formación? Esta herramienta así diseñada será la que utilizaremos para gestionar los intangibles de su empresa.

En cuanto a la medición de las variables que utiliza, queda patente que es un aspecto externo al modelo, es decir, es perfectamente aplicable con otra selección de indicadores, si bien nosotros abogamos, al menos, por la estructura implementada en cuanto a componentes del capital intelectual y tipos de indicadores (relativos y absolutos) como requisitos mínimos para resultados exitosos de este instrumento. Así pues, *presentamos la ecuación del modelo de capital intelectual que aplicaremos para el estudio y gestión del valor de los intangibles de su empresa* de la siguiente manera:

$$(VM - VC)_t = Co + \phi_1 (C_H i_H)_t + \phi_2 (C_P i_P)_t + \phi_3 (C_C i_C)_t + \phi_4 (C_M i_M)_t + \phi_5 (C_{IDi} i_{IDi})_t + v_t$$

$$v_t: E(v) = 0; \ E(vv') = \sigma^2 I_n \qquad t = 1,....,n \qquad [ec. 4]^{[4]}$$

No obstante, *de forma más simplificada*, se puede presentar el modelo teniendo en cuenta que la estructura de cada componente del capital intelectual sigue un esquema multiplicativo muy sencillo que se resume en: C * i; donde C será/n el/los indicador/es absoluto/s que participan en su formación, e i el valor medio de los indicadores que participan en la formación del intangible, por lo que podemos denotar por I a este producto (I = C * i), *siendo I el intangible o capital que vamos a obtener para cada componente del capital intelectual.* Además, la variable a explicar es el capital intelectual, que se ha definido como diferencia entre valor de mercado y contable deflactados, por lo que a esa sustracción la podemos denotar por CID (capital intelectual deflactado). De esta forma, el modelo se escribiría como:

$$CID_t = Co + \phi_1 IH_t + \phi_2 IP_t + \phi_3 IC_t + \phi_4 IM_t + \phi_5 IIDi_t + v_t$$

$$v_t: E(v)=0; \ E(vv') = \sigma^2 I_n \qquad t = 1,....,n \qquad [ec. 5]$$

---

[3] Estos datos son generalmente indicados en las ecuaciones con el subíndice t, que puede a su vez tener una frecuencia anual, semestral, etc. Así se introduce en la ecuación 4.

[4] Condiciones de aleatoriedad pura, ruido blanco, para la variable aleatoria *v*, que se mantienen en la ecuación 5.

Vemos que se trata de una ecuación que utiliza datos temporales, con n observaciones y donde participan los componentes previstos sobre nuestro modelo de capital intelectual (IH corresponde al capital humano, IP al de procesos, IC al relacional, IM al comunicacional, e IIDi al de investigación, desarrollo e innovación), así como una constante Co y el término aleatorio v, según fueron definidos a partir de la ecuación 3. Los coeficientes a estimar ϕ nos cuantificarán el efecto de cada componente sobre el valor de los intangibles en el modelo.

GENERACIÓN DE UN BANCO DE DATOS ÚTIL

📖 Una vez presentado el modelo teórico debemos enlazar el trabajo desarrollado y aplicarlo a nuestra realidad, su empresa. Para ello precisamos *generar un banco de datos válido y suficiente en términos estadísticos sobre las variables participantes*.

Por esta razón, resulta conveniente recordar que tales variables son esencialmente el *capital intelectual*, fruto de la brecha entre la valoración real de su empresa[5] y el que arrojan los registros contables, *y sus diferentes componentes*: humano y estructurales, los cuales surgen de la combinación de indicadores absolutos y relativos, según acabamos de indicar. Tales indicadores han sido ya estimados, fundamentalmente a partir de cuestionarios desarrollados en el capítulo anterior. Así, en primer lugar, se trata de retomar tales valores y posteriormente adaptarlos al modelo para que éste sea significativo; no quiere esto decir que los datos no lo sean, sino que en el tratamiento de la herramienta precisamos de unos mínimos en la información, lo cual hace *imprescindible un proceso de adaptación u homogeneización* que iremos detallando en las siguientes líneas.

Podemos preguntarnos: ¿por qué se necesita un tratamiento de la información? Lo mejor será contestar con otras cuestiones que nos harán reflexionar: ¿se trata de una frecuencia, la anual, aceptable?, ¿deben participar todos los indicadores en la determinación de los capitales?, ¿tenemos que tener en cuenta el efecto precios para el cálculo de los mismos?, ¿qué procedimiento debemos utilizar para la combinación de indicadores relativos?, ¿hay que aplicar siempre el mismo?

Ahora trataremos de responder a ellas, una por una, para confeccionar un banco de datos útil en la aplicación de la herramienta que nos permitirá la gestión y conocimiento del valor de nuestros intangibles.

☞ En ARQ, los indicadores de síntesis de capital intelectual son los que presentamos en la ficha técnica de visión del capital intelectual y que recogemos en la Tabla 6.1.

---

[5] Para esta valoración nosotros hemos planteado dos modelos: a) si la empresa no cotiza en bolsa, serán los directivos los que responderán a la cuestión de ¿cuánto vale su empresa?, y b) si cotiza en bolsa, el valor será en gran parte calculado a partir de la acción, si bien los directivos, en este segundo modelo, podrían corregir con su apreciación dicho valor, si lo estimaran oportuno.

TABLA 6.1. *Síntesis de indicadores de capital intelectual*

Indicadores de capital intelectual	1996	1997	1998	1999	2000	2001	2002
Valor contable deflactado (€)	64.274,89	353.686,81	456.556,03	487.162,07	542.421,48	672.332,29	725.631,96
Valor de mercado deflactado (€)	173.828,44	373.803,59	505.578,42	573.205,76	709.759,60	884.495,22	1.121.641,52
Capital intelectual deflactado (€)	109.553,54	20.116,78	48.922,39	86.043,69	167.338,12	212.162,93	396.009,56

Capital humano	1996	1997	1998	1999	2000	2001	2002
Masa salarial cualificada (€)	318.729,40	208.749,38	513.228,76	563.773,48	581.873,62	560.880,25	764.256,27
Inversión en formación (€)	3.348,26	10.534,86	13.115,14	11.469,16	13.526,26	11.629,26	12.725,80
1-(tasa costes salariales/tasa ventas)	NA	0,427	0	0	1	1	0
1-(temporales/permanentes)	0,6875	0,6538	0,6538	0,6957	0,6667	0,6957	0,6786
Índices de motivación	0,8387	0,8154	0,7365	0,6435	0,6505	0,6644	0,6505
Índice de promoción	0,5226	0,5674	0,6429	0,5746	0,5118	0,4956	0,5028
Índice de acción social	0,4359	0,4422	0,4359	0,4375	0,4375	0,4375	0,4375
Índice de formación	0,4505	0,4623	0,5056	0,5429	0,5508	0,5567	0,5508
Índice de sistema de remuneración	0,3570	0,3141	0,3476	0,3691	0,3503	0,3718	0,3758
Índice de clima laboral	0,8029	0,8075	0,6423	0,6749	0,6679	0,6609	0,6516

Capital estructural	1996	1997	1998	1999	2000	2001	2002
Capital de procesos							
Inversión en calidad, prevención y evaluación (€)	18.665,44	10.776,22	48.442,78	48.420,12	65.298,94	86.662,14	150.197,34
Horas corrección de errores	653	377	1.566	1.432	1.952	2.168	4.215
Horas calidad/horas totales	0,023	0,0081	0,0342	0,0346	0,0465	0,0525	0,0847
Índice de sugerencias	0,5803	0,5760	0,5846	0,5911	0,5975	0,6018	0,6018
Capital comercial o relacional							
Ventas netas (clientes)-AENA (€)	880.282,70	2.132.332,02	1.645.068,32	953.128,06	1.399.798,08	978.579,40	1.429.810,10
Trabajos realizados empresas (subcontratos) (€)	172.149,56	1.032.266,18	431.440,96	299.256,80	407.404,52	399.285,00	60.388.596
Coste concursal (horas concurso*coste hora) (€)	113.462,60	95.114,24	104.357,82	147.952,56	80.447,25	138.735,87	151.142,46
Índice de volatilidad	1	0,7842	0,9488	0,7333	0,8351	0,5472	0,6989
Índice de ganancia concursos s/presentado	0,2487	0,2197	0,0363	0,2249	0,4466	0,3147	0,1654
Índice de satisfacción de clientes	0,6670	0,6670	0,6440	0,6330	0,6730	0,6900	0,7010
Capital comunicacional							
Gastos comunicación y marketing (€)	0	19.572,09	0	0	0	0	0
Índice gasto comunicacional/clientes	0	0,00562	0,00762	0,000753	0,00179	0,00279	0,00176
Índice imagen de empresa	0,3477	0,4200	0,4799	0,5570	0,6059	0,6596	0,7161
Capital en I+D+i							
Inversión en equipos informáticos (€)	5.734,52	51.797,16	36.511,86	30.820,30	37.578,88	57.436,32	43.937,98
Inversión en I+D+i (€)	0,00	0,00	0,00	0,00	0,00	0,00	0,00
Indicador de desarrollo (€)	6.862,06	611,12	9.480,05	20.032,43	24.401,78	16.247,81	15.980,06
Inversión/activo total	0,014	0,0589	0,063	0,0479	0,05	0,06	0,043
Indicador tecnológico	0,2941	0,3025	0,3363	0,3532	0,3819	0,3954	0,3940
N.º ordenadores/empleados	1	1	1	1	1	1	1

FUENTE: Elaboración propia.

A partir de estas informaciones, en las que hemos diferenciado los posibles indicadores absolutos de los relativos o de eficiencia con un ordenamiento en el que aparecen en primer lugar los absolutos, debemos realizar una serie de críticas, que fuerzan la homogeneización de los mismos para la correcta utilización en el modelo. Entre ellas, nos detendremos en la frecuencia adecuada (anual, semestral...), el efecto precios y la selección de indicadores compatibles con la estructura del modelo. Por supuesto, el objetivo de partida será generar un banco de datos plausible para la estimación del modelo planteado.

En el proceso de tratamiento de la información para el modelo (Figura 6.1.), en primer lugar, tenemos dos razones básicas que nos llevan a repudiar *la frecuencia anual* como idónea: el primero fue enunciado en la metodología para la especificación del modelo, en la que se alertaba sobre la conveniencia de frecuencias inferiores al año dado el *objetivo de predicción* y posterior decisión sobre los intangibles, activos muy volátiles ante situaciones del mercado o estrategias empresariales, lo que provocaría una pérdida de valor de la herramienta ante frecuencias como la anual. Por otra parte, en no pocas situaciones, la empresa objeto del estudio *carece de historia suficiente* como para implementar un modelo que se soporte en la inferencia estadística, que por tanto requiere unos mínimos de información para que se obtengan resultados significativos. Así, dada la posibilidad de desagregar la información hacia la frecuencia semestral, más aconsejable, hemos de advertir que algunos de los vicios, fruto de los métodos utilizados para ello, pueden quedar recogidos en el modelo no obstante, la operatividad y la significación resultante superan con creces tales problemáticas.

El interrogante que surge está claro: ¿cómo lo hacemos?, ¿cómo generamos la información con frecuencia semestral? La respuesta pasa por la disposición por parte del investigador de una información intermedia, elaborada siguiendo unos criterios y principios contables para el periodo referenciado. Ahora bien, esta información intermedia plantea una serie de problemas como son si los activos, pasivos, gastos, ingresos, etc., deben reconocerse con los mismos criterios que para elaborar los estados financieros anuales. Por ejemplo, ¿las amortizaciones deben imputarse a cada periodo intermedio sobre la misma base que para elaborar las cuentas anuales o deben aplicarse otros criterios? Nos planteamos, entonces, si cada periodo intermedio debe considerarse como una parte de un periodo anual o si, por el contrario, deben ser considerados de forma aislada, independientemente de otros periodos intermedios.

Estos dos enfoques han dado lugar a *dos métodos para la elaboración de la información contable intermedia: discreto y continuo.*

a) *El método discreto.* Considera cada periodo de forma aislada respecto al resto de la información intermedia. Así, para la elaboración de los informes intermedios se aplicarán los mismos criterios y principios que los establecidos para la información anual. Sus ventajas estriban en la falta de inalterabilidad, es decir, los mismos criterios y principios contables; entre los inconvenientes destaca la imposibilidad de agregación de la información intermedia para confeccionar estados financieros anuales.

b) *El método continuo o integral.* Es aquel que considera el ejercicio anual como el principal espacio de tiempo sobre el que debe versar la información contable, por lo que cada periodo intermedio se considera como una parte de aquél. Por lo tanto, cada periodo intermedio debe soportar la parte de gastos anuales que corresponda, en relación con su actividad a la cifra de ventas del mismo. Esto llevará consigo que determinados gastos anuales se imputen a los periodos intermedios, no cuando se devengan, sino a medida que se van generando los correspondientes ingresos, es decir, en función de la cifra de ventas o del nivel de actividad de cada periodo intermedio. Ello exige realizar previsiones de gastos e ingresos para el ejercicio anual, con el fin de determinar el porcentaje de gastos que sobre el total previsto corresponde a cada periodo. Por lo tanto, lo fundamental será determinar qué gastos se imputan a medida que se devengan y cuáles se reparten en función de la actividad o de las ventas.

En definitiva, y para nuestro caso, será *más fácilmente aplicable una visión continua o integral* que desagregue convenientemente el dato anual en la frecuencia deseada. Cuando fuese posible, en función de información intermedia elaborada adecuadamente por la empresa, y cuando sea más complicado [6], en función de técnicas de interpolación como medias o divisiones del valor anual.

La segunda cuestión planteada sobre *la participación de todos o parte de los indicadores*, queda contestada por sí misma, con la simple exploración de las estimaciones, en la que se perciben *redundancias* de datos e incluso *indicadores que no se comportan exactamente según la definición de relativo en lo referente al intervalo de valores que pueden adoptar*, el cual se aleja del intervalo (0,1) en términos lógicos, aunque éstos fueran posibles aritméticamente. En este apartado, resulta pues oportuno diferenciar indicadores que ofrecen una adecuada información sobre intangibles y que permiten comparaciones satisfactorias, de aquellos otros en los que nos fijaremos para la estimación del modelo. Por último, y en este sentido, existen *indicadores invariables* o estáticos que no pueden explicar ninguna situación evolutiva y que, en todo caso, ésta será recogida por un término constante en el modelo.

En tercer lugar, ya nos referimos a la *conveniencia de expresar los agregados monetarios de forma constante, es decir, eliminando el efecto de los precios*, sometiéndolos a un proceso de deflación. Dicho procedimiento es necesario por varias razones: evitamos la pérdida del horizonte comparativo entre cantidades separadas en

---

[6] Normalmente en aquellas empresas que no estén obligadas por su tamaño o sector a presentar información intermedia, implicará que se utilicen con mayor asiduidad técnicas de interpolación.

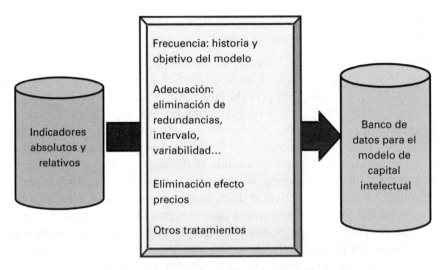

FIGURA 6.1. *Proceso de tratamiento de información*

el tiempo y, lo que es más importante, eliminamos la tendencia positiva del efecto precios que provocaría una relación importante entre variables económicas, anulando las bondades de una herramienta como el modelo planteado; en palabras llanas, eliminamos la posibilidad de relaciones entre variables debidas básicamente al efecto positivo de los precios, y no a cualquier otra razón justificada por el modelo. Entre los deflactores viables optamos por el más generalista: el indicador de precios al consumo emitido desde el Instituto Nacional de Estadística.

☞ Debido a las características de ARQ, una empresa relativamente joven, nos vemos obligados a considerar una frecuencia inferior a la anual para disponer de un banco de datos con suficiencia en términos de cantidad, posibilitando la generación de datos válidos desde el punto de vista estadístico. Si a ello unimos la conveniencia del periodo semestral para desarrollar objetivos de predicción y decisión sobre intangibles, la decisión es clara: optaremos por el semestre. Para conseguir dicha frecuencia, en algunos casos, fue necesaria una interpolación de los datos anuales contables al no disponer de una información intermedia adecuada, lo cual no ha generado que se desvirtúe el análisis del capital intelectual.

Por otro lado, si nos centramos en la participación de los indicadores que figuran en la tabla 6.1. dentro del modelo, sabemos que no todos van a tomar parte en la implementación del mismo. Así, no participan, debido a razones de que su intervalo lógico no coincide con el indicado (0,1) para los indicadores de eficiencia: (1-tasa coste salarial/tasa ventas), horas calidad/horas totales, gasto comunicacional/cliente, inversión IDi/activo. Tampoco lo harán, en este caso por información redundante, los siguientes indicadores: horas de corrección de errores y la cifra de clientes-AENA. Finalmente quedan fuera de los datos para la estimación por invariabilidad o constancia del valor: ordenador/empleado e inversión en I+D+i.

Para concluir con el tratamiento de la información según la observamos en la Tabla 6.1., algunos valores como los del capital intelectual fueron en su momento deflactados[7], resultando unidades monetarias de 2002, con lo que evitamos la pérdida del horizonte comparativo y eliminamos la tendencia positiva del efecto precios. Por ello, hemos aplicado al resto de agregados monetarios el deflactor del IPC[8] semestral recalculado en base 2002 a partir de datos mensuales base 92 y 2001 ofrecidos por el INE:

TABLA 6.2. *IPC (Deflactor)*

Semestre	IPC
1995.1	81,3606
1995.2	82.5010
1996.1	84,3138
1996.2	85,3794
1997.1	86,0475
1997.2	86,9905
1998.1	87,7085
1998.2	88,5035
1999.1	89,5191
1999.2	90,7641
2000.1	92,2483
2000.2	94,2249
2001.1	95,9056
2001.2	97,2619
2002.1	99,2032
2002.2	100,7968

FUENTE: Elaboración propia a partir de datos del INE.

Finalmente, para presentar el banco de datos definitivo, restan unas palabras sobre el método de combinación de indicadores relativos para el cálculo de los componentes de capital intelectual o intangibles[9]; simplificando el procedimiento, hemos optado por la media aritmética de los participantes, salvo en algún caso que después detallaremos en el que se encontraba justificada una media ponderada.

Siguiendo el proceso de tratamiento de información explicitado hemos elaborado el cuadro de indicadores semestrales (Tabla 6.3.), en el que los valores monetarios han sido debidamente tratados por el deflactor de precios. En lo referente a la frecuencia

---

[7] Acuérdese que deflactar una serie se consigue a través de la expresión: serie deflactada o real = serie sin deflactar o nominal/deflactor (en escala unitaria).

[8] Este indicador ya fue utilizado para generar la serie de valor contable en ARQ, en la entrevista para los socios, si bien en aquel momento su frecuencia fue anual.

[9] Será pormenorizado el proceso en el siguiente apartado, por lo que no se recogen aún en la tabla 6.3.

TABLA 6.3. Banco de datos

Variables	Valor contable	Valor mercado	Capital intelectual	Masa salarial cualificada	Inversión formación	1-(temporal/indef.)	Índice motivación	Índice promoción	Índice social	Índice formación	Índice remuner.	Índice laboral
1996-I	64.274,89	173.828,44	109.553,54	189.013,74	1.985,59	0,6875	0,8387	0,5226	0,4359	0,4505	0,3570	0,8029
1996-II	64.274,89	173.828,44	109.553,54	186.654,74	1.960,81	0,6875	0,8387	0,5226	0,4359	0,4505	0,3570	0,8029
1997-I	353.686,81	373.803,59	20.116,78	121.298,95	6.121,54	0,6538	0,8271	0,5450	0,4391	0,4564	0,3355	0,8052
1997-II	353.686,81	373.803,59	20.116,78	119.983,98	6.055,18	0,6538	0,8154	0,5674	0,4422	0,4623	0,3141	0,8075
1998-I	456.556,03	505.478,42	48.922,39	292.576,27	7.476,55	0,6538	0,7760	0,6052	0,4391	0,4839	0,3308	0,7249
1998-II	456.556,03	505.478,42	48.922,39	289.948,13	7.409,39	0,6538	0,7365	0,6429	0,4359	0,5056	0,3476	0,6423
1999-I	487.162,07	573.205,76	86.043,69	314.890,15	6.405,99	0,6957	0,6900	0,6087	0,4367	0,5242	0,3584	0,6586
1999-II	487.162,07	573.205,76	86.043,69	310.570,65	6.318,11	0,6957	0,6435	0,5746	0,4375	0,5429	0,3691	0,6749
2000-I	542.421,48	709.759,60	167.338,12	315.384,38	7.331,44	0,6667	0,6470	0,5432	0,4365	0,5469	0,3597	0,6714
2000-II	542.421,48	709.759,60	167.338,12	308.768,41	7.177,64	0,6667	0,6505	0,5118	0,4375	0,5508	0,3503	0,6679
2001-I	672.332,29	884.495,22	212.162,93	292.412,78	6.062,87	0,6957	0,6575	0,5037	0,4375	0,5538	0,3610	0,6644
2001-II	672.332,29	884.495,22	212.162,93	288.335,07	5.978,32	0,6957	0,6644	0,4956	0,4375	0,5567	0,3718	0,6609
2002-I	725.631,96	1.121.641,52	396.009,56	385.197,43	6.414,01	0,6786	0,6575	0,4992	0,4375	0,5538	0,3738	0,6563
2002-II	725.631,96	1.121.641,52	396.009,56	379.107,36	6.312,60	0,6786	0,6505	0,5028	0,4375	0,5508	0,3758	0,6516

(Continúa)

TABLA 6.3. *Banco de datos (continuación)*

Variables	Coste calidad prevención evaluación	Índice sugerencias	Trabajos otras empresas	Coste concursal	Índice volatilidad	Índice ganancia concursos	Índice satisfacción clientes	Gasto comu-nicación	Índice imagen empresa	Inversión equipo informático	Indicador desarrollo	Índice tecnológico
1996-I	11.069,03	0,5803	102.088,58	67.285,89	1,0000	0,2487	0,6670	0,00	0,3100	3.406,04	4.069,36	0,2941
1996-II	10.930,88	0,5803	100.814,46	66.446,12	1,0000	0,2487	0,6670	0,00	0,3477	3.363,53	4.018,57	0,2941
1997-I	6.261,79	0,5782	599.823,61	55.268,46	0,7842	0,2197	0,6670	0,00	0,3839	30.098,01	3.553,92	0,2983
1997-II	6.193,90	0,5760	593.321,50	54.669,31	0,7842	0,2197	0,6670	22.499,11	0,4200	29.771,73	3.515,39	0,3025
1998-I	27.615,77	0,5803	245.951,50	59.491,25	0,9488	0,0363	0,6555	10.846,25	0,4500	20.814,31	5.404,29	0,3194
1998-II	27.367,71	0,5846	243.742,18	58.956,86	0,9488	0,0363	0,6440	9.886,08	0,4799	20.627,34	5.355,75	0,3363
1999-I	27.044,58	0,5878	167.146,95	82.637,45	0,7333	0,2249	0,6385	402,82	0,5185	17.214,38	11.188,91	0,3448
1999-II	26.673,60	0,5911	164.854,11	81.503,87	0,7333	0,2249	0,6330	1.049,37	0,5570	16.978,24	11.035,44	0,3532
2000-I	35.393,02	0,5943	220.819,46	43.603,64	0,8351	0,4466	0,6530	2.106,35	0,5815	20.368,33	13.266,14	0,3675
2000-II	34.650,57	0,5975	216.187,23	42.688,94	0,8351	0,4466	0,6730	2.152,10	0,6059	19.941,05	12.948,69	0,3819
2001-I	45.180,98	0,5997	208.165,71	72.329,42	0,5472	0,3147	0,6815	4.634,06	0,6328	29.944,21	8.470,73	0,3887
2001-II	44.550,92	0,6018	205.262,83	71.320,78	0,5472	0,3147	0,6900	2.727,39	0,6596	29.526,63	8.352,61	0,3954
2002-I	75.701,87	0,6018	304.368,22	76.178,23	0,6989	0,1654	0,6955	3.035,45	0,6879	22.145,45	8.054,21	0,3947
2002-II	74.505,01	0,6018	299.556,08	74.973,83	0,6989	0,1654	0,7010	2.326,56	0,7161	21.975,32	7.926,87	0,3940

FUENTE: Elaboración propia.

semestral, cuando no ha sido posible contar con información adecuada desde los estados contables se ha realizado la división del concepto en dos periodos iguales y en el caso de los indicadores relativos se ha conservado su tendencia, calculando para ello el valor centrado en el segundo periodo entre los dos valores consecutivos anuales.

DISEÑO Y ESTIMACIÓN DE LA ESTRUCTURA DE LOS COMPONENTES DEL CAPITAL INTELECTUAL

Una vez ilustrado el proceso de generación del banco de datos inicial, y aclaradas cuantas consultas pertinentes fuesen requeridas por el lector, trazaremos la *estructura implementada para el cálculo de los capitales implicados como variables en el modelo.* Para abordar este escollo final, es conveniente *elaborar un cuadro para cada componente del capital intelectual* en el que se sintetice la ecuación utilizada y el resultado final de ésta, y por tanto, los datos de estos capitales.

En primer lugar, consiste en *fraguar una ecuación para cada capital* donde se indique claramente qué indicadores absolutos y relativos componen el mismo. Se deberá explicar cuáles han sido las razones por las que nos hemos decantado por unos indicadores absolutos y no por otros, de los disponibles a priori; de igual manera, tendremos que operar con los de eficiencia, pero además, en este caso, explicando cuál es el peso que van a tener los mismos, a efectos de corregir los absolutos. En segundo lugar, es conveniente *estimar y representar para cada capital cuál sería su importe para los periodos establecidos,* a través de los indicadores definidos en la ecuación, comentando los resultados que se obtengan a través del análisis de dicho componente a lo largo del periodo de estudio. Por último, antes de observar la aplicación, recordamos que el modelo sobre la composición del componente de intangibles de su empresa seguirá un esquema multiplicativo que se resume en: $I = C * i$; donde, I será el intangible que vamos a obtener, C, será/n el/los indicador/es absoluto/s que participan en su formación, e i será un valor medio de los indicadores que participan en la formación del intangible.

El método, criticable por supuesto, no difiere mucho de los que componen indicadores sintéticos de los que podemos denominar *de reconocido prestigio*, como las cestas de precios que generan los valores de inflación que provocan cambios políticos y económicos en muchos de los países desarrollados. Con esto queremos subrayar la importancia de los indicadores como lo que son, y del método previsto para su cálculo, que debe ser lo más preciso posible, como pensamos que lo es el planteado en esta obra.

Una vez determinado el banco de datos que vamos a utilizar y clasificados los indicadores pertenecientes a cada capital, así como diferenciados los relativos de los absolutos, en ARQ se realiza, siguiendo el modelo de generación de intangibles presentado, la estimación de cada uno de los componentes del capital intelectual o intangibles, detallando en las siguientes figuras la estructura de dichos capitales.

I_H + masa salarial *{í. temporal + í. motivación + í. sistema rem. + í. acción social + í. clima)/5] +
+ inversión en formación *[í. formación * 0.5 + í. promoción * 0.25 + í. motivación * 0.25]

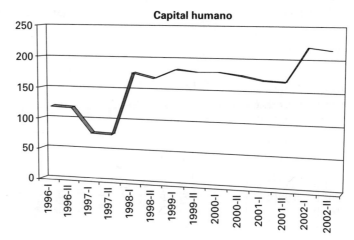

Variables	Humano
1996-I	119.142,83
1996-II	117.655,86
1997-I	77.747,47
1997-II	76.276,77
1998-I	175.524,52
1998-II	167.735,34
1999-I	182.575,56
1999-II	178.841,07
2000-I	179.684,33
2000-II	175.296,40
2001-I	168.131,70
2001-II	166.611,29
2002-I	219.619,34
2002-II	215.401,60

FIGURA 6.2. *Ecuación y datos de capital humano*

En el *capital o intangible humano (I_H)* han sido recogidos principalmente dos efectos claros: por una parte, el alto requerimiento de cualificación profesional de sus empleados, que justifica la inclusión íntegra de los sueldos generados por la plantilla; por otra, el mantenimiento y avance de dicha cualificación, es decir, fundamentalmente, los conceptos valorativos que componen la inversión en formación. En lo concerniente a los indicadores de eficiencia, han sido seleccionados los que afectan de forma directa a tales partidas explicitadas anteriormente, estando justificada, en el caso de la formación, la utilización de una media ponderada al introducir el indicador de formación como el más importante de entre los de eficiencia que afectan a dicha partida. El resultado final del capital humano nos indica una crisis en 1997, y una fuerte recuperación que queda prácticamente en plano hasta 2002, en la que aún se avanza más hasta cotas que superan los 200.000 euros reales (Figura 6.2.).

El capital procesos (I_p), soportado básicamente en el coste de calidad, prevención y evaluación, que ha sido por otra parte la apuesta de ARQ y que es filtrado por dos indicadores de utilidad (eficiencia). El primero, interno, medido por las sugerencias de empleados, y el segundo, externo, calculado según el índice de satisfacción del cliente. El resultado muestra claramente una política expansiva de este capital, sobre todo en los últimos periodos (Figura 6.3.).

Capital relacional (I_C): vuelve a darse el caso de un capital calculado a partir de dos fuentes principales: por una parte, el gasto concursal asociado a la presentación de proyectos desde la empresa, filtrado por el índice de ganancia de los mismos, factor clave para el avance y expansión del negocio; por otra, el montante de subcontratación o derivación de la empresa hacia trabajos fuera de oficina, denominados desde

I_P = coste calidad, prevención, evaluación * [(í. sugerencias + í. satisfacción de clientes)/2]

Variables	Procesos
1996-I	6.903,24
1996-II	6.817,08
1997-I	3.898,46
1997-II	3.849,54
1998-I	17.063,88
1998-II	16.812,06
1999-I	16.582,79
1999-II	16.324,96
2000-I	22.072,46
2000-II	22.011,80
2001-I	28.941,82
2001-II	28.775,44
2002-I	49.104,02
2002-II	48.532,56

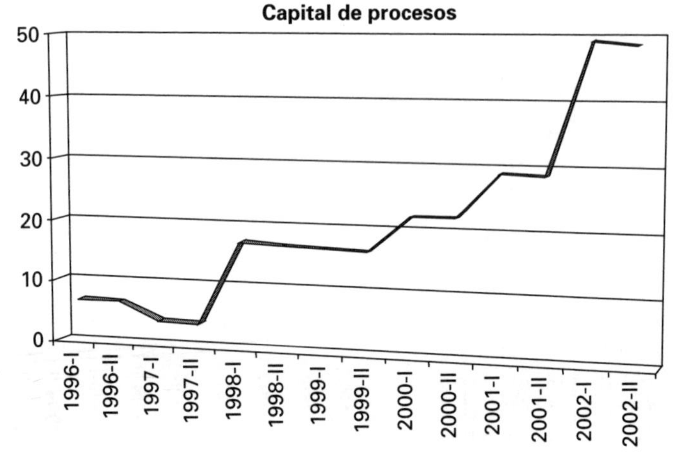

FIGURA 6.3. *Ecuación y datos de capital de procesos*

ARQ como subcontratos (Figura 6.4.). El resultado indica una estabilización desde 1998, tras un impresionante incremento debido a anomalías de explotación detalladas en la historia y evolución de la empresa que se tradujeron en un aumento fuera de lo normal de la partida de subcontratos en esa anualidad (1997).

$$I_C = (\text{coste concursal} * \text{í. ganancia concursos}) +$$
$$+ \text{subcontratos} * [(\text{í. satisfacción de cliente} + \text{í. volatilidad})/2]$$

Variables	Relacional
1996-I	101.824,83
1996-II	100.554,00
1997-I	447.381,20
1997-II	442.531,24
1998-I	199.451,82
1998-II	196.258,67
1999-I	133.233,53
1999-II	130.952,55
2000-I	183.777,47
2000-II	182.084,16
2001-I	150.652,16
2001-II	149.423,67
2002-I	224.800,82
2002-II	222.070,44

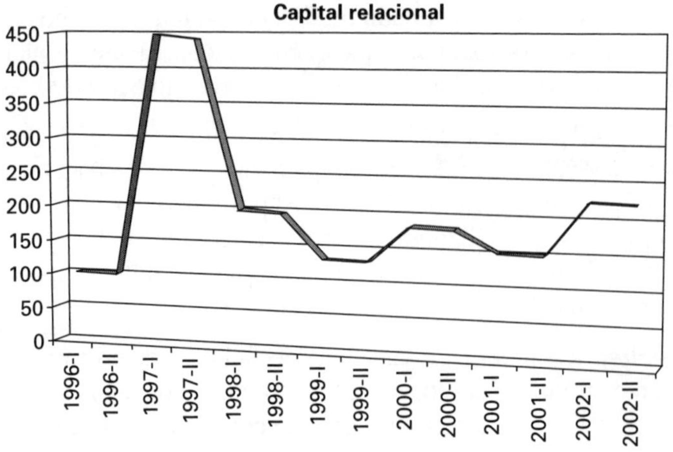

FIGURA 6.4. *Ecuación y datos de capital relacional*

$$I_M = \text{gasto comunicación} * \text{í. imagen empresa}$$

Variables	Comunicacional
1996-I	0,00
1996-II	0,00
1997-I	0,00
1997-II	9.450,08
1998-I	4.880,51
1998-II	4.744,57
1999-I	208,86
1999-II	584,54
2000-I	1.224,81
2000-II	1.304,02
2001-I	2.932,36
2001-II	1.799,09
2002-I	2.087,99
2002-II	1.666,05

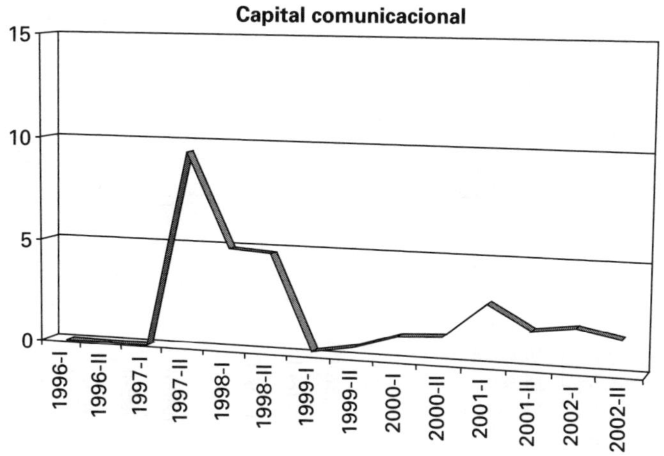

FIGURA 6.5. *Ecuación y datos de capital comunicacional*

Capital comunicacional (I_M): nos topamos con un intangible que dada la naturaleza del negocio es absolutamente residual, sirve más como cajón de sastre contable que como verdadera inversión con reportes de *feedback* en el capital intelectual, como seguro que advierten los resultados del modelo que implementaremos a continuación. La evolución de este capital ha sido calculada a partir del gasto de *marketing* empresarial filtrado por la imagen de la empresa. A pesar de lo dicho anteriormente, creemos que puede al menos considerarse su tratamiento, por parte de la compañía, como un verdadero potencial o capital estratégico, sobre todo por los buenos niveles conseguidos por el indicador de imagen (Figura 6.5.).

Finalmente, contamos con el *capital en I+D+i (I_{IDi})* calculado a partir de dos fuentes: una digamos ligada a las tecnologías de la información y comunicación (TIC) y su inversión en las mismas; y la otra, al desarrollo sobre procedimientos y formas de hacer, cuantificada por el valor de las horas dedicadas a este fin, que, por otra parte, han sido filtradas por los indicadores de eficiencia que afectan de forma directa a dicho valor. La evolución se muestra positiva en el periodo, destacando una caída preocupante en el último año, soportada principalmente por los descensos de ambas fuentes: equipamiento y desarrollo (Figura 6.6.).

$$I_{IDi} = \text{(inversión equipo informático * í. tecnológico)} +$$
$$+ \text{desarrollo * [(í. formación + í. clima + í. sugerencias + í. tecnológico)/4]}$$

Variables	I+D+i
1996-I	3.166,32
1996-II	3.126,81
1997-I	10.878,27
1997-II	10.895,08
1998-I	9.497,34
1998-II	9.707,06
1999-I	11.851,93
1999-II	11.961,38
2000-I	14.694,77
2000-II	14.731,05
2001-I	16.310,47
2001-II	16.299,92
2002-I	13.183,81
2002-II	12.943,57

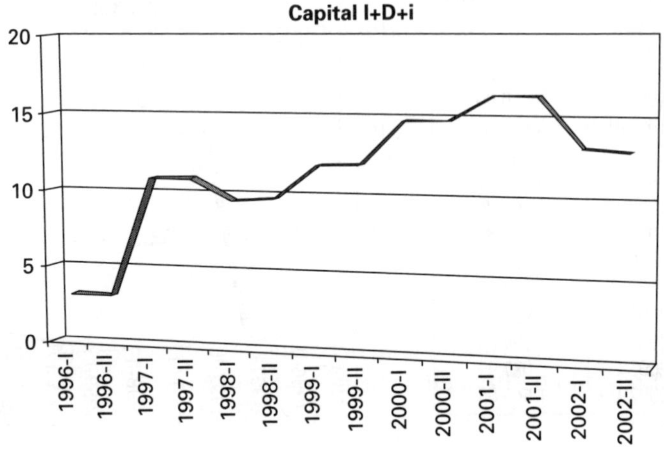

FIGURA 6.6. *Ecuación y datos de capital humano I + D + i*

EL MODELO DE CAPITAL INTELECTUAL PARA SU EMPRESA. RESULTADOS

Recordaremos, en primer lugar, la expresión del modelo de la que tenemos que partir y de la definición de las variables que ya han sido calculadas y presentadas en el epígrafe anterior como banco de datos que alimentará el modelo de capital intelectual.

$$(VM - VC)_t = Co + \phi_1 (C_H i_H)_t + \phi_2 (C_P i_P)_t + \phi_3 (C_C i_C)_t + \phi_4 (C_M i_M)_t + \phi_5 (C_{IDi} i_{IDi})_t + v_t$$

$$v_t; E(v)=0; E(vv')= \sigma^2 I_n \quad t = 1,....,n \quad [ec. 4]$$

La variable que explicamos es el capital intelectual definido a partir de la diferencia en unidades monetarias constantes (deflactadas) del valor de libros y el que para los socios vale dicha compañía; así, lo hemos denominado CID (capital intelectual deflactado).

Por otra parte, *las variables que servirán para explicar dicho capital* se condensan en los diferentes tipos de capitales clasificados en humano y estructural y que responden a la forma multiplicativa entre indicadores absolutos y de eficiencia y cuyo análisis pormenorizado ha sido tratado en el apartado anterior. De esta forma, *IH corresponde al capital humano, IP al de procesos, IC al relacional, IM al comunicacional e IIDi al de investigación, desarrollo e innovación*. En suma, el modelo que planteamos para su implementación con las variables cuantificadas y a partir de la expresión de la ecuación 4 tendría la siguiente especificación:

$$CID_t = Co + \phi_1\, IH_t + \phi_2\, IP_t + \phi_3\, IC_t + \phi_4\, IM_t + \phi_5\, IIDi_t + v_t$$

$$v_t: E(v) = 0;\ E(vv') = \sigma^2 I_n \quad t = 1,....,n \qquad [ec.\ 5]$$

Donde *las estimaciones para los coeficientes 'φ' indican la relación existente entre dichos capitales debidamente deflactados y el de CID*. Por su parte, el valor de Co es el coeficiente sobre una constante que nos indica el capital intelectual autónomo del efecto del resto de factores. Por otro lado, como ya comentamos, *el valor de* v *contiene los efectos de (C_{NE} + FE + e), es decir, capital no explicitado, factores especulativos y errores de medición*, tratándose de una variable aleatoria pura. El modelo está referido a un periodo temporal con n observaciones (años, semestres…).

☛ Para ARQ, partimos de la expresión del modelo en la ecuación 5, siendo la definición de las variables las calculadas y presentadas en el epígrafe anterior (Figuras 6.2 a 6.6.). Únicamente debemos subrayar que estas variables vienen referidas a un periodo de frecuencia semestral que parte de 1996.1 y finaliza en 2002.2, indicado con el subíndice t, por lo que contamos con 14 observaciones.

📖 Estamos ahora en condiciones de *estimar dicho modelo* [10], si bien antes podemos *estudiar las correlaciones parciales* de cada capital con el resto, donde observaremos, con especial atención, la relación que cada componente de capital tiene con el intelectual. Esto es, se trata de analizar el *grado de asociación lineal entre el capital intelectual y los intangibles* definidos según nuestro modelo, aislándolo del efecto conjunto del resto de capitales. Consideraremos que el grado de asociación es alto cuanto el valor del coeficiente de correlación parcial se sitúa cerca de –1, correlación perfecta negativa, de forma inversa u opuesta; o alrededor de 1, correlación perfecta positiva o dependencia directa. Por otra parte, valores próximos a cero indicarán ausencia de correlación, es decir, no existirá ninguna dependencia o relación entre las variables.

Este análisis es conveniente porque sirve para indicar qué componentes del capital intelectual están más relacionados con él, y a la vez, ilustrar la correspondencia entre las variables explicativas descritas en la ecuación 5. Además, en sentido inverso, señalará los intangibles más independientes o menos explicativos del modelo. En pocas palabras, nos *da una primera idea de la estructura de intangibles de su empresa* que tratará de explicar el valor real de la misma y por ende el capital intelectual, señalando los capitales o intangibles que más valor aportan a dicha relación y los que menos.

☛ En la Tabla 6.4. recogemos la tabla de correlaciones para ARQ. Entre la información que arroja esta matriz simétrica de correlaciones parciales (en parejas, relación de una variable respecto a otra), destacan los valores más importantes para explicar el capital intelectual, que son por este orden y fundamentalmente: el capital de procesos, el humano y de investigación, desarrollo e innovación (valores del coefi-

---

[10] Para ello, es conveniente utilizar un *software* que nos facilite el trabajo. Existen en el mercado diferentes paquetes que lo posibilitan, como por ejemplo, el SPSS para Windows y el E-VIEWS. Nosotros nos hemos decantado por este último porque se adapta mejor a los modelos de regresión múltiple.

ciente de correlación parcial más altos, señalados en negrita), asimismo, son éstos los que además acaparan las correlaciones más altas entre ellos (marcadas en negrita y cursiva en la tabla).

Entre los valores más elevados de los intangibles o capitales que determinan el capital intelectual, sobresale el de procesos o calidad con un valor muy cercano a 1 (0,939725), presentando una considerable relación además con el factor humano (0,844782).

TABLA 6.4. *Tabla de correlaciones*

Correlaciones	CID	IH	IP	IC	IM	IIDi
CID	1,000000	0,701903	0,939725	-0,239749	-0,225766	0,404016
IH	**0,701903**	1,000000	0,844782	-0,535136	-0,212069	0,475412
IP	**0,939725**	*0,844782*	1,000000	-0,216000	-0,093604	0,565027
IC	-0,239749	*-0,535136*	-0,216000	1,000000	0,503825	0,136198
IM	-0,225766	-0,212069	-0,093604	*0,503825*	1,000000	0,120932
IIDi	**0,404016**	*0,475412*	*0,565027*	0,136198	0,120932	1,000000

FUENTE: Elaboración propia. *Software* empleado: E-views v. 4.0.

Tras este breve análisis de correlación *aplicamos el modelo de regresión con la técnica de mínimos cuadrados ordinarios* [11]. Una buena forma de proceder, para conseguir obtener todo el potencial que nos ofrece esta herramienta, sería llevar a cabo un proceso secuencial, que podemos resumir en las siguientes *tres etapas o fases*:

[11] Este modelo exige una serie de hipótesis, que intentamos resumir en la siguiente lista:

- Constancia o permanencia estructural, es decir, la estimación de unos coeficientes válidos para todas las observaciones.
- No aleatoriedad de las variables explicativas o exógenas.
- No existencia de multicolinealidad o relación lineal fuerte entre las variables explicativas. A través de las correlaciones simple, total o parcial, podemos analizar su cumplimiento. Si el coeficiente de correlación entre exógenas es próximo a 0,9 entonces existe; en nuestro modelo para ARQ hemos visto que el más alto es 0,84 entre IP e IH, soportable por tanto.
- Respecto al término aleatorio requiere, como se ha dicho, un comportamiento de ruido blanco:

— Ausencia de autocorrelación, relación entre perturbaciones que puede ser debida, en su caso, a la omisión de alguna variable exógena relevante. En concreto, los residuos deben estar incorrelados. Para su detección se utiliza el estadístico d (calculado por Durbin y Watson): con valores cercanos a 2 indicará ausencia de autocorrelación, próximos a 0 autocorrelación positiva, y a 4, autocorrelación negativa.

— Homocedasticidad, su varianza ha de ser constante.

— Sigue una distribución normal, de media y covarianzas nulas, y varianza constante.

a) Análisis del efecto conjunto que pueden tener los diferentes componentes (capitales o intangibles: I) sobre el capital intelectual.

b) Introducción, paso a paso, de las diferentes variables explicativas (capitales o intangibles: I), esto es, un análisis secuencial e individual.

c) Estudio de la variable explicada (capital intelectual) a través de subconjuntos de factores o capitales explicativos, para determinar el modelo final.

Es conveniente que en cada una de estas etapas se vayan extrayendo las conclusiones oportunas, de manera que nos conduzcan hacia la obtención del modelo definitivo de capital intelectual que se ajusta a su empresa.

☞ Para la empresa ARQ podemos sintetizar (Tabla 6.5.) los primeros resultados de una aplicación conjunta (*fase a*) del efecto que tienen todos los factores explicativos, *modelo inicial*, sobre el capital intelectual.

TABLA 6.5. *Resultados del modelo inicial*

Dependent Variable: CID
Method: Least Squares
Date: xx/xx/03. Time: 10:23
Sample: 1996:1 2002:2
Included observations: 14

Variable	Coefficient	Std. Error	t-Statistic	Prob.
Co	237370,8	63210,21	3,755260	0,0056
IH	−1,613763	0,440682	−3,661971	0,0064
IP	12,16502	1,119499	10,86648	0,0000
IC	−0,190697	0,113356	−1,682282	0,1310
IM	−5,504194	3,251099	−1,693026	0,1289
IIDi	−2,784171	2,393800	−1,163076	0,2783
R-squared	0,971408	Mean dependent var		148502,4
Adjusted R-squared	0,953538	S.D. dependent var		122464,6
S.E. of regression	26.397,34	Akaike info criterion		23,49744
Sum squared resid	5,57E+09	Schwarz criterion		23,77132
Log likelihood	−154.4821	F-statistic		54,35957
Durbin-Watson stat	1,938801	Prob(F-statistic)		0,000006

NOTA: Elaboración propia a partir de los datos generados. Técnica: M.C.O. *Software* empleado: E-views v. 4.0.

Podemos destacar, de entre los valores obtenidos, el coeficiente de determinación ajustado (*Adjusted R-squared*), con un valor superior al 95%, lo cual indica que se trata de un buen ajuste. En otras palabras, contamos con *valores casi despreciables tanto en lo referente a los errores cometidos por la técnica empleada de cálculo como por los factores que influyen en el capital intelectual que no fueron tomados en cuenta, capital no explicitado y los especulativos,* según nuestra terminología. En cuanto a los capitales que actúan, contamos con una significación elevada y un efecto positivo para el *capital de procesos* [12], siendo en este momento la inversión en el mismo la más fructífera para conseguir un mayor capital intelectual. Por otra parte, *el resto de capitales se encuentran sobredimensionados o mal dimensionados, dado el signo negativo de sus coeficientes* y resultando, a pesar de ello, el más relevante en cuanto a efecto sobre la variable explicada el humano (en términos de valor de estadístico t); en el lado opuesto de relevancia encontramos el de investigación, desarrollo e innovación con la cuantía inferior de significación, este capital resultaría despreciable en el modelo inicial. Esta visión y otras que irán resultando más adelante harán que el modelo seleccionado final sea algo diferente al que acabamos de exponer.

La herramienta matemática del modelo de regresión nos ha permitido aclarar, al menos en parte, los diferenciales entre los distintos capitales y el efecto conjunto sobre el capital intelectual, quedando claro que *el factor clave resulta ser para ARQ el capital de procesos* y también el humano, si bien este último parece haber encontrado un nivel idóneo, según ha sido definido, en el que desarrollarse a futuro, ya que su signo negativo puede indicar una saturación o sobredimensión actual del mismo.

Aun así, y para corroborar estos primeros resultados, hemos incluido un análisis de regresión sobre la variable a explicar, capital intelectual en unidades monetarias constantes, en el que utilizamos los factores explicativos incluyéndolos uno a uno, de forma individual (*fase b*), y presentándolos según su importancia.

Con los resultados que tenemos hasta el momento podemos entresacar varias conclusiones. En primer lugar, tenemos definidos claramente los dos polos entre los que se mueven todos los capitales: por un lado está el comunicacional, que se muestra como factor residual sin aportar nada al modelo ni resultar significativo tanto en su tratamiento conjunto como individualizado; asimismo, resulta el menos correlacionado con el resto, por lo que en su determinación han primado razones fuera del alcance de esta perspectiva de Análisis Integral y, al menos hasta que cambie su concepción, lo mejor será apartarlo del estudio. En la ecuación 5 de la Tabla 6.6., en la que se analiza el intangible comunicacional de forma aislada, vemos cómo su coeficiente de determinación ajustado está por debajo de cero (–0,028); dicho de otro modo, carece de valor explicativo sobre el capital intelectual.

---

[12] La significación individual de cada parámetro o coeficiente, que a su vez acompaña a la variable, la observamos a través del estadístico t: generalmente, y para estos grados de libertad, un valor superior a 1,85 y a 2,3 indicará significación al 90 y 95% respectivamente. En el capital procesos, su coeficiente presenta un estadístico t con un valor de 10,86648; por tanto, es estadísticamente significativo en el efecto sobre el capital intelectual deflactado.

TABLA 6.6. *Resultados del análisis de regresión individual*

Ecuación sobre CID	Constante Co	IH	IP	IC	IM	IIDi	$^AR^2$/d
1	-14.551,3 (-0,70)		7,939 (9,52)				0,873 0,597
2	-157.823,6 (-1,70)	1,932 (3,41)					0,450 0,441
3	11.596,7 (0,12)					12,04 (1,52)	0,093 0,537
4	203.589,4 (2,82)			-0,269 (-0,86)			-0,021 0,293
5	171.783,8 (3,90)				-10,50 (-0,80)		-0,028 0,351

NOTA: Elaboración propia a partir de los datos generados. Técnica: M.C.O. Observaciones: 14. $^AR^2$: coeficiente de determinación ajustado: d: estadístico de autocorrelación. Valores de estadístico t entre paréntesis.

En el otro polo, el capital de procesos, apuesta directa de ARQ en los últimos tiempos, resulta el motor de desarrollo de su capital intelectual. Este hecho se refleja tanto en el análisis conjunto, del que ya hemos hablado a pesar de ser aún unos resultados iniciales, y en el individual. Así, la ecuación 1 de la Tabla 6.6 muestra un comportamiento extraordinario, aunque, como veremos ahora, debido a su fuerte enlace, eclipsa otras ligazones del capital intelectual que, sin embargo, han de tenerse en cuenta.

Entre estas ligazones situamos las del resto de capitales, los cuales presentan una gran importancia en la determinación del capital intelectual, pero cuyo sobre o mal dimensionamiento, en otros casos, hace que resulten con signo negativo cuando se tratan de forma conjunta. No obstante, en el tratamiento individual se observa un fuerte enlace positivo entre el capital humano y el capital intelectual, ecuación 2 de la Tabla 6.6. En la misma línea, pero con un efecto mucho menos significativo (véase el valor del estadístico t), se encuentra el capital de investigación, desarrollo e innovación (ecuación 3). Por último, si aislamos el efecto del capital relacional sobre el intelectual observamos que se trata de un valor similar al comunicacional, ecuación 4, es decir, prácticamente irrelevante.

Estos resultados, aún imprecisos, obligan a ahondar en ellos, para lo cual adoptamos un proceso selectivo del modelo final supeditado a iteraciones (*fase c*)) y que tiene que ver con la metodología *ad hoc* de construcción de modelos, en la que no vamos a detenernos ahora. Presentamos el resumen de dichas iteraciones en la Tabla 6.7.

TABLA 6.7. *Proceso iterativo de selección del modelo final*

Ecuación CID	Constante Co	IH	IP	IC	IIDi	FCT98	$^AR^2/d$
1	-14.551,3 (-0,70)		7,939 (9,52)				0,873 0,597
2	78.547,3 (1,52)	-0,884 (-1,93)	10,231 (7,27)				0,897 0,837
3	124.071,7 (2,39)	-0,887 (-2,16)	11,13 (8,30)		-5,586 (-1,94)		0,917 0,827
4	252.650,4 (3,68)	-1,704 (-3,55)	12,38 (10,12)	-0,271 (-2,39)	-2,881 (-1,10)		0,944 1,318
5	161.086,3 (3,91)	-0,832 (-2,66)	10,58 (14,13)	-0,125 (-1,85)	-5,463 (-3,64)	-71.343,8 (-4,87)	0,984 1,605

NOTA: Elaboración propia a partir de los datos generados. Técnica: M.C.O. Observaciones: 14. $^AR^2$: coeficiente de determinación ajustado: d: estadístico de autocorrelación. Valores de estadístico t entre paréntesis.

En la primera ecuación de la Tabla 6.7, donde el capital de procesos es la única variable explicativa junto a la constante, partimos del efecto más importante individual, según había quedado demostrado en la tabla 6.6, y que lleva a un coeficiente de determinación ajustado del 87%, así como a una clara significación de la variable que cuantificamos en el valor del estadístico t (9,52).

Incluimos posteriormente, junto a procesos, en la ecuación 2, el capital humano que se muestra en relación inversa o negativa con el capital intelectual, si bien el valor del parámetro (–0,88) no es demasiado elevado; sin embargo, resulta contradictorio con el coeficiente producido en la ecuación 2 de la Tabla 6.6: la explicación se ciñe a la gran apuesta en el capital de procesos por ARQ que está anulando otros efectos. Es cierto que en el caso del capital humano esta tendencia se está corrigiendo en los últimos periodos, por lo que la dimensión humana está recuperando el lugar que le pertenecía (podemos observarlo en la evolución de la variable en la Figura 6.2).

Otro hecho igualmente preocupante podemos reflejarlo en la ecuación 3, en la que introducimos el intangible siguiente en cuanto a relación de importancia individual, el *capital de innovación*, y en donde el coeficiente de regresión supera el –5,5, por lo que en este caso existe un *notable mal dimensionamiento* que nos revela el modelo en la gestión de intangibles, pues ambas magnitudes se encuentran en tendencias contrarias: mientras el capital intelectual avanza, el de innovación retrocede, lo cual debe ser enmendado.

En situación neutra encontramos el valor del capital relacional, cuyo coeficiente de regresión se sitúa cercano al valor nulo (–0,27) (véase ecuación 4 de la Tabla 6.7), por lo que resulta en un nivel cuyo efecto es poco importante para el capital intelectual; sin embargo, resulta significativo y las políticas en ese perfil pueden obtener su fruto con un adecuado impulso.

Por último, en la ecuación 5 hemos introducido, mediante una variable ficticia [13], un claro cambio de estructura que el modelo estima en 1998, donde se invierte la tendencia del capital para ARQ. Como resultados más destacados conseguimos un valor ajustado del coeficiente de determinación cercano al 99% y los valores de los coeficientes de cada variable en su intervalo más adecuado, así como la significación de todos los componentes del modelo (valores del estadístico t) y la notable mejoría del estadístico de autocorrelación, indicativo, entre otras cosas, de una buena especificación del modelo; dicho de otra forma, que no hemos olvidado la inclusión de ninguna variable relevante en la explicación del capital intelectual. Por todo ello, será la ecuación 5, la estimación del modelo definitivo para la estructura en ARQ de su capital intelectual durante el periodo semestral analizado de 1996 a 2002, la que nos reportará una serie de conclusiones sobre la estructura, entre otras cómo mejorar la dimensión de cada componente para aumentar el capital intelectual.

En resumen, *hemos conseguido cuantificar la estructura de intangibles para ARQ,* y no sólo eso, sino que además hemos logrado certificar la gestión y equilibrio de sus componentes, hecho sin duda de notable influencia para la gestión y el control.

En este sentido, parece útil presentar, además, el *concepto de elasticidad,* con el objetivo de determinar más claramente el efecto de cada intangible sobre el capital intelectual, ya que dicho concepto ofrece la variación porcentual de la variable explicada (capital intelectual deflactado) frente a la variación porcentual unitaria del intangible implicado, es decir, se respondería a la cuestión de cuánto aumentará, en porcentaje, el capital intelectual ante un aumento de un 1% del intangible de procesos, por ejemplo.

$$\xi_{Ii}^{CID} = \frac{\delta CID}{\delta Ii} \frac{Ii}{CID} = \phi_i \frac{Ii}{CID} \qquad \text{[ec. 6]}$$

---

[13] Este tipo de variables indican cualidades que son difíciles de cuantificar, aunque para ello utilizan los dos estados posibles: si se produce, adoptará el valor 1, y si no se produce dicha cualidad, el valor cero. En el modelo aplicado tenemos la hipótesis de constancia de los parámetros para todo el periodo de estudio, si bien esta situación deseable no se produce frecuentemente; así, ante un cambio de estructura, es decir, un fuerte cambio en el comportamiento de la variable a explicar, el capital intelectual, se puede introducir una variable ficticia con valores 1 en el período de cambio, una vez identificado, y cero en el resto. En el modelo FCT98, adopta el valor 1 para ambos semestres de 1998 y cero en el resto. El proceso de identificación del cambio estructural no se expone pues complicaría mucho el texto, si bien podemos observar en la Figura 6.7 cómo a partir de 1998 la tendencia de la variable se torna claramente positiva después de una atonía en los primeros años.

La ecuación 6 resumiría dicha explicación, en donde ξ es la elasticidad del intangible i sobre la variable explicada del modelo (CID). El cálculo para valores centrados se obtiene multiplicando el coeficiente estimado por la relación de las medias del intangible implicado y la variable explicada (CID).

Así, por ejemplo, la elasticidad-procesos sobre el capital intelectual se calcula por el valor del coeficiente 10,58 (véase ecuación 5 de la Tabla 6.7) multiplicado por la relación entre las medias del intangible de procesos y la variable CID (20.549,29 / 148.592,43), resultando 1,463; es decir, que por un aumento en un 1% del intangible procesos se producirá un aumento del 1,463% en capital intelectual en ARQ. El resto de elasticidades aparecen en la siguiente relación y reflejan con más nitidez la importancia de cada coeficiente calculado en el modelo, siendo el humano el más relevante en sentido negativo, por lo que debe ser reconsiderado este factor y continuar en la mejora del mismo por la empresa.

El. humano	El. procesos	El. I+D+i	El. relacional
–0,8879	1,4630	–0,4182	–0,1723

Finalmente, y antes de profundizar más en los usos del modelo, mostramos su gráfico, en el que observamos el buen ajuste que se produce en el cálculo del capital intelectual de ARQ, originándose el mayor error o residuo [14] en torno al ejercicio 2000, en donde se estima un capital intelectual inferior al producido, según ha sido definido.

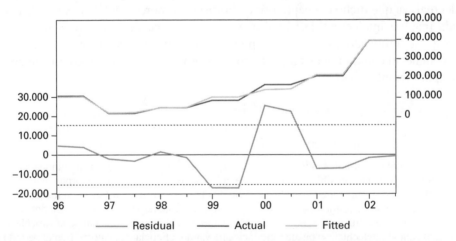

FIGURA 6.7. *Residuos, valor real y estimado por el modelo final de capital intelectual*

---

[14] Por residuo entendemos la estimación de la variable aleatoria v; sería además lo que no es capaz de explicar el modelo, es decir, la diferencia entre el valor real y el estimado para CID.

FICHA TÉCNICA DE SU MODELO DE CAPITAL INTELECTUAL

Una vez obtenido el modelo de capital intelectual para su empresa a través de todo el proceso de generación de datos y de ajuste, es conveniente sintetizar a modo de *ficha técnica* cuáles son las principales características de la *estructura de su capital intelectual*, ya que no solamente sirve como resumen aclaratorio de todo el proceso seguido para la producción del mismo, sino como *guía para la posterior elaboración de las estrategias a futuro*. El contenido de las características de esta ficha técnica del modelo de capital intelectual se soportará en los siguientes cuatro puntos:

a) *Modelo estimado*. Presentación del modelo definitivo estimado para su empresa.

b) *Fortalezas*. Destacar los capitales que indica el modelo que contribuyen a explicar los factores positivos actuales del capital intelectual.

c) *Debilidades*. Mencionar las carencias de los capitales que puedan lastrar en un futuro el potencial de crecimiento de su empresa, esto es, su capital intelectual.

d) *Estructura*. Indicar si han existido para el periodo estimado cambios de estructura, así como el grado de error cometido.

La ficha técnica de capital intelectual para ARQ queda recogida en la Tabla 6.8, siguiendo la estructura comentada.

SIMULACIONES Y OTROS USOS DEL MODELO

Para terminar esta tercera visión, es conveniente plantear que la información a posteriori que hemos obtenido puede complementarse con otra utilidad de esta herramienta, a través de un e*jercicio de predicción, o mejor, de simulación en el futuro*. Por lo tanto, el modelo queda abierto a todo tipo de simulaciones que puedan ayudar a la hora de la toma de decisiones; así, por ejemplo, podríamos resolver situaciones como: ¿qué ocurrirá si se deja de formar al personal?, ¿y si incrementamos las partidas en la misma proporción que en el año anterior?, o ¿qué pasaría con el capital intelectual si los coeficientes de procesos, por ejemplo, tienden a cero drásticamente?, o ¿qué ocurriría si en un periodo futuro se enturbiase el clima social y aumentaran el absentismo y los conflictos laborales?, etc.

La respuesta a estos interrogantes es sencilla: una vez planteado el escenario de futuro que queremos probar sobre el modelo seleccionado definitivo, es decir, calculado el valor de mi hipótesis para los intangibles que explican el capital intelectual, incorporamos el valor de los coeficientes (estimados en el modelo, y con un simple ejercicio de multiplicación y suma calculamos el valor resultante para la variable ca-

TABLA 6.8. *Ficha técnica de capital intelectual de ARQ*

Características de su estructura
Modelo estimado (ecuación 5, Tabla 6.7) [15] $CID_t = 161086,3 - 0,832\ IH_t + 10,58\ IP_t - 0,125\ IC_t - 5,463\ IIDi_t -71343,8\ Fct98 + r_t$ $(3,91) \quad\quad (-2,66) \quad\quad (14,13) \quad\quad (-1,85) \quad\quad (-3,64) \quad\quad (-4,87)$ $^AR^2 = 0,984;\ d = 1,605;\ n=14: (1996.1- 2002.2)$ Elasticidades sobre CID $\quad \xi_{IH} = -0.88;\ \ \xi_{IP} = 1.46;\ \xi_{IC} = -0.17;\ \xi_{IIDi} = -0.42$

Fortalezas: La política de la empresa relacionada con la calidad ha conllevado que el intangible de procesos internos sea el mayor potencial de crecimiento para el capital intelectual de ARQ y que cada euro invertido en calidad reporte más de 10 € en intelectual (10,58), en términos de elasticidad un 1,46%. Sin embargo, se trata de un efecto tan elevado que anula otros potenciales, tanto que incluso ha llevado a que se relajen en exceso determinadas políticas, en un futuro, importantes para la empresa.

Debilidades: Entre estas carencias, resulta con diferencia ilustrativa la posición de mal dimensionamiento atribuible al capital en innovación, ya que se está produciendo una desinversión importante en tal variable, la cual se encuentra oculta por el relevante efecto del capital procesos. Recordemos que cuando fue medido el efecto de forma individual recogía un valor no despreciable y positivo (véase la ecuación 3 de la Tabla 6.6. En esta misma línea, en una posición no menos preocupante se encuentra el capital humano, cuyo nivel adecuado fue conseguido en el pasado y que en los últimos periodos parece despertar tras un letargo a finales de la década de los noventa, aún no suficiente pues queda relegado a un segundo plano desde el capital de procesos con un valor negativo de su coeficiente (–0,832) y una elasticidad de –0,88.

En el caso del capital relacional, podríamos decir de él que se encuentra en el lugar óptimo desde el que comenzar a avanzar. Es cierto que se han conseguido, como vimos, umbrales en sus índices, como el de satisfacción de clientes, que le impiden progresar, pero también lo es que, en otros casos, tiene el reto fundamental de diversificar para no centrar el negocio y asumir por ello un mayor riesgo con un solo cliente. Valor para su coeficiente de –0,125 y elasticidad de –0,17.

Estructura: La estimación revela la existencia de cambio en la estructura a partir de 1998. Por otra parte, la explicación del 98% de la variable presume la irrelevancia de los factores no explicitados en el modelo, los especulativos y errores cometidos.

---

[15] Donde r son los residuos estimados por mínimos cuadrados ordinarios, como diferencia entre la variable real y la estimada por el modelo, es decir, son la estimación de nuestra variable aleatoria *v*.

pital intelectual deflactado, pudiendo determinar según el resultado la conveniencia o no de dicha política. Tendremos ocasión de desarrollar esta aplicación en el siguiente capítulo.

☛ Según los valores que hemos obtenido, se plantea, por parte de la gerencia de ARQ, si el mantenimiento de una política de aumento de la calidad, procesos, llevará hacia el incremento del capital intelectual. En concreto, la lectura del escenario es: ¿cuánto se incrementaría el capital intelectual a través de un incremento del 2% en capital procesos durante 2003? Dados los valores alcanzados por los indicadores de eficiencia, de lo que hablaremos más adelante, es lógico suponer que tal incremento se produce directamente sobre el coste de calidad, prevención y evaluación. En este escenario, incluimos la hipótesis de crecimiento igual a la inflación para el resto de capitales, o lo que es lo mismo, un valor igual al del segundo semestre de 2002 para estos factores.

En un planteamiento de control de la dirección sobre su intangible procesos, la idea que aparece es *la medición en el futuro de su capital intelectual como respuesta a un impacto de aumento del 2% de aquel intangible;* por tanto, dicho incremento se produce en ambos semestres de 2002 de forma lineal, es decir, con la misma intensidad, completando dicho desarrollo. *Para el resto de capitales suponemos el mantenimiento,* es decir, que en términos reales van a tener crecimiento cero, o igual a la inflación, ya que en el modelo obramos con unidades monetarias constantes o deflactadas. La tabla que resume cuantitativamente dicho escenario es la 6.9, donde se incluye la información de partida (segundo semestre de 2002), los valores de los intangibles, los de la variable explicada, los crecimientos del intangible de procesos y el resultado para CID, que se conseguirá con la simple aplicación del modelo. Así, por ejemplo, para el primer semestre de 2003, tenemos:

$$CID_{2003\text{-}1} = 402.011,92 = 161.086,3 - 0,832 (215.401,6) + 10,58 (49.017,89) - 0,125 (222.070,44) - 5,463 (12.943,57) - 71.343,8 (0)\,^{[16]}$$

Tabla 6.9. *Impacto crecimiento 2% en procesos*

Semestre	CID	Crecimiento de CID	IH	IP	Crecimiento de IP	IC	IIDi
2002-2	396.009,56		215.401,6	48.532,56		222.070,44	12.943,57
2003-1	402.011,92	0,0152	215.401,6	49.017,89	0,0100	222.070,44	12.943,57
2003-2	407.146,60	0,0128	215.401,6	49.503,21	0,0099	222.070,44	12.943,57
		0,0281			0,0200		

NOTA: Elaborado a partir de la ecuación 5 de la Tabla 6.7.

[16] Los coeficientes utilizados han sido los definitivos, es decir, los presentados en la ecuación 5 de la Tabla 6.7. El valor de la variable ficticia en 2003 será cero. Recordemos que dicha variable respondía al cambio de estructura producido en 1998, en cuyo caso exclusivamente tenía valor uno.

Analizando el resultado, vemos como cada euro aumentado en intangible procesos se multiplica por más de 10, y supone un crecimiento cercano al 3% en capital intelectual [17]. Un aumento de unos 1.000 € en 2003 en procesos (de 48.532 € a 49.503 €) se convierte en unos 11.000 € en intelectual (de 396.009 € a 407.146 €). Ahora bien, si recordamos cómo ha sido generado el capital procesos en la Figura 6.3, y si tenemos en cuenta el efecto de los indicadores eficientes, que en media resultan en un valor aproximado a 0,65 (índices, de sugerencias y satisfacción de clientes), entonces sabemos que el aumento en coste de calidad ha debido cifrarse en torno a 750 € aproximadamente en cada semestre de 2003, lo que supondría un aumento del 2% al año, ya que el valor de este coste para el segundo semestre de 2002 es de 74.505,01 € (véase la Tabla 6.3). Es decir, que cada euro aumentado en coste de calidad se multiplicará aproximadamente por 7 en capital intelectual. Si bien, aunque esto parece la piedra angular para el desarrollo de intangibles en la empresa, debemos saber que este coste de calidad está en niveles muy elevados y no resulta viable en el medio plazo pensar en aumentos de esta magnitud como estrategia para el incremento del capital intelectual.

Así, esto nos lleva a responder a la principal pregunta planteada por la dirección de ARQ para la realización del Análisis Integral, que era saber si iban por el buen camino. La respuesta, como podemos apreciar ahora, y sustentada en este análisis y sus herramientas modeladoras, que se ajustan específicamente a su estructura, nos demuestra que sí, que la política de calidad e innovación son el futuro para el crecimiento y el aumento del valor, aunque como hemos visto, y quizá lo más notable, según todos los indicadores del modelo se estaba descuidando un capital básico como es el de innovación, en donde han saltado las alarmas, y otro como es el capital humano, que ha estado dimensionando de una forma no óptima durante los últimos años. De esta manera, ARQ cuenta ahora con una herramienta que se ajusta a su realidad y que permite plantear diferentes escenarios, tan complejos como se quiera, para orientarles sobre su comportamiento futuro, y lo que quizá es más importante, expresar la estructura de dicho capital intelectual para poder plantear estrategias de equilibrio.

Hemos trazado, en estas páginas, una *potente herramienta de gestión y control para su organización*. Dicho instrumento ha permitido cuantificar los intangibles de su empresa y expresarlos como una combinación adecuada que responde al valor extracontable, o también, al no patrimonial, que usted sabe que posee su compañía. Para remacharlo, a través de dicha relación cuantificada con el soporte de la evolución de su compañía en los últimos años, usted puede controlar y gestionar sus políticas y estrategias para que dicho valor siga aumentando, y por ende, el valor real de su compañía.

---

[17] Vemos que en este caso, al incluir sólo el aumento de una variable, procesos, la lectura de crecimiento es en definitiva la elasticidad-procesos, al expresar cambios en la variable explicada provocadas por la variación de un intangible.

Por último, sólo queda aclarar una cuestión de forma, la relativa a los modelos de simulación financiera, que si bien metodológicamente corresponden a esta tercera visión de modelos de empresa dentro del Análisis Integral, el lugar apropiado para su desarrollo en una obra eminentemente práctica como ha pretendido ser ésta pensamos que es el de su aplicación, es decir, donde fueron desarrollados como colofón de la perspectiva económica-financiera, en el Capítulo 3.

7 Políticas estratégicas a futuro: conclusiones y mantenimiento

---

INTRODUCCIÓN

Desde la satisfacción alcanzada por los resultados obtenidos, nos hallamos ahora en la parte final del Análisis Integral, esto es, una vez *bosquejada la estructura de intangibles y analizada la dimensión de cada componente,* estamos en condiciones de poder *formular cuáles pueden ser las políticas estratégicas a futuro para organizar, equilibrar y optimizar dicha estructura,* avanzando en la obtención de mejores resultados para la determinación real del valor de su empresa, superando aquella regla de oro clásica de maximización de beneficios.

En este camino, proponemos en estas líneas algunas actuaciones en diversos ámbitos a través de las conclusiones que hemos podido obtener desde la metodología de Análisis Integral desarrollada hasta el momento. Esas actuaciones serán desglosadas en diferentes campos para su mejor conocimiento. Sin embargo, se dirigen y componen un único objetivo estratégico: crecer; para ello, será necesario conseguir una armonía en la composición de intangibles que presenta su empresa.

El primer escollo al que ya nos podemos enfrentar, a modo de síntesis, se centra en la *recolección previa de los puntos fuertes y débiles* de su organización, los cuales sirven de referencia para el posterior establecimiento de las actuaciones a futuro.

El *análisis y recuperación de cuantos informes o fichas técnicas hemos incorporado al estudio* nos proveerá de la información suficiente para que el investigador, obrando más ahora como analista o consultor, ofrezca un conjunto de políticas a la dirección para seguir por el mejor camino posible, alertando de aquellos posibles atajos y de los, por qué no decirlo, desvíos que nos puedan hacer perder un tiempo que en esta nueva sociedad informacional en la que vivimos sea vital para la permanencia de nuestro negocio.

Parecen conseguidos muchos logros planteados en un inicio; aquella cláusula sobre *¿cómo crecemos y cómo tenemos que crecer?,* desde el entusiasmo y la seriedad por el trabajo bien hecho, podemos ahora decir que ha sido resuelta. Sin embargo, esta planificación estratégica podría quedar en el olvido, o bien como decoración de algún despacho de dirección, si no nos planteamos su aplicación, control y, en una palabra, el *mantenimiento de los recursos informacionales con su mejora y desarrollo,* con el fin de conseguir el equilibrio de su estructura de intangibles, así como una batería de indicadores que permitan a su empresa una imagen y una ventaja competitiva que sirva para la maximización de su verdadero valor, esto es, el que incluye los intangibles o capital intelectual como activo esencial. Así, en este último capítulo, abordaremos con detalle la cuestión del mantenimiento del Análisis Integral para los años venideros.

PUNTOS DÉBILES Y FUERTES

Como hemos advertido, debemos sintetizar a continuación cuáles son las *amenazas y oportunidades* que tiene su compañía desde un ámbito externo, así como las *fortalezas y debilidades* desde una perspectiva interna. Ahora bien, no como un simple diagnóstico inicial, sino en este caso como proceso final del Análisis Integral, ya que *se esgrimen para establecer las políticas estratégicas a futuro.*

Para llevar a cabo tal objetivo, nos podemos valer de la herramienta conocida en la literatura especializada como *matriz DAFO (Debilidades, Amenazas, Fortalezas y Oportunidades),* que consiste en representar en una tabla, por un lado, el diagnóstico del ámbito externo en dos variables o factores (oportunidades y amenazas), y por otro, el interno con las dos vertientes de fortalezas y debilidades.

Una vez cumplimentada la matriz, desde la información obtenida en las diversas perspectivas del Análisis Integral, *es oportuna su interpretación con el estudio de los factores internos y externos incluidos, así como las relaciones que se producen entre ellos,* ya que de esta manera se asientan los cimientos de las posteriores actuaciones a llevar a cabo.

Pero además, como esta situación dentro del proceso que venimos siguiendo es posterior al análisis de la estructura del capital intelectual de la empresa, se habrá comprobado si el valor real o de mercado es superior o inferior al de libros, cuáles son los pilares que sostienen este capital, etc. Por lo tanto, se está en disposición de reflexionar sobre si la estructura de este capital es correcta, si debemos cuidarnos de algunas carencias e incentivar, en consecuencia, algunas políticas.

Ámbito	Factor	
	POSITIVO	NEGATIVO
E X T E R N O	OPORTUNIDADES	AMENAZAS
I N T E R N O	FORTALEZAS	DEBILIDADES

FIGURA 7.1. *Estructura de la matriz DAFO*

Así pues, estos aspectos son los que deben ser tenidos en cuenta en esta fase, antes de pasar al establecimiento y propuesta de las estrategias a futuro, para lo cual el desarrollo de esta herramienta, la matriz DAFO, es muy interesante.

☛ Para la empresa ARQ, su matriz DAFO representa la síntesis de los principales puntos fuertes y débiles obtenidos a lo largo de su Análisis Integral. Queda suficientemente ilustrada en la Tabla 7.1.

Hemos observado características que pueden situarse en el espectro de fortaleza-debilidad, si bien es cierto que tan sólo por recordar algunas de las peculiaridades que ARQ presenta, citaremos su saneamiento financiero, que si acaso presenta el "dulce" problema de su excesiva liquidez, unido a su grado de endeudamiento, relativamente pequeño, que permite calificarla como demasiado capitalizada, dado el exceso de recursos propios. Por ello, presenta una oportunidad que va a dominar a las demás, que es la capacidad suficiente para afrontar lo que se proponga; además, en beneficio de su rentabilidad, debe hacerlo proponiéndose estrategias y políticas a desarrollar.

Sus potenciales pasan por administrar la dinamicidad que tiene como negocio mediano y crecer. Este crecimiento, como ya se advirtió en distintos lugares del análisis, tiene que realizarse tanto en cartera de clientes, ampliando su ámbito geográfico, como en los mercados a los que se dirige, sin olvidar la tendencia todavía positiva en el sector, tanto en construcción de vivienda como en desarrollo de infraestructuras impulsadas durante esta década, aún desde los fondos estructurales. En un segundo estadio de crecimiento, la empresa tendría capacidad para el control a través de la inversión en otras compañías del sector, si bien esto podría quedar relegado por la opción por el mantenimiento de un tamaño medio corporativo.

TABLA 7.1. *Matriz DAFO*

OPORTUNIDADES	AMENAZAS
1. Capacidad. 2. Crecimiento. 3. Diversificación de mercados. 4. Diversificación de clientes. 5. Inversión en mercados de capitales.	1. Fuerte dependencia de AENA. 2. Competencia cada vez más fuerte para la consecución de concursos.
FORTALEZAS	**DEBILIDADES**
1. Conocimiento de los servicios prestados. 2. Capacidad de recursos propios. 3. Calidad del trabajo. 4. Clima laboral adecuado con un equipo humano motivado, integrado e identificado. 5. Anticipo a los nuevos cambios del entorno: calidad, gestión del conocimiento, etc.	1. Política tecnológica. 2. Jornada laboral. 3. Formación. 4. Mejora de la imagen y conocimiento de la empresa en medios especializados. 5. Innovación.

Pero es que además cuenta con una serie de fortalezas que discurren en parte en términos de cultura empresarial, adquirida en un periodo de tiempo relativamente corto, que permite comprender la lógica de funcionamiento y el comportamiento de los actores, percibiéndose a menudo como la explicación fundamental de lo que acontece en la empresa. La compañía se ha construido una imagen corporativa propia, una historia coherente consigo misma que puede y debe ser presentada a todos los interesados: empleados, inversores, acreedores, etc. En pocas palabras, cuenta con unos socios fundadores con gran motivación, capacidad de trabajo y vocación que aspiran a liderar el sector. Su evolución está marcada por una crisis de plantilla en los ejercicios 98 y 99 tras un fuerte crecimiento, superada por una nueva fase de entendimiento desde el año 2000 con posicionamiento medio en el sector y evolución favorable de todos los indicadores. En el camino se ha logrado, sin falsa modestia y sin complejos, un buen oficio que se conoce y que además es de calidad, con la idea de una preocupación "excesiva" por alcanzarla; así pues, los valores se sustentan en una preocupación en el avance hacia la formación de los trabajadores que permite y fomenta la estabilidad de la misma, así como por la consecución de una política adecuada de perfección o excelencia; por último, existen signos evidentes por la preocupación y valoración de la imagen de empresa y la duración de la jornada de trabajo.

Podemos decir, en consecuencia, que tiene una serie de valores, signos y símbolos, en una palabra, fortalezas, condensados en un clima laboral adecuado, donde existe un reducido nivel de jerarquización y se promueve la participación, estabilización, integración e involucración de los trabajadores, que muestran niveles adecuados de motivación y satisfacción. Por otro lado, pero sin abandonar los puntos fuertes de la empresa, toda esta amalgama de peculiaridades se ilustra en el gran interés de la directiva por anticiparse a los cambios del entorno soportados en el desarrollo de estrategias de calidad, análisis de intangibles y gestión del conocimiento.

De esta forma, hemos visto que el valor real o de mercado de ARQ es superior al de libros y su principal apoyo lo constituye el capital de procesos internos de la empresa; pero llegados a este punto, podemos incidir en la cuestión que nos ocupa: ¿la estructura del capital intelectual es adecuada?, ¿existen necesidades?, y por tanto, ¿se deben fomentar algunas políticas?

No parece trivial la respuesta a estas cuestiones; por lo tanto, debemos entresacar las debilidades y amenazas para esta compañía, que se resumen en el alto riesgo asumido en la cartera de clientes y en la fuerte competencia del sector. En una palabra, las amenazas son fundamentalmente una interna, de selección de cartera, y otra externa, de competitividad. Ambas se encuentran muy unidas, ya que se pueden resumir en ser competitivo, con lo que podrá ganar más concursos y diversificar sus clientes y sus productos fuera de las torres de control para AENA. El camino por el que ha optado la compañía es el adecuado, si bien cuenta con una serie de debilidades que debe combatir.

Entre estas debilidades encontramos una empresa que, si bien acostumbra a ser lo habitual en el sector, se enfrenta en su crecimiento de plantilla a problemas con el desarrollo del capital humano, tanto en el capítulo de jornada como en el que creemos más importante de formación, ya que existe una política un tanto pasiva de ésta, así como una despreocupación por la parte social del trabajador que ha sido en el pasado relacionada con la reducción de la temporalidad, pero que requiere en el futuro de nuevos incentivos, al igual que la formación.

Por último, y quizá aún más preocupante, según hemos tenido ocasión de constatar con el modelo de medición del capital intelectual, existe una carencia latente tanto en la inversión tecnológica como en lo que es aún más fundamental, el desarrollo, que fuera cuantificado a través de lo que podríamos denominar formación interna y que en beneficio de otros propósitos ha sido relegado a un continuo descenso en los últimos años. Esto podría llevar asociados otros efectos indirectos como la descohesión de la plantilla y la jerarquización de la misma, valores inapreciables los de cohesión e integración que podría entonces perder. Para acabar y no de menor importancia, resulta extraña la escasez casi absoluta de imagen de empresa externa, en total disonancia con el gran potencial y el interés en cuanto a la adaptación al entorno de ARQ, casi desconocido para el resto del sector.

ESTRATEGIAS Y ACTUACIONES A FUTURO. INFORME FINAL DEL ANÁLISIS INTEGRAL

Ha llegado el tan deseado momento de la *formulación de las actuaciones* que debería aplicar su empresa en diversos ámbitos, a través de las reflexiones que hemos podido extraer de todo el Análisis Integral realizado hasta ahora, las cuales vamos a subdividir en diferentes vertientes para su mejor comprensión. No obstante, tienen como *único propósito responder al planteamiento inicial de todo este trabajo, que consistía en gestionar y controlar el valor futuro de su empresa.*

¿Cómo elaboramos las estrategias y actuaciones a futuro?

Para ello, es recomendable la *elaboración de un informe de Análisis Integral* que se apoye principalmente en las conclusiones obtenidas a lo largo del desarrollo de toda esta obra. Esto es, a partir de los informes o fichas técnicas parciales que se han ido confeccionando en las tres visiones que constituyen el Análisis Integral, de forma que podamos formular las correspondientes actuaciones a llevar a cabo.

A continuación, esbozamos los *principales aspectos que debería contener este informe final,* de manera que responda a las cuestiones planteadas de forma razonada y ponderada:

a) *Presentación:* donde se ponga de manifiesto el nombre, actividad, antigüedad y las razones que han llevado a la organización a la necesidad de un Análisis Integral.

b) *Información:* detalle del proceso seguido con referencia a los informes o fichas técnicas parciales de las tres visiones del Análisis Integral, sobre los que se van a sustentar las estrategias a formular.

c) *Opinión:* recoge las conclusiones del proceso realizado en las distintas facetas del Análisis Integral. En concreto, sobre recursos humanos, procesos, clientes, investigación, desarrollo e innovación, económico-financiero y otras tácticas de mercado.

d) *Actuaciones o estrategias:* aglutina las principales políticas que los investigadores recomiendan en vista de las conclusiones obtenidas. El objetivo es facilitar pautas, ideas, propuestas y consejos para que la gerencia tenga un mayor margen de decisión y pueda conocer y gestionar los valores que le van a hacer triunfar en el futuro.

Por último, es conveniente que figure la fecha de emisión del informe, ya que la misma sirve para indicar que las estrategias establecidas se refieren hasta esa fecha, y que se esgrimen como pauta para el posterior mantenimiento del Análisis Integral.

> a) Presentación de la compañía.
> b) Información del proceso de Análisis Integral.
> c) Opinión: conclusiones en las diversas fases y áreas.
> d) Actuaciones o estrategias. Recomendaciones.

FIGURA 7.2. *Informe final de Análisis Integral*

☛ Informe final de Análisis Integral para ARQ a fecha 1 septiembre de 2003.

TABLA 7.2. *Informe final de Análisis Integral de ARQ*

PRESENTACIÓN

La empresa objeto de análisis es ARQ S.A., que se constituyó en 1995 y tiene como actividad la realización de trabajos de promoción, planificación, control y ejecución de obras y proyectos dentro del campo de la arquitectura y el urbanismo, siendo los tres tipos de proyectos básicos los edificios aeroportuarios, viviendas y edificios singulares.

Su preocupación es conocer si está bien orientada para crecer en el futuro, al no disponer de la seguridad suficiente para saber si se va por el buen camino, ya que se trata de una empresa innovadora y dinámica, pero no dispone de los referenciales adecuados que le permiten determinar si los esfuerzos realizados son los necesarios para conseguir la supervivencia y competitividad en un futuro.

INFORMACIÓN

Para responder a la misión anterior se sigue una metodología acuñada con el nombre de Análisis Integral que se genera a través de los tres pilares o visiones que lo sustentan y que nos han generado tres informes parciales previos relativos a la visión:

a) *Económico-financiera,* en la que el cálculo de ratios y la situación cuantitativa respecto al sector en el que situamos a la empresa adquieren su máxima expresión.

b) *De capital intelectual,* encaminada al conocimiento, gestión y presentación de los intangibles de que dispone la empresa. Para ello abarca desde la obtención de información para la generación de indicadores sobre los activos ocultos hasta la cuantificación de esos componentes estructurales del capital intelectual, que se soporta en elementos como la propia cultura de la organización.

c) *De modelos de empresa,* que trata de establecer un modelo de capital intelectual que se ajuste y sea representativo de su organización, de manera que le permita obtener una información a posteriori e incluso llevar a cabo simulaciones con el objetivo de facilitar su toma de decisiones.

(Continúa)

TABLA 7.2. *Informe final de Análisis Integral de ARQ (continuación)*

OPINIÓN	
Recursos humanos	Destaca la integración de un equipo directivo con gran motivación, capacidad de trabajo y vocación de liderazgo. Por otro lado, en la empresa se cuenta con un clima laboral adecuado, donde existe un reducido nivel de jerarquización con una participación, integración e involucración de la plantilla, de forma que se realizan en sus tareas, si bien podrían desarrollar más sus capacidades. Todo ello unido a una adecuada motivación y satisfacción.
	Además, el modelo nos indica que este capital humano tiene gran importancia, despreciada a veces, en el desarrollo del capital intelectual y que parece ir despertando de los niveles consolidados en años anteriores. Por ello, deben incentivarse nuevas estrategias de futuro, ya iniciadas en los últimos ejercicios.
Procesos	Como ha puesto de manifiesto el modelo, el capital de procesos constituye la principal variable estratégica para el aumento del capital intelectual en la empresa.
	Por ello, la política de calidad iniciada es todo un éxito, pero no debe detenerse ahí, sino que debe seguir mejorándose, teniendo en cuenta que los factores coste y tiempo, presentes en la implantación de estas políticas, están siendo superados al percibirse los primeros frutos, como la obtención del sello de calidad y la mayor competitividad.
Clientes	Como se ha podido detectar, existe un elevado grado de satisfacción de los clientes, por lo que se debe seguir en esta línea. Además, el Análisis nos muestra que se parte de un nivel de capital relacional bastante aceptable e incluso algunos indicadores se encuentran en umbrales difíciles de superar.
Investigación, desarrollo e innovación	Ésta es una de las principales áreas de actuación en las cuales se debe concentrar el potencial de crecimiento de cara a futuro, entre otras razones por la alerta que muestra el modelo sobre un mal dimensionamiento e incluso una desinversión en este capital que queda oculta, en parte, por el capital de procesos.
	Por ello, se debe prestar especial atención al mismo.
Económico-financiero	Hemos podido comprobar que no se presentan problemas preocupantes desde una perspectiva económico-financiera, contando con liquidez y solvencia suficientes.
	Por otro lado, su rentabilidad, sin ser mala, creemos que podría mejorarse.
	Además, los modelos de simulación financieros muestran que se encuentra con capacidad suficiente para afrontar nuevos retos.

(Continúa)

TABLA 7.2. *Informe final de Análisis Integral de ARQ (continuación)*

Otras tácticas de mercado	Entre las tácticas de mercado, queremos indicar la preocupación que la empresa debe tener por su imagen. Si bien se trata de algo que a pesar de ser genérico merece una atención específica, ya que puede condicionar el desarrollo futuro de la compañía.
ACTUACIONES O ESTRATEGIAS	
Recursos humanos	• Mejora de la política formativa tanto externa como interna, siendo en esta última donde se debe incidir y que la misma sea apreciada y reconocida por los trabajadores. Para ello, se recomienda la puesta en marcha de forma regular de un programa de cursos reglados donde cada técnico desarrolle un tema. Formación también en aquellas materias que puedan considerarse estratégicas de cara a futuro, sustituyendo la voluntariedad por incentivos tanto de responsabilidad como de complementariedad salarial vía calidad, por ejemplo. Con esta batería de políticas se conseguiría el aumento del capital humano en las dos opciones abiertas de masa salarial y formación; del mismo modo, indicadores como el de formación podrían aumentar. • Búsqueda de una mayor flexibilidad horaria. • Estudio sobre cómo incrementar la cobertura social; con este tipo de políticas se persigue mejorar la imagen de la empresa como garante del empleado y se mejorarían indicadores de eficiencia como el de acción social o incluso la motivación y puede que la flexibilidad horaria, si se subvencionara parte del gasto en comida con comedores o restaurantes cercanos a la oficina. En general, y en especial la primera estrategia recogida, se trata de equilibrar un capital muy importante para la empresa y redimensionarlo para que surta efectos positivos sobre la misma; en su defensa, podemos decir que el último periodo ha sido un buen ejemplo de aumento de dicho capital. Sin embargo, éste se ha producido vía masa salarial, fundamentalmente, y no formativa.
Procesos	• Continuación de la política de calidad como clave para el avance de la empresa en el mercado. Mantenimiento, al menos, del nivel alcanzado. • Mejora de los procesos tanto en eficacia como en eficiencia. Para ello, especificar tareas, establecer prioridades y personas a ejecutarlas. • Establecimiento de procedimientos que permitan la coordinación. Así, y como ya se ha advertido, el Análisis Integral ha servido también para alertar del fuerte compromiso de la dirección en el campo de la calidad, destacando los grandes logros conseguidos y advirtiendo sobre otras posibles actuaciones que han quedado subordinadas y que podrían resultar problemáticas en el desarrollo futuro.

(Continúa)

TABLA 7.2. *Informe final de Análisis Integral de ARQ (continuación)*

Clientes	• Diversificación de clientes. Presenta un volumen considerable de su cifra de negocios sesgado hacia un solo cliente, AENA; por ello en su crecimiento debiera procurar ampliar su cartera evitando con ello riesgos.
	• Centrarse en los clientes que aprecien el valor añadido que entregamos en nuestro trabajo.
	• Aumentar la capacidad de retener clientes, por lo que se recomienda una mayor funcionalidad, calidad y precio. Relaciones personales. Imagen y reputación.
	En suma, se persigue avanzar en la dimensión de este capital vía concursal, principalmente, para lo que debe presentarse a los mismos valorando su experiencia y buen hacer, a la vez que diversificando los productos hacia los que se dirige. En este sentido, es importante la generación de una forma de hacer característica o típica, una imagen soportada en la calidad y en el control de su producto final que debe transmitirse al sector. Este tipo de actuación podría hacer replantearnos la validez del capital comunicacional o al menos la concreción en tácticas de mercado dirigidas a la formación de una imagen de la compañía reconocida por el sector.
Investigación, desarrollo e innovación	• Gestión del conocimiento. Esta filosofía acaba de iniciarse, creemos que de manera acertada, ya que el objetivo es detectar qué conocimientos se necesitan y cuáles pueden requerirse en un futuro. Para ello, un objetivo importante es crear una base de datos de conocimiento que permita archivar, actualizar y ordenar toda la información para que sea fácilmente accesible.
	• Mejora tecnológica. Se ha detectado que, a pesar de los esfuerzos realizados en este ámbito, se revela todavía que no han sido suficientes, por lo que se recomienda incrementar los mismos.
	• Incremento de la política de investigación de manera interna o en colaboración con otras instituciones o grupos de investigación, ya que suponen una base de progreso a futuro y generan una imagen positiva de la empresa.
	• Mantenimiento del Análisis Integral, como herramienta comparativa con respecto a otras empresas y equilibradora de los esfuerzos estratégicos para el correcto crecimiento a futuro de la empresa.
	• Avance en el desarrollo interno, medido a través de las horas en unidades monetarias dedicadas a la formación interna y que curiosamente se mueve de forma paralela a la inversión tecnológica, lo que provoca una caída preocupante de este indicador que lo hace del todo

(Continúa)

TABLA 7.2. *Informe final de Análisis Integral de ARQ (continuación)*

	inoperativo cara al capital intelectual, ya que su signo negativo en el modelo debe ser leído como una fuerte caída del mismo por el aumento del conjunto intangible, lo cual no es sino un mal dimensionamiento de este capital que ha de corregirse de forma inmediata.
Económico-financiero	• Crecimiento a través de la expansión hacia otros negocios, mercados, actividades, etc. Habrá que estudiar las diferentes posibilidades, teniendo en cuenta la información extraíble del análisis del sector que hemos realizado.
	• Diversificación de mercados, resaltando la situación favorable del mercado próximo, resumida en el avance de infraestructuras aeroportuarias y terrestres en la zona sur, Castilla-La Mancha, máxime si tenemos en cuenta que no existe una competencia directa en cuanto a actividad, cifra de negocio y tamaño, por lo que se abre un formidable mercado justo a unos pocos kilómetros de esta empresa. En este sentido, otras zonas castellanas presentan situaciones similares que debieran ser tenidas en cuenta en un posible crecimiento del negocio y valorando el escenario óptimo de aumento de la inversión pública en infraestructuras para esta década.
	• Inversión en activos. Siempre queda la opción de la búsqueda de mayor rentabilidad, si el aumento de dimensión no parece viable, de la adecuada gestión de una cartera, es decir, una estrategia de inversión de los fondos en acciones, valores de renta fija, construcción, etc. Si bien, y en la línea con otras actuaciones en el capital relacional ya indicadas, nosotros preferimos las anteriores a ésta.
Otras tácticas de mercado	• Mejora de la productividad, aumentando la eficacia y la eficiencia.
	• Mejora de la imagen de la empresa, incrementando la presencia de ARQ en diferentes foros con el objetivo de que se conozca la calidad, eficacia e innovación de su trabajo. Para ello, se proponen distintas iniciativas:
	— Publicación de artículos en revistas profesionales.
	— Aparición en medios de comunicación como empresa innovadora en sistemas de gestión.
	— Colaboración y patrocinios en libros.
	— Mejora de la página web con nuevos contenidos que expliquen las actuaciones innovadoras en calidad, control de intangibles o la gestión del conocimiento, entre otras.

MANTENIMIENTO DEL ANÁLISIS INTEGRAL

Llegados a este punto, podemos decir que el Análisis Integral nos ha permitido determinar los objetivos marcados en un principio, esto es, conocer si su empresa está bien orientada para seguir creciendo en los próximos ejercicios, o lo que es lo mismo, saber si su negocio, para poder sobrevivir, no se dirige exclusivamente hacia la generación de beneficios a corto plazo, sino si se está desarrollando e invirtiendo en las capacidades necesarias para progresar en el futuro de manera que usted pueda tener la seguridad de que va por el buen camino.

Ahora bien, una vez hecho el esfuerzo anterior, y para poder obtener todo el potencial que genera el *Análisis Integral, es necesaria una última fase que es el mantenimiento* del mismo a lo largo de los años, por muy distintas *razones,* las cuales pasamos a enumerar a continuación:

- El proceso de aprendizaje de una empresa debe ser actualizado continuamente con nueva información y generando, a la vez, nuevos datos relevantes.

- Si no se realiza un seguimiento, existe el peligro de que todo el esfuerzo no haya servido para nada, y además, el riesgo de descuidar potenciales que generan valor en beneficio de otros que lo destruyen a largo plazo.

- Los efectos principales del Análisis Integral aparecen fundamentalmente con el tiempo, es decir, que las tácticas a corto plazo deben controlarse para conseguir objetivos a medio y largo plazo. Asimismo, la significación de los datos generados aumentará al alargarse las series, y la estructura del modelo se perfeccionará con las políticas realizadas por la empresa. En pocas palabras, sepa que el paso inicial está dado, pero queda camino por recorrer.

- Para que se mantenga la vigencia del Análisis Integral, tiene que haber sistemas y procedimientos que recojan información relevante, planificados cronológicamente y con transmisión sintética a los socios que les sirva para la toma de decisiones.

- Se debe asegurar la fiabilidad y validez de los sistemas de medición. Por ejemplo, la gran necesidad inicial de la obtención de mediciones, puede llevar a pensar que el trabajo de base está hecho una vez visualizados los primeros resultados, y la organización podría descuidar la obligación de revisar y analizar los indicadores y la estructura estimada, perdiendo el esfuerzo inicial toda validez.

- La posibilidad de seguir realizando predicciones a futuro tanto de las necesidades financieras (plan financiero) como del capital intelectual (modelo de simulación) es fundamental, pero para ello, se debe contar con los medios adecuados para poder realizarlas e interpretarlas dentro del contexto donde se producen. Asimismo, una vez estimadas estas proyecciones, existe una información inapreciable, aún no conseguida, de comparabilidad de dichas proyecciones con las de ejercicios anteriores y el seguimiento sobre la realización de las mismas.

☞ En ARQ se encuentran presentes todas las razones esgrimidas anteriormente, referentes a la necesidad de un mantenimiento del Análisis Integral. Pero además, en este análisis emerge el desarrollo de las competencias de los empleados, los datos almacenados y las estructuras que rodean a ambos elementos, esto es, nos permitirá analizar la validez y la utilidad del sistema de gestión de conocimiento en el que se ha embarcado.

📖 Una vez detectadas las razones que justifican la necesidad de un mantenimiento del Análisis Integral, debemos desarrollar un *plan de actuación u hoja de ruta a futuro* que contendrá, de manera sintética, las distintas actuaciones que se van a llevar a cabo. Nosotros presentamos además, desde nuestra experiencia, el calendario idóneo, que contiene todas las restricciones y condiciones del proceso para el desarrollo de dicho plan.

A este respecto, hay que decir que no se puede estipular de manera categórica el periodo de tiempo durante el cual se realizarán las actuaciones. Pero de manera aproximativa, hay que tener presente una serie de consideraciones:

a) Es conveniente iniciarlas entre finales del periodo a estudiar y principios del siguiente, unidas al cierre de informaciones contables, porque de esta forma servirán para establecer las bases y además serán viables los procesos de recopilación de nueva información sobre el ejercicio que acaba de cerrarse con el fin de llevar a cabo actualizaciones, comparaciones, etc.

b) Se recomienda el desarrollo de las actuaciones en las distintas visiones del Análisis Integral en un plazo que puede oscilar entre 6 y 12 meses, dependiendo de las propias necesidades y características de su empresa.

c) El desarrollo de las perspectivas debe engastarse en el proceso de información contable. Así, la perspectiva económico-financiera debe aguardar al cierre legal contable, por lo que marzo puede ser el mes ideal para comenzarla; en lo referente a la visión de capital intelectual, las encuestas deben responderse justo al inicio del ejercicio, para conseguir una buena valoración de los entrevistados del periodo estudiado; por último, los modelos y control de políticas sólo serán posibles una vez finalizados estos procedimientos, es decir, de acuerdo al plan estructurado de esta obra, en concreto la metodología del Análisis Integral, que le permite conocer, gestionar y controlar el valor de su empresa (Figura 7.3).

☞ En ARQ la programación de actuación a futuro para 2004 y el calendario de desarrollo del mismo es el que figura en las Tablas 7.3 y 7.4. Se considera, tras un proceso de consulta con la gerencia, realizar el mismo en el plazo de un año.

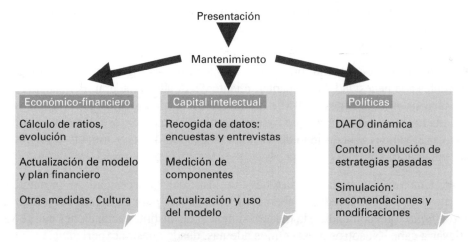

FIGURA 7.3. *Plan de actuación para el mantenimiento del Análisis Integral*

TABLA 7.3. *Plan de actuación a futuro*

ACTUACIONES
Actuación 1: Mantenimiento del Análisis Integral • Presentación del plan de mantenimiento del Análisis Integral. • Desarrollo del plan de trabajo. • Presentación de la propuesta cronológica y presupuestaria de actuación.

Actuación 2: Mantenimiento del análisis financiero
• Recopilación de nueva información y actualización (etapa continua durante todo el periodo).
• Cálculo de las principales ratios para los ejercicios 2002 y 2003, estudiando si se mantienen o varían las conclusiones obtenidas en ejercicios anteriores.
• Modelo de simulación para la determinación de las necesidades financieras 2004/2005: plan financiero.
   — Obtención de datos previsionales.
   — Presentación de estados previsionales.
   — Establecimiento de necesidades financieras.

Actuación 3: Mantenimiento del capital intelectual • Realización de cuestionarios y entrevistas (enero-febrero). • Mantenimiento de la estructura implementada del capital intelectual. • Medición del capital intelectual. Análisis de los indicadores propuestos existentes. • Modelo de simulación de capital intelectual para la toma de decisiones.
Actuación 4: Mantenimiento de políticas empresariales • Presentación de la matriz DAFO dinámica. • Estrategias y proyecciones a futuro. Comparación y evolución de las mismas con ejercicios anteriores. • Simulación de escenarios (2004 y 2005). Recomendaciones y modificación de actuaciones.

TABLA 7.4. *Desarrollo temporal del plan de mantenimiento*

Nov./Dic. 2003	Enero 2004	Feb.	Mar.	Abr.	May.	Jun.	Jul.	Agt.	Sept.	Oct.
*Act. 1										
			Act. 2							
	Act. 3**				Act. 3					
							Act. 4			

* Actuaciones anteriormente descritas.
** Elaboración de cuestionarios, encuesta y entrevista.

Hemos creído conveniente, sin ánimo de exhaustividad, pues resultaría en la redundancia de muchas de las cuestiones explicadas, incorporar algunos de los resultados más importantes obtenidos para ARQ, como fruto del mantenimiento del Análisis Integral.

Análisis económico-financiero

Ratio/Año	Lg	Li	R.A/R.P.	Rt.E	Rt.F	Rot.A	P*
1996	1	0	6,46	-0,47	-3,53	2,15	1,05
1997	1,37	0,57	1,87	28,61	82,05	3,09	1,62
1998	2,75	1,66	0,44	16,57	23,82	3	1,56
1999	2,72	0,54	0,46	5,74	8,4	2,02	1,01
2000	2,66	0,55	0,48	8,9	13,17	2,24	1,25
2001	1,62	0,4	0,47	15,02	22,12	1,87	1,59
2002	2,81	0,23	0,4	7,12	10,51	2	1,2
2003	3,26	0,22	0,58	15,23	24,11	1,64	1,53

* Lg: Liquidez general; Li: Liquidez inmediata; R.A/R.P: Recursos ajenos/propios; Rt.E: Rentabilidad Económica; Rt. F: Rentabilidad Financiera; Rot. A: Rotación Activos; y P: Productividad.

Para 2003 muestra una elevada liquidez, como se refleja en diversas ratios consideradas; además, ésta no queda justificada por problemas de renovación de equipos (aunque empieza a ser conveniente un aumento o renovación del inmovilizado inmaterial), ni de deudas a corto plazo. A esta situación se añade su grado de endeudamiento, relativamente pequeño, no existiendo apenas pasivo a largo plazo, por lo que tiene un exceso de recursos propios, está demasiado capitalizada. En esta línea, tiene un apalancamiento positivo que le está llevando a una rentabilidad económica inferior a la financiera y bastante superior al coste del pasivo exigible.

Los modelos de simulación para años venideros muestran que la cifra de negocios es determinante para la obtención de mayores o menores resultados, pero las otras variables: liquidez, rentabilidad, solvencia, etc., siguen con la tendencia comentada anteriormente. Por lo tanto, las políticas para aprovechar esta situación y evitarla serían: crecimiento (expansión en otros negocios), diversificación de mercados y de clientes, inversión y disminución de recursos propios.

Análisis de capital intelectual

En capital humano, se observa la apuesta de ARQ por el contrato fijo, la motivación y la formación de la plantilla; en 2003 se produce un freno coyuntural en la evolución de algunos indicadores, al mejorar sus estrategias en recursos humanos a inicios de 2004 con mayor flexibilidad horaria y mejora del entendimiento de la plantilla, retornando a valores pasados.

En capital estructural, la preocupación por los procesos le ha llevado a *altísimas cuotas de calidad en el producto final,* con una fuerte dedicación a la corrección de errores, respaldado por un sistema de gestión horaria óptimo que permite un índice de satisfacción de clientes superior al 0,7. La preocupación por la mejora en I+D+i y la búsqueda de clientes que le aparten de su dependencia de AENA son los *handicaps* que está superando en 2004.

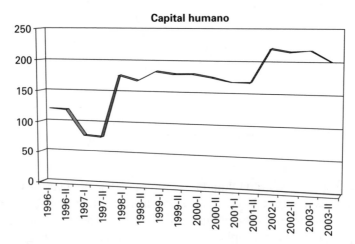

Necesidad de actuaciones estratégicas en RR.HH.

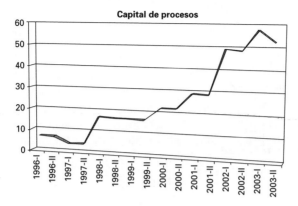

Fortaleza en calidad

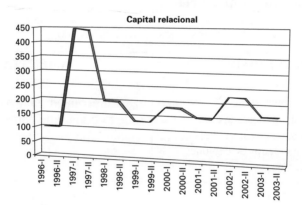

Clientes: mantenimiento, necesita diversificar

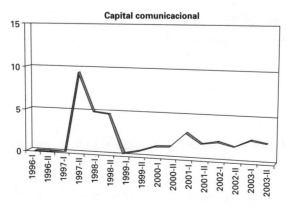

Comienza a reconducirse el comunicacional

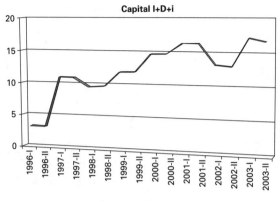

Avance de la I+D+i

Análisis de políticas empresariales

Matriz DAFO dinámica (movimientos 2003-2002)

OPORTUNIDADES	AMENAZAS
1. Capacidad. 2. Crecimiento. 3. Diversificación de mercados. 4. Diversificación de clientes. 5. Inversión en mercados de capitales. 6. Promoción de imagen.	1. Fuerte dependencia de AENA. 2. **Competencia cada vez más fuerte para la consecución de concursos.**
FORTALEZAS	DEBILIDADES
1. Conocimiento de los servicios prestados. 2. Capacidad de recursos propios. 3. Calidad del trabajo. 4. Clima laboral adecuado con un equipo humano motivado, integrado e identificado. 5. Anticipo a los nuevos cambios del entorno: calidad, gestión del conocimiento, etc.	1. Política tecnológica. 2. Jornada laboral. 3. **Formación.** 4. Mejorar la imagen y conocimiento de la empresa en medios especializados. 5. Innovación.

NOTA: Movimientos: A mejor ▨   Precaución ▨   A peor ▨

Previsiones 2004-2005: El uso del modelo de gestión de intangibles con fines predictivos y de control se resume en que el capital intelectual en ARQ seguirá aumentando en casi un 20% en este periodo, con un escenario realista, indicado desde la dirección, y soportado en estrategias de mejora de algunos de los indicadores y crecimiento del negocio, en línea con la matriz DAFO ilustrada. Los índices de calidad adquiridos son óptimos en procesos, la cartera se encuentra más diversificada y el cliente aún más satisfecho (cerca del umbral del sector). En recursos humanos, el redireccionamiento de la estrategia de formación y decisión le hacen crecer con índices de motivación de la plantilla superiores, produciéndose incrementos en el periodo por encima del 12%. En I+D+i se produce un salto cualitativo que la convierten en un referente en investigación, aplicación de sistemas de gestión y medición de intangibles en el sector. Las políticas de renovación de equipos informáticos y la inversión en comunicación complementan una imagen en continua mejora que le hacen situarse muy por encima de la media del sector.

Quedaría incompleto el razonamiento de este *plan de mantenimiento* si no nos detenemos aunque sea en unas pocas líneas en *lo que se espera de él.* En parte cuando planteamos al principio por qué debemos mantener este Análisis Integral quedaba contestado, si bien es importante que sepamos que hemos trazado un *nuevo sistema de gestión de la empresa soportado en un nuevo sistema de información.*

Dicho sistema de información es más idóneo denominarlo "de conocimiento", ya que los datos generados, perfectamente coordinados con los tradicionalmente existentes desde el método contable, permiten al empresario tener *un verdadero cuadro de mandos desde el que controlar y dirigir su empresa.* Además, tiene configurado todo un sistema de alertas que lo dinamiza y lo convierte en una herramienta que controla el quehacer diario de la compañía. Pues bien, las actuaciones diseñadas en un plan de mantenimiento de este Análisis Integral, en gran parte, se derivan hacia la actualización de esta información con las nuevas cifras producidas por y desde la empresa.

Hemos dicho la mayor parte, ya que existe otro beneficio, no menos importante, que *se dirige a la gestión y planificación estratégica:* lo verdaderamente extraordinario de este sistema es *su capacidad de retroalimentación* y con ello el rediseño del propio instrumento que indicará si se traduce dicha actuación en un beneficio o en una pérdida *(auditoría estratégica).* Es decir, cuando trazamos una nueva política para la compañía porque ya hemos sido advertidos de su necesidad por este sistema, se produce un cambio que el modelo cuantifica y provoca la generación a su vez de nuevos valores que pueden ser comparados con los que se habrían producido de no aplicarse dicha política, por lo que *podremos obtener el beneficio exacto de tal política y si éste es mayor que los costes de aplicarla.* En pocas palabras, ese cuadro de mandos *permite introducir una apuesta o diseño estratégico por parte del empresario* y que él mismo controle paso a paso sus beneficios, e incluso si éstos merecen la pena sobre lo que teníamos antes de comenzar la apuesta de la que hablábamos.

Resumiendo, dentro de los beneficios que cabe esperar del Análisis Integral, contamos con *una batería de indicadores* que nos informa de la marcha de la compañía, incluyendo *un sistema de alertas dado su enfoque dinámico;* además, tenemos *una herramienta que permite proyectar o simular actuaciones sobre el futuro desde el presente y plantear su adecuación y también controlar sus beneficios en el largo plazo,* una vez realizado sobre el corto, es decir, capacita al empresario para determinar en un momento venidero si sigue siendo adecuada o es mejor cambiarla. *El sistema se retroalimenta e informa o más bien capacita para el control de la gestión* que a partir de él se está haciendo.

En fin, esperamos que esta nueva herramienta sea útil en todos sus aspectos al empresario y que al menos sirva para confirmar que en esta sociedad de la información en que vivimos existen métodos que permiten controlar, decidir y gestionar con más información, ¡ojalá!, por qué no, mejor.

Cuestiones más habituales

Hemos querido recoger, como cierre de este trabajo, las preguntas que más se repiten en diferentes conferencias, postgrados, máster y en la aplicación a diferentes empresas, pensando que las respuestas a las mismas pueden serle útiles, ya que en muchos casos nos han permitido reflexionar y, a la vez, consideramos que también pueden hacerle a usted meditar, de manera que tenga presente lo que le aporta este método y cómo se ha configurado el mismo.

207

¿QUÉ ENTENDEMOS POR VALOR DEL CAPITAL INTELECTUAL?

Con la propuesta de modelo de capital intelectual lo que hemos pretendido es que el mismo sirva como herramienta de gestión para que el empresario o gestor conozca si la gestión de sus intangibles, responsables en gran parte del valor futuro de su empresa, es la más acertada.

Esto supone generar un debate sobre qué constituye valor del capital intelectual. Desde nuestro punto de vista, *este valor viene representado por:*

a) *La capacidad de futuros beneficios que generarán nuestras inversiones.*

b) *Las capacidades actuales, si es que éstas son las más adecuadas o no.*

De esta manera, cuando definimos los indicadores absolutos y los relativos o de eficiencia que constituyen cada capital, lo que buscamos es intentar satisfacer los dos condicionantes anteriores. Con los primeros buscamos recoger la inversión o desarrollo que está llevando a cabo la empresa en aspectos intangibles que generarán beneficios futuros o que ya los están produciendo actualmente, siendo los segundos los que determinan la cuantía en que estas inversiones están generando o van a producir valor a futuro.

¿NUESTRO MÉTODO ES UNA HERRAMIENTA DE VALORACIÓN DE EMPRESAS?

En concreto, el modelo de capital intelectual que proponemos *no es en sí un método de valoración de empresas,* porque no tiene como misión integrar en el capital intelectual el valor actual de los beneficios futuros de la empresa sino ver la capacidad de generarlos y si las capacidades que tiene actualmente están siendo bien gestionadas.

La determinación del valor real de la compañía para la posterior venta es un hecho discontinuo, se produce de forma extraordinaria y parcelada en la historia de la empresa. Nosotros lo que buscamos es tener un valor referente de la compañía para el desarrollo habitual de su actividad (hecho continuo), integrando todos los logros e informaciones disponibles por la organización que provocan una brecha con la cuantía patrimonial ofrecida desde la contabilidad.

De todas formas, este método *permite llevar a cabo una valoración de los intangibles* que puede ser útil no solamente para la gestión de la empresa sino también como información por si se va a realizar una valoración de la organización, por ejemplo, para una venta de la misma, ya que permite cuantificar el potencial de ésta en estos activos.

¿QUÉ DEBO TENER EN CUENTA A LA HORA DE ELABORAR LOS INDICADORES ABSOLUTOS, QUE SON EN GRAN PARTE LOS QUE DETERMINAN EL VALOR DE LOS DISTINTOS COMPONENTES DEL CAPITAL INTELECTUAL?

Los indicadores absolutos representan inversiones o desarrollos llevados a cabo por la empresa y que hasta ese momento vendrán cuantificados normalmente como gastos en el sentido contable o como activo inmaterial [1], que habrá que poner de manifiesto como elementos generadores de valor (de capital intelectual) y que en el valor en libros aparecen minorando el mismo o no recogiendo el potencial que deberían tener.

No obstante, usted debe saber que *tiene que recoger aquella inversión que sea realmente representativa del potencial de beneficio futuro y normalmente intangible, pero, a veces, puede que este indicador figure en la contabilidad como un elemento tangible,* aunque realmente sea un intangible. Así, por ejemplo, en la empresa ARQ hemos utilizado el indicador de inversión en equipos para procesos de información (cuenta que en el plan contable es un activo tangible), pudiendo pensarse, e incluso es discutible, que la misma represente un capital intelectual de valor a futuro aunque su eficiencia sea igual al 100%. Ahora bien, en esta compañía del sector de la arquitectura los equipos informáticos constituyen uno de los principales soportes para el trabajo efectuado y por tanto son responsables del resultado del mismo y por ende del valor que se pueda generar, de ahí su consideración como capital intelectual, ya que el intangible a medir sería la inversión en nuevas tecnologías o mejoras del sistema de información.

¿EL MODELO TIENE EN CUENTA LAS SINERGIAS OBTENIDAS COMO MAYOR VALOR DEL CAPITAL INTELECTUAL?

Usted también puede plantearse que hay otros intangibles que no aparecen reflejados en el modelo, como, por ejemplo, las sinergias que pueden producirse por tener implantada una filosofía de Gestión del Conocimiento. Debe tener presente que implícitamente eso figuraría dentro de su capital intelectual si ha sabido definir correctamente los componentes del mismo. Así, puede haber un indicador absoluto que sería la inversión llevada a cabo en gestión del conocimiento y otros de eficiencia relacionados con ella. De todas formas, *en el modelo recogemos a través del capital no explicitado la parte de valor futuro que no hemos incluido en los otros ca-*

---

[1] Incluso muchas veces su cuantificación se ha tenido que llevar a cabo a través de información generada internamente, por lo que su cuantía no figura exactamente en una cuenta del plan contable, sino que puede estar diluida; pero el efecto que produce es como si fuese un gasto contable, que minora el valor de la empresa.

pitales, informándonos con su estimación sobre su cuantía relativa, al menos, a través de indicadores como el coeficiente de determinación. Además, e insistimos de nuevo, el objetivo no es cuantificar el valor de los beneficios que pueden suponer esas sinergias, sino más bien si las mismas van a generarlos y si están siendo bien gestionadas.

¿REALMENTE LOS RESULTADOS QUE OBTENGO CON EL MODELO ECONOMÉTRICO SON CREÍBLES, TENIENDO EN CUENTA QUE SE TRATA DE FACTORES INTANGIBLES Y QUE NO SE PUEDEN MEDIR?

Podemos dividir la cuestión en dos partes. Respondiendo a la última, esto es, si partimos de la premisa de que "sólo se puede gestionar lo medible", esta herramienta es un estupendo *soporte para la gestión de intangibles,* al tener una aproximación cuantitativa a los mismos que aporta rigor a la toma de decisiones, disminuyendo la incertidumbre y el riesgo.

Pero además, consideramos que todo ser humano desde que nace ha sido educado implícitamente con una escala mental (ya sea de 0 a 10, 0 a 5...) que le permite elegir, valorar, etc. Por ejemplo, cuando usted selecciona un candidato frente a otros, aunque simplemente haya realizado unas entrevistas, es porque mentalmente considera que es mejor y se habrá tenido que basar implícitamente en un esquema o modelo mental previo de valoración. Con esto lo que se intenta poner de manifiesto es que gran parte de la información cualitativa puede ser convertida a una escala de valoración; lógicamente lo que no se pretende es determinar el valor exacto de lo que pueda valer una cosa, pero sí aproximarnos a una escala que nos permita gestionar con mayor rigor.

Por otro lado, nosotros hemos intentando ser *muy rigurosos en todo el proceso* dando a conocer en todo momento las "tripas" del mismo. No obstante, el método de construcción de las variables o intangibles es criticable, por supuesto, pero no difiere mucho de los que componen indicadores sintéticos de los que podemos denominar *de reconocido prestigio,* como las cestas de precios que generan los valores de inflación que provocan cambios políticos y económicos en muchos de los países desarrollados. Además, *gran parte de las políticas económicas se soportan en modelos macroeconométricos; entonces, ¿por qué no aplicarlos al ámbito empresarial?* Con esto queremos subrayar la importancia de los indicadores como lo que son y del método previsto para su cálculo, que debe ser lo más preciso posible, como pensamos que lo es el que estamos planteando en esta obra.

¿ES POSIBLE ESTANDARIZAR UN MODELO DE INDICADORES DE CAPITAL INTELECTUAL PARA TODAS LAS ORGANIZACIONES?

El modelo de indicadores se ha planteado principalmente como *herramienta de gestión para su empresa,* pero esto no es óbice para que pueda proporcionarle información externa a los diferentes usuarios de la información. Aunque actualmente no es obligatoria por las normas[2], en un futuro puede serlo y las compañías que ya la están suministrando están siendo bien valoradas.

Ahora bien, respecto a si se podría conseguir una estandarización de indicadores para todas las organizaciones, nuestra respuesta es que a efectos de gestión sería prácticamente imposible, porque habrá indicadores que cada organización deba elaborar en función de su adecuación a la actividad que realice y, en definitiva, que midan mejor cada uno de los componentes del capital intelectual, todo ello unido a conseguir un modelo que se ajuste a su realidad y que le permita plantear diferentes escenarios para orientarle sobre su comportamiento futuro, y lo que quizá es más relevante, expresar la estructura de dicho capital intelectual para poder plantear estrategias de equilibrio.

Pero por otro lado, de cara a una publicación de información a terceros, creemos que *se podría llegar a una normalización y estandarización de algunos indicadores,* principalmente por sectores, ya que en este caso sería necesario suministrar solamente aquellos que se hubiesen confeccionado según unas pautas comunes para todas las organizaciones de un sector, de manera que se pudiera conseguir una homogenización de la información y en sí, y lo que es más importante, una comparabilidad de la misma.

¿ESTE MÉTODO ES ÚTIL PARA DETERMINAR SI LA ESTRATEGIA DE LA EMPRESA ES ADECUADA? ¿Y PARA FIJAR LA MISMA? ¿SIRVE PARA LLEVAR A CABO UNA AUDITORÍA DE LA ESTRATEGIA?

Una de las grandes aportaciones del Análisis Integral propuesto es que se convierte en una herramienta de gestión para su empresa y, además, en un auténtico

---

[2] Las principales instituciones normalizadoras (FASB, IASB) son conscientes de la falta de adecuación del modelo contable actual a la economía moderna y consideran la creciente importancia de las medidas sobre activos intangibles, por lo que están trabajando con el objetivo de emitir un nuevo informe sobre intangibles. Además, existen otras asociaciones que están intentando llevar a cabo iniciativas en este sentido: Federación Internacional de Contables (IFAC), Brookings Task Force, Canadian Institute of Chartered Accountants, The Center Ross for research on intangibles, The Gathering, proyecto Meritum, etc.

método que permite llevar a cabo lo que se conoce como una *auditoría de la estrategia*.

Hoy en día, en una economía global dentro de una sociedad del conocimiento, cada vez adquieren mayor importancia las decisiones estratégicas adoptadas por una compañía. Pero muchas veces, las organizaciones y sobre todo las pequeñas y medianas empresas no se plantean si la estrategia adoptada es la adecuada, si es que la tienen, teniendo presente que los errores estratégicos pueden ser altamente perjudiciales para la organización, e inclusive amenazan la propia supervivencia de la misma. Además, se puede contar con la estrategia pero no tener establecidas correctamente las políticas para alcanzarlas.

De ahí que *este método de Análisis Integral le va a proporcionar información sobre si la estrategia era la acertada o bien debemos modificarla, indicando a su vez cuál debería ser la estrategia a adoptar, así como la hoja de ruta que debe seguir para alcanzarla (planificación estratégica).*

En el ámbito contable, cada vez con mayor fuerza, se exige que la auditoría financiera no tenga en cuenta exclusivamente el llamado riesgo de auditoría, esto es, identificar el riesgo o probabilidad de error para cada componente de la información financiera tanto si se trata de un riesgo inherente (en un saldo o transacción hay un error o fraude), de control (la estructura de control interno de la empresa no permite detectar oportunamente los errores significativos) o de detección (las pruebas que aplique el auditor no descubren errores de importancia, pudiendo ser éste genérico o de muestreo). Se exige, por tanto, un conocimiento del riesgo estratégico, es decir, un análisis de la estrategia de la empresa, la comprensión del sector en el que se encuentra inmersa, la consideración de los factores internos, evaluación de las alternativas estratégicas, implementación, evaluación y control.

Desde este punto de vista, *nuestro método facilitaría una auditoría de la estrategia,* ya que a través de las tres visiones del Análisis Integral (económico-financiera, capital intelectual y modelos de empresa) se consigue tener una aproximación muy buena a la estrategia de la empresa y determinar si es adecuada o no. Para ello, se estudia la posición económico-financiera de la compañía y su sector, se elaboran cuestionarios y se realizan entrevistas con una doble finalidad: la obtención de indicadores y el conocimiento de la cultura empresarial, que es una de las bases de una auditoría de la estrategia, ya que la cultura facilita la implantación de la estrategia. Posteriormente, la parte de los modelos de empresa nos permite establecer un modelo de capital intelectual que se ajuste y sea representativo de su organización, de manera que obtengamos una información a posteriori, e incluso llevar a cabo simulaciones con el objetivo de facilitar la toma de decisiones; de esta manera, nos determinará si las estrategias adoptadas eran las correctas, y lo que es más importante, permite introducir una apuesta o diseño estratégico por parte del empresario y que él mismo controle paso a paso los beneficios de la misma, e incluso si éstos merecen la pena sobre lo que teníamos antes de comenzar la apuesta de la que hablábamos.

Por lo expuesto, *el método es válido como instrumento de gestión para los gestores y también para los auditores* que tengan que realizar una auditoría de la estrategia, con la ventaja de que si la empresa ha utilizado éste, se puede valer de él para disminuir el riesgo de negocio que pueda afectar al principio de empresa en funcionamiento.

¿QUÉ APORTA ESTE MÉTODO FRENTE A OTROS, COMO POR EJEMPLO EL *BALANCED SCORECARD*?

Es necesario decir que *ambos métodos no son incompatibles,* sino que se complementan. Pero desde nuestro punto de vista, y como habrá podido comprobar a lo largo del libro, nuestro método, el Análisis Integral, *es más amplio y va más allá;* entre otras razones, podemos comentar las siguientes:

- *Determina si la estrategia seleccionada es la adecuada,* aspecto que en el *Balanced Scorecard* se da por hecho, y no se plantea en ningún momento si no era la más idónea.

- *Proporcionamos una cuantificación del valor de los intangibles,* de manera que permite una gestión de los factores que llevan consigo una generación de valor a futuro, planificando las estrategias y políticas que lo maximicen a largo plazo; esto es, establecemos la correlación entre la estrategia y los activos intangibles indicando cuáles hay que reforzar o evitar que otros se saturen.

- *Desglosamos con el máximo detalle cómo elaborar los indicadores,* aspecto éste que en otros modelos se pasa por alto, y cómo obtener la información para la cuantificación de los mismos.

- Además de tener una batería de indicadores que nos informa de la marcha de la compañía, incluyendo un sistema de alertas dado su enfoque dinámico, proporcionamos una herramienta que *permite proyectar o simular actuaciones sobre el futuro desde el presente y plantear su adecuación y también controlar sus beneficios en el futuro,* todo ello unido a una retroalimentación, lo que facilita el control de la gestión al indicar si se traduce dicha actuación en un beneficio o en una pérdida.

¿CUÁNTOS INDICADORES DEBERÍAMOS RECOGER EN CADA COMPONENTE DEL CAPITAL INTELECTUAL? ¿DE ÉSTOS, CUÁNTOS ABSOLUTOS O RELATIVOS?

Nuestra experiencia nos lleva a que *en un primer estadio* de elaboración de indicadores *se establece un número elevado* que pueden ser en un principio útiles para comparaciones, análisis de evolución, etc., *pero a la hora de estimar* el modelo econométrico *no todos los seleccionados serán válidos* a efectos de su significación con relación a los distintos capitales.

Si nos detenemos en la tipología utilizada sobre los indicadores, es obvio que la cuantía de los absolutos estará directamente relacionada con los apartados en que consideremos la desagregación del capital; así, por ejemplo en ARQ, en el humano existían dos claras vertientes, una era el propio recurso humano y otra la formación, captadas a través de la masa salarial cualificada y la inversión en formación, respectivamente. Por otra parte, otra cuestión, sin duda algo más compleja, será determinar el número de indicadores eficientes que entren a filtrar cada uno de los anteriores; antes de atrevernos con un número, señalaremos unas pautas adecuadas a seguir para establecerlos:

a) *Debemos eliminar aquellos indicadores constantes,* ya que el modelo cuenta con variables específicas que los recogen.

b) En la selección tendremos que *omitir aquellos que no se sitúen en la escala porcentual de forma adecuada,* esto es, que en su comportamiento exista una lógica entre el valor y lo que refleja el filtro intangible del indicador absoluto.

c) *El indicador eficiente o relativo no es exclusivo de una componente intangible;* así, un mismo indicador puede utilizarse en la determinación de varios intangibles.

d) *El número de indicadores eficientes debe ser suficiente* para garantizar la imparcialidad del modelo, es decir, ser lo más cercano a la realidad; para ello aconsejamos el principio de parsimonia, que se traduce en, ante la duda, mantener la elección de la alternativa más simple, eliminando redundancias.

GRAN PARTE DE LOS EJEMPLOS DEL MÉTODO SE APLICA A EMPRESAS DE TAMAÑO PEQUEÑO O MEDIANO, A DIFERENCIA DE LO QUE SUELE SER HABITUAL. ¿ES APLICABLE TAMBIÉN A GRANDES EMPRESAS?

La verdad es que una de las grandes aportaciones de este método es su *total aplicabilidad a las pequeñas y medianas empresas (PyMES),* que muchas veces suelen ser las grandes olvidadas. Además, facilita a muchas PyMES la generación y aplicación de una estrategia, ya que muchas veces carecen de ésta; les ayuda a gestionarla y a mantener el control con un método sencillo y muy cercano a su realidad, ya que en este tipo de organizaciones la información recogida a través de cuestionarios o entrevistas no tiene error de muestreo por realizarse sobre la población total.

Por supuesto, es totalmente aplicable a las grandes empresas, siendo en éstas todavía más fácil al disponer de mayores medios y recursos de información a priori, por el compromiso de gestión de las mismas que las lleva a contar con sistemas de información interna completos con los que resulta más cómodo trabajar a la hora de realizar valoraciones (gestión horaria de las tareas, distribución de costes departamentales, etc.).

Anexos

En este anexo se incluyen íntegramente la reproducción de los cuestionarios y la plantilla de la entrevista personal realizada a los trabajadores y directivos de ARQ, respectivamente. Hemos incluido en la misma en cursiva el valor de cada respuesta, para cada pregunta tipo planteada.

CUESTIONARIOS PARA LOS TRABAJADORES (TIPOS A Y B)

Trabajador [1]-TIPO A (perteneciente al régimen general de la Seguridad Social)

Trabajador-TIPO B, profesional (no perteneciente al régimen general de la Seguridad Social)

Instrucciones: señale con una X lo que proceda, teniendo en cuenta que existen dos tipos fundamentales de preguntas: las de escala, con 5 casillas en donde debe señalar lo que más se adapte a su pregunta, y las de opciones, con casillas más pequeñas en las que tiene que elegir de entre las posibles, también señalando con una X. Por último, en algún caso se posibilita el espacio para que escriba algunas respuestas de forma específica.

---

[1] El cuestionario de los trabajadores tipo A y B es prácticamente el mismo, por lo que se reproducen exclusivamente las diferencias duplicadas, que se reducen a que para el tipo B se realiza una cuestión más en el bloque I, la 13, relativa a su posible incorporación como empleados de plantilla.

Bloque I. Cuestiones iniciales (motivación, remuneración, formación, expectativas):

1. ¿Está usted contento con el trabajo que realiza?

   ☐   ☐   ☐   ☐   ☐

   Poco contento   Contento   Muy contento

   1   *2*   *3*   *4*   *5*

2. ¿Se encuentra satisfecho con su horario semanal?

   ☐   ☐   ☐   ☐   ☐

   Poco satisfecho   Satisfecho   Muy satisfecho

3. ¿Cómo lo calificaría?
   - Flexibilidad:

   ☐   ☐   ☐   ☐   ☐

   Rígido   Flexible   Muy flexible
   - Duración:

   ☐   ☐   ☐   ☐   ☐

   Extenso   Normal   Reducido

4. ¿Y con la remuneración que obtiene?

   ☐   ☐   ☐   ☐   ☐

   Inadecuada   Adecuada   Excelente

5. ¿Estaría usted dispuesto a abandonar su trabajo por un puesto de similares características con mayor remuneración?

   1 ☐ Sí, en cualquier caso
   2 ☐ Sí, desde una cuantía superior en un 10%
   3 ☐ Sí, desde una cuantía superior en un 25%
   4 ☐ Sí, desde una cuantía superior en un 40%
   5 ☐ No, en ningún caso

6. Respecto a otro tipo de remuneraciones en especie, o de carácter social, ¿cómo la calificaría?

   ☐   ☐   ☐   ☐   ☐

   Inadecuada   Adecuada   Excelente

7. ¿Cómo valoraría la formación que recibe desde su empresa?

   ☐   ☐   ☐   ☐   ☐

   Inadecuada   Adecuada   Excelente

8. ¿Está satisfecho con dicha formación?

   ☐   ☐   ☐   ☐   ☐

   Poco satisfecho   Satisfecho   Muy Satisfecho

9. ¿Piensa usted que la formación es vital para el desarrollo de su vida laboral?
☐   ☐   ☐   ☐   ☐
Poco necesaria   Necesaria   Muy necesaria

10. ¿Cómo valoraría otras iniciativas formativas, como cursos externos, idiomas, etc. (es decir, no relacionados directamente con su trabajo)?
☐   ☐   ☐   ☐   ☐
Inadecuada-s   Adecuada-s   Excelente-s

11. ¿Cómo calificaría el sistema de promociones de su empresa?
☐   ☐   ☐   ☐   ☐
Inadecuado   Adecuado   Excelente

12. En términos generales, ¿se siente motivado con lo que hace?
☐   ☐   ☐   ☐   ☐
Poco motivado   Motivado   Muy motivado

13. ¿Cuáles son sus expectativas laborales?
5 ☐ Desarrollo y promoción en esta empresa
3 ☐ Desarrollo en esta empresa y promoción en otra similar.
1 ☐ Desarrollo en esta empresa y constitución de un despacho propio.
Otras (especificar:_____)

14. ¿Piensa que podría permanecer en esta empresa indefinidamente?
☐ SÍ   ☐ NO

13.B. ¿Le gustaría incorporarse a la plantilla de su empresa?
☐ Sí.
☐ No, prefiero seguir mi actividad como profesional.
☐ No en estos momentos, quizá en un futuro.

14.B. ¿Cuáles son sus expectativas laborales?
5 ☐ Desarrollo y promoción en esta empresa.
3 ☐ Desarrollo en esta empresa y promoción en otra similar.
1 ☐ Desarrollo en esta empresa y constitución de un despacho propio.
Otras (especificar:_____)

15.B. ¿Piensa que podría permanecer en esta empresa indefinidamente?
☐ SÍ   ☐ NO

Bloque II. Espacio, tecnologías y clima de trabajo:

1. Su espacio, físicamente, ¿es adecuado?

☐ ☐ ☐ ☐ ☐

Inadecuado　　　　　　　Adecuado　　　　　　Excelente

1　　　　　　*2*　　　　　　*3*　　　　*4*　　　　*5*

2. Tecnológicamente, ¿como calificaría su ordenador y el *software* que maneja?

☐ ☐ ☐ ☐ ☐

Inadecuado　　　　　　　Adecuado　　　　　　Excelente

3. ¿Y la comodidad de su asiento, escritorio y mobiliario?

☐ ☐ ☐ ☐ ☐

Inadecuada　　　　　　　Adecuada　　　　　　Excelente

4. ¿Dispone de acceso a internet?

　☐ SÍ (acceso:　☐ total-libre o　☐ restringido-filtrado)　☐ NO

5. ¿E-mail?

　☐ SÍ (acceso:　☐ total-libre o　☐ restringido-filtrado)　☐ NO

6. ¿Y teléfono propio?

　☐ SÍ (acceso:　☐ total-libre o　☐ restringido)　　　☐ NO

7. Respecto a las salas de reuniones, ¿cómo le parecen: espacio, mobiliario…?

☐ ☐ ☐ ☐ ☐

Inadecuadas　　　　　　Adecuadas　　　　　Excelentes

8. En general, la superficie total dedicada a la actividad es:

☐ ☐ ☐ ☐ ☐

Reducida　　　　　　　Normal　　　　　　Amplia

9. En cuanto al ambiente o clima laboral, ¿cómo lo calificaría?:
   • Respecto a sus compañeros:

☐ ☐ ☐ ☐ ☐

Inadecuado　　　　　　　Adecuado　　　　　　Excelente

   • Y a sus superiores:

☐ ☐ ☐ ☐ ☐

Inadecuado　　　　　　　Adecuado　　　　　　Excelente

10. ¿Conoce a todos sus compañeros?
    5　　☐ Sí, a todos.
    3,66　☐ Sí, a la mayoría
    2,33　☐ Sí, a la mayoría pero no a los directivos
    1　　☐ Sólo a los más cercanos

11. ¿Cómo valoraría la posibilidad de emitir sugerencias respecto al funcionamiento de la empresa y al trabajo (proyectos)?
☐ ☐ ☐ ☐ ☐
Inadecuada Adecuada Excelente

12. ¿Ha realizado sugerencias de este tipo alguna vez?
☐ SÍ (Número aproximado en este último año:_____) ☐ NO

13. En cualquier caso, ¿cree que han o habrían sido tomadas en cuenta?
☐ SÍ (Número aproximado en este último año:_____) ☐ NO

14. ¿Ha aportado algún contenido a la página web de su compañía?
☐ SÍ ☐ NO

15. ¿Cómo se siente en cuanto a sus capacidades respecto al desarrollo de las mismas en el trabajo que desempeña?
☐ ☐ ☐ ☐ ☐
Poco realizado Realizado Muy realizado

16. ¿Qué grado de conocimiento del objetivo y fin de los proyectos que desarrolla cree conocer?
☐ ☐ ☐ ☐ ☐
Nulo Suficiente Total

17. ¿Cómo se siente respecto a la productividad que se exige en su empresa?
☐ ☐ ☐ ☐ ☐
Explotado Realizado Muy realizado

18. Señale cuáles de estas políticas empresariales usted como responsable incentivaría:
☐ Aumento de actividades formativas.
☐ Aumento de coberturas sociales para empleados (comedores, ayuda social...).
☐ Disposición de mayores infraestructuras (despachos).
☐ Mejoras tecnológicas.
☐ Desarrollo de actividades lúdicas (viajes, deporte...) para empleados.

Bloque III. Imagen de la empresa:

1. ¿Se siente usted informado respecto a la actividad y proyectos de ARQ?
☐ ☐ ☐ ☐ ☐
Poco informado Informado Muy informado
1 *2* *3* *4* *5*

2. ¿De qué tamaño cree que es su empresa respecto a otras del sector en términos de facturación?

☐   ☐   ☐   ☐   ☐

Pequeña   Mediana   Grande

3. ¿Qué visión tiene de ARQ respecto a otras empresas de la competencia?

☐   ☐   ☐   ☐   ☐

Peor   Similar   Mejor

4. ¿Cuál cree que es la mejor definición de la empresa para la que trabaja?
   - *1* ☐ Una oficina de arquitectos como otra cualquiera.
   - *4* ☐ Una oficina de arquitectos donde se preocupan por mi formación y desarrollo.
   - *2* ☐ Una oficina de arquitectos donde trabajo.
   - *5* ☐ Una oficina de arquitectos con capacidades por desarrollar en la que yo puedo aportar mucho.

5. ¿Cree que los directivos se preocupan por usted y por sus compañeros?

☐   ☐   ☐   ☐   ☐

Nunca   A veces   Siempre

6. ¿Siente la empresa como algo suyo?

☐   ☐   ☐   ☐   ☐

Nunca   A veces   Siempre

7. ¿Conoce la página web de su compañía?

☐ SÍ   ☐ NO

8. En caso afirmativo, ¿cree que refleja la imagen fiel de su compañía?

☐   ☐   ☐   ☐   ☐

Inadecuada   Adecuada   Excelente

9. La estabilidad en el trabajo en su empresa la calificaría como:

☐   ☐   ☐   ☐   ☐

Poco estable   Estable   Muy estable

10. ¿Qué percepción tiene sobre la eficiencia de su empresa y las políticas que desarrolla para aumentarla?

☐   ☐   ☐   ☐   ☐

Inadecuada   Adecuada   Excelente

11. En general, ¿cómo calificaría la gestión de su empresa?

☐   ☐   ☐   ☐   ☐

Inadecuada   Adecuada   Excelente

Bloque IV. Valoración general histórica de los bloques anteriores:

Valore según su opinión cómo ha mejorado o empeorado la situación de la empresa respecto a los tres bloques de preguntas anteriores *a lo largo de los años en los que usted haya estado en la empresa* con respecto a la situación actual (2002).

BLOQUE I. *Cuestiones iniciales (motivación, remuneración, formación y expectativas)*

Bloque I: Cuestiones iniciales	2001	2000	1999	1998	1997	1996
1 Mucho peor *2* Bastante peor *3* Peor *4* Un poco peor *5* Igual *6* Un poco mejor *7* Mejor *8* Bastante mejor *9* Mucho mejor						

NOTA: señale únicamente una cruz por columna (año) y sólo en los años en que estaba en la empresa.

BLOQUE II. *Espacio, tecnologías y clima de trabajo*

Bloque II: Espacio, tecn. y clima	2001	2000	1999	1998	1997	1996
Mucho peor Bastante peor Peor Un poco peor Igual Un poco mejor Mejor Bastante mejor Mucho mejor						

NOTA: señale únicamente una cruz por columna (año) y sólo en los años en que estaba en la empresa.

BLOQUE III. *Imagen de la empresa*

Bloque III: Imagen de la empresa	2001	2000	1999	1998	1997	1996
Mucho peor						
Bastante peor						
Peor						
Un poco peor						
Igual						
Un poco mejor						
Mejor						
Bastante mejor						
Mucho mejor						

NOTA: señale únicamente una cruz por columna (año) y sólo en los años en que estaba en la empresa.

PLANTILLA DE LA ENTREVISTA A LOS SOCIOS

1. Establezca respecto de los siguientes indicadores la relación de ellos con el pasado de ARQ; tómese su tiempo y responda pensando detenidamente tanto en el ejercicio económico como en el clima de trabajo.

Instrucciones: En los índices que vienen a continuación, usted va a suponer que el valor alcanzado por ellos, en 2002, ha sido del 50%; posteriormente indique respecto a ese 50% el crecimiento o decrecimiento en la historia de ARQ. Suponga, por ejemplo, que el índice de motivación en ARQ para 1998 ha sido para usted del 56%; entonces tendrá que señalar con una cruz en la casilla >(5%-10%) o bien incluir en esa casilla el porcentaje anterior; en cualquier caso, si el valor es mayor o menor al 25% indique por favor la estimación. *Recuerde que todos los índices se mueven en el arco del 0% al 100% y que el punto medio ha sido el elegido para 2002 (50%).*

1.1. Índice de motivación de la plantilla:

Medida	1996	1997	1998	1999	2000	2001
<25%. Indicar <(20%-25%) <(15%-20%) <(10%-15%) <(5%-10%) <(0%-5%) Igual >(0%-5%) >(5%-10%) >(10%-15%) >(15%-20%) >(20%-25%) >25%. Indicar						

1.2. Índice de promoción (ascensos, despidos, aumento de remuneración por promoción, temporalidad…):

Medida	1996	1997	1998	1999	2000	2001
<25%. Indicar <(20%-25%) <(15%-20%) <(10%-15%) <(5%-10%) <(0%-5%) Igual >(0%-5%) >(5%-10%) >(10%-15%) >(15%-20%) >(20%-25%) >25%. Indicar						

1.3. Índice de acción social (ayudas, vales comedor, retribuciones en especie…):

Medida	1996	1997	1998	1999	2000	2001
<25%. Indicar						
<(20%-25%)						
<(15%-20%)						
<(10%-15%)						
<(5%-10%)						
<(0%-5%)						
Igual						
>(0%-5%)						
>(5%-10%)						
>(10%-15%)						
>(15%-20%)						
>(20%-25%)						
>25%. Indicar						

1.4. Índice de formación (cursos, seminarios, formación directa…):

Medida	1996	1997	1998	1999	2000	2001
<25%. Indicar						
<(20%-25%)						
<(15%-20%)						
<(10%-15%)						
<(5%-10%)						
<(0%-5%)						
Igual						
>(0%-5%)						
>(5%-10%)						
>(10%-15%)						
>(15%-20%)						
>(20%-25%)						
>25%. Indicar						

1.5. Índice del sistema de remuneración (horas de trabajo en relación a la remuneración, horas extras…):

Medida	1996	1997	1998	1999	2000	2001
<25%. Indicar						
<(20%-25%)						
<(15%-20%)						
<(10%-15%)						
<(5%-10%)						
<(0%-5%)						
Igual						
>(0%-5%)						
>(5%-10%)						
>(10%-15%)						
>(15%-20%)						
>(20%-25%)						
>25%. Indicar						

1.6. Índice de clima laboral (relaciones, absentismo, despidos, ambiente…):

Medida	1996	1997	1998	1999	2000	2001
<25%. Indicar						
<(20%-25%)						
<(15%-20%)						
<(10%-15%)						
<(5%-10%)						
<(0%-5%)						
Igual						
>(0%-5%)						
>(5%-10%)						
>(10%-15%)						
>(15%-20%)						
>(20%-25%)						
>25%. Indicar						

1.7. Índice de sugerencias (participación del trabajador, sugerencias, aceptación de éstas por los socios…):

Medida	1996	1997	1998	1999	2000	2001
<25%. Indicar <(20%-25%) <(15%-20%) <(10%-15%) <(5%-10%) <(0%-5%) Igual >(0%-5%) >(5%-10%) >(10%-15%) >(15%-20%) >(20%-25%) >25%. Indicar						

1.8. Índice tecnológico (informatización, I+D+i, acceso a la *red, web, e-mail, software*…):

Medida	1996	1997	1998	1999	2000	2001
<25%. Indicar <(20%-25%) <(15%-20%) <(10%-15%) <(5%-10%) <(0%-5%) Igual >(0%-5%) >(5%-10%) >(10%-15%) >(15%-20%) >(20%-25%) >25%. Indicar						

2. *Por favor, recapacite una vez más y tómese su tiempo en contestar a la siguiente cuestión:*

A continuación, colocaremos el valor en pesetas de 2002 de su empresa en los diferentes años, y con la mayor objetividad, le pedimos que nos diga, conocida esa cantidad, por cuánto vendería su empresa a un tercero; recuerde que el valor contable no es el de mercado para su empresa pues vende un conjunto de derechos, capitales, etc. que no están lo suficientemente explicitados en los estados contables. Puede señalarlo en pesetas [2] y/o porcentajes:

Ejercicio	Valor contable	Venta% (Incremento-Decremento)	Valor de venta
1996	10.694.442 pts.		
1997	58.848.533 pts.		
1998	75.964.531 pts.		
1999	81.056.949 pts.		
2000	90.251.340 pts.		
2001	111.866.680 pts		
2002	120.735.000 pts.		

3. *Por último, queremos hacerle algunas preguntas sobre su empresa:*

3.1. ¿Qué piensa sobre el sistema de contratación de su empresa?
  5 ☐ Debe tender al contrato indefinido,
  1 ☐ Debe reciclar continuamente trabajadores desde el mercado, es decir, contar con alto porcentaje de eventualidad.
  3 ☐ Debe tender a una media entre ambos tipos de trabajadores.

3.2. Respecto a su sector, ¿dónde situaría la posición de su empresa en este capítulo?
  ☐   ☐   ☐   ☐   ☐
  Temporales   Media   Indefinidos
  1   *2*   *3*   *4*   *5*

3.3. ¿Cree que el sistema horario para su plantilla está bien diseñado?; y por otra parte, ¿tiene su debida contraprestación en el salario percibido?

---

[2] En pesetas era más sencillo para los directivos que la conversión de dichas cantidades a euros.

3.4. ¿Cuál piensa que ha sido el mejor ejercicio en términos sociales en la historia de la empresa? Explique las razones.

3.5. ¿Y el peor? Coméntelo.

3.6. ¿Cómo percibe la política formativa de su empresa? Comente su evolución y perspectivas.

3.7. ¿Cómo percibe la política tecnológica de su empresa? Comente su evolución y perspectivas.

3.8. ¿Cómo percibe la política de calidad de su empresa? Comente su evolución y perspectivas.

4. *Para finalizar, señale los porcentajes de los siguientes indicadores en la escala de 0 a 100% sin ninguna comparación, esto es, en cada año el que estime oportuno.*

4.1. Imagen de empresa (cómo consideraría su empresa con respecto a otras de la competencia, siendo 0 la peor, el 100% la mejor de la competencia y el 50% igual a la media de su sector)

Medida	1996	1997	1998	1999	2000	2001	2002
Imagen de empresa							

4.2. Flexibilidad de la plantilla (cómo considera la capacidad de su plantilla para adaptarse a los cambios, a la realización de nuevos concursos, etc., siendo 0 incapacitación total y 100% la capacitación idónea y óptima).

Medida	1996	1997	1998	1999	2000	2001	2002
Flexibilidad de la plantilla							

Bibliografía

ALONSO, I.; NEVADO, D. y SANTOS, J. (2004): «Reflexiones sobre la confianza actual en la información contable». X Encuentro de Profesores Universitarios de Contabilidad. ASEPUC. Granada.

AMAT, J. M. (1993): *El control de gestión: una perspectiva de dirección*. 2.ª edición. Ediciones Gestión 2000. Barcelona.

AMAT, O.; ARGILÉS, J. M. y TEMPRÀ, J. (2000): *Cómo calcular y cubrir las necesidades financieras. Aplicación informática para la empresa*. Ediciones Gestión 2000. Barcelona.

EDVINSSON, L. y MALONE, M. S. (1999): *El capital intelectual. Cómo identificar y calcular el valor de los recursos intangibles de su empresa*. Ediciones Gestión 2000. Barcelona.

GALLIZO, J. L. (coord.) (1993): *Los estados financieros complementarios*. Editorial Pirámide. Madrid.

GUJARATI, D. (1995): *Econometrics*. McGraw-Hill. New York.

JIMÉNEZ, S. M.; GARCÍA-AYUSO, M. y SIERRA, G. (2000): *Análisis financiero*. Editorial Pirámide. Madrid.

KAPLAN, R. S. y NORTON, D. P. (1997): *Cuadro de mando integral (the balanced scorecard)*. Ediciones Gestión 2000. Barcelona.

LÓPEZ, V. R.(1997): «Modelización regional: primeros resultados del modelo unirregional para Castilla La Mancha». *Actas del XXIII Congreso de Ciencia Regional*. Universidad Politécnica de Valencia. Págs. 443-448. Valencia.

LÓPEZ, V. R. (2003): *La modelización macro-econométrica regional: una aplicación a la Comunidad de Castilla La Mancha. UMI* Dissertation Services. Ann Arbor. Michigan.

LÓPEZ, V. R. y GALT, V .(1998): «East midlands economy forecasting model: 1996-2000». *Occasional Papers in Economics. Nottingham Trent University*. Núm. 98/8. Nottingham. United Kingdom.

MANHEIM, J. C. y RICH, R. C. (1988): *Análisis político empírico. Métodos de investigación en ciencia política*. Alianza Universidad Textos. Madrid.

MANTILLA, S. A. (2000): «Capital intelectual». Recogido en *La contabilidad pública frente a la crisis: desafíos y propuestas*. X Simposio Contaduría Universidad de Antioquía. Medellín, 19-21 de octubre. Págs. 1-13.

MARQUES DE ALMEIDA, J. J. (2001): «La auditoría de la estrategia». *Revista Técnica del Instituto de Auditores Censores Jurados de Cuenta*. Núm 18. Págs. 48-57.

MENGUZZATO, M. y RENAU, J. J. (1991): *La dirección estratégica de la empresa: un enfoque innovador del management*. Editorial Ariel. Barcelona.

NEVADO, D. (1997): *Los recursos humanos y el control de gestión desde una perspectiva socio-económica y contable*. Tesis Doctoral. Albacete.

NEVADO, D. (1999): *Control de gestión social: la auditoría de los recursos humanos*. Ediciones de la Universidad de Castilla-La Mancha. Cuenca.

NEVADO, D. (1999): *El control de gestión renovado: factor humano y nuevos instrumentos de gestión empresarial*. Editorial AECA. Madrid.

NEVADO, D. y LÓPEZ, V. R. (1999): «Una herramienta complementaria para la auditoría de cuentas: los modelos econométricos. Una aplicación empírica en empresas de ámbito nacional». *Revista de Contabilidad y Tributación del Centro de Estudios Financieros*. Núm. 194. Mayo. Págs. 93-158.

NEVADO, D. y LÓPEZ, V. R. (2002): *El capital intelectual: Valoración y medición. Modelos, informes, desarrollos y aplicaciones*. Editorial Prentice-Hall. Madrid.

NEVADO, D. y LÓPEZ, V. R. (2002): «Indicadores del capital intelectual: el caso de entidades de crédito». *Partida Doble*. Núm 133. Abril. Págs. 58-69.

NEVADO, D. y LÓPEZ, V. R. (2004): «Una herramienta de gestión de intangibles ocultos mediante técnicas econométricas. Método y aplicación». *Revista Contabilidad y Dirección*. Núm 1. Publicado en Deusto. Monográficos sobre medición control y gestión de intangibles. ACCID, Barcelona. Págs. 163-182.

PULIDO, A. (1993): *Modelos econométricos*. Editorial Pirámide. Madrid.

RIVERO, P.; BANEGAS, R. SÁNCHEZ-MAYORAL, F. y NEVADO, D. (1998): *Análisis por ratios de los estados contables financieros (análisis externo)*. Editorial Civitas. Madrid.

SABI (2001): Sistema de Análisis de Balances Ibéricos. Grupo Informa S.A.

SCHOLZ, C. (1994): «Corporate culture and strategy. The problem of strategic fit long range planning». Vol 20. Núm 4. Citado por Cantera Herrero, F.J.: «Capital humano, estrategia y proyecto de empresa». *Capital humano*. Núm 68. Junio, 1994. Págs 85-86.

SHEIN, E. H. (1988): *La cultura empresarial y el liderazgo*. Editorial Plaza y Janés. Barcelona.

THÉVENET, M. (1986): *Audit de la culture d'entreprise*. Editorial Les Éditions D'Organisation. París.

THÉVENET, M. (1987): «La culture en neuf questions». *Revue française de gestion*. Núm 47-48. Págs 54-60.

Índice de tablas

Índice de figuras

Índice analítico